環渤海交易圏の形成と変容

清末民国期華北・東北の市場構造

山本進　著

東方書店

環渤海交易圏の形成と変容◆目次

序　論

私は前著『清代の市場構造と経済政策』（名古屋大学出版会、二〇〇二年）および『清代社会経済史』（創成社、二〇〇二年）第一章で、明清時代の市場構造を、Ⅰ全国市場の中核部分に相当する江南と、Ⅱ江南に食糧や手工業原料を供給し、江南産手工業製品に販路を提供する周縁地域に類別した。江南の優位性は清末まで継続するが、明末清初以降、Ⅱの中から幾つかの地域経済圏が自立するようになった。地域経済圏は大まかに分けて、①棉花を自給することで手工業製品の底辺部分に該当する粗布を移入代替生産する地域と、②棉花を江南に仰ぎつつ、自らは江南での生産が困難な砂糖やタバコなどの高付加価値商品生産に特化する地域に類別された。①地域に相当するのは湖広と四川、②地域に相当するのは福建と広東であったが、一八世紀頃から、直隷南部と山東北西部にまたがる地域でも移入代替棉業が勃興し、粗布を山西・直隷北部・奉天方面へ移出するようになった。本書の題名として用いた「環渤海交易圏」とは、この華北東部棉作地域を中核とし、直隷・山東・東三省を後背地とする地域経済圏のことを指している[1]。

本書の第一の課題は、前著で概容を解明した直隷山東地域経済圏について、より詳細に分析することである。前著で検討しなかった定期市と雑税、貨幣制度、華北漕糧などの諸課題について、本書では相当の紙幅を割いて考察している。しかし現時点での私の問題意識は、地域経済圏の諸様相の再確認ではなく、むしろ、開港以後、地域経済圏がどのように変容していくのかに置かれている。全国市場の下で形成された地域経済圏が世界市場への包摂により、どのように解体し再構築されたか、これが本書の第二の課題である。

前書では清代の地域経済圏の形成過程を論じたが、開港以降の動揺や解体・再編についてはほとんど立ち入った分析を加えなかった。当時の私には、一九世紀末の近代史に属する時代の史料を使って議論することは手に余るという先入観があった。また近代史研究者が好んで用いる貿易統計などは、土布や糧食の流通を十分に掬い取れないのではないかという懐疑もあった。更に、よしんば好個の史料を発掘し得ても、そこから導き出される結論は、地域経済圏の解体と世界市場への従属的再編成以外の何者でもないことは明らかである。通説によれば、開港以降も中国の在来棉紡織業は小農の低廉な労働費用に支えられ、外国産機械製棉製品の流入に対して相当強固に抵抗し得たとされている。しかし大局的に見れば、二〇世紀初頭までに、中国は棉花を輸出し棉製品を輸入する世界市場の周縁部に組み込まれている。在来棉業だけではない。華南の製糖業やタバコ産業もまた、外国製品に太刀打ちできずに衰退する。二〇世紀以降、中国の資本蓄積基盤は基本的に機械製の製糸業と紡績業である。清代に移入代替棉業が勃興した四川は開発から取り残され、現代中国ではかなり貧しい地域となっている。

如上の理由から、私は前書の執筆時点では、地域経済圏の変容について積極的に解明する動機を有していなかった。本書の各章は執筆順に配列されているが、第一章の原稿を書いた時には、これまで検証が比較的手薄であった華北地域の市場・商人・財政について分析してみようという問題意識しか念頭になかった。しかし第二章所収論文で東三省に目を向けるようになってから、私は次第に華北東部と東北との密接な関係に注目し始めるようになった。この地域は一九世紀以降、天津を扇の要として、東に大豆生産区が、南に棉花生産区が立地する。両区は一九世紀中葉頃までは雑穀と土布の交易を軸として、緩やかな分業関係を形成していた。私はこれを直隷山東地域経済圏と呼んだのであるが、二〇世紀になるとこの関係は分断され、個別に世界市場と結合していくのである。

ところが、従来の諸研究は両区を一つの経済圏と捉える発想が全くなかった。たとえば、宮田道昭によると、東北産の豆油や豆餅は明清時代、特に一八世紀後半より江南や広東方面へ大量に移出されていたと言う(2)。しかしそれを裏付ける史料は十分に提示されていないし、大豆に対する交易品目も明示されていない。一九世紀前半期、江南の漕糧を沙船で輸送すべしという海運論が巻き起こるが、海運論者は海運の効率性を強調するため東北産大豆の東南諸省への移出を過大に見積もりがちであり、彼らの挙げる数値を鵜呑みにすることは危険である。東北の大豆生産は一九世紀に急成長するが、それまでは華北東部に粟米（アワ）や高粱（コウリャン）などの雑糧を移出する辺境であった。

同じ事は華北の棉作についても言える。西嶋定生以来、明清時代の華北は江南への棉花供給地域として位置づけられてきた(3)。しかしその供給量は取るに足らないものであったと思われる。地方志を見ても、この地域で棉作が広く行われていたことを示す史料はほとんど出て来ない。これに加え、輸送費用の大きさ、原料のまま売り放つことの不利益性を勘案すると、この地が清代より棉作に特化していたと見なすことは困難である。華北棉業もまた一九一〇年頃より急成長するが、それまでは最周縁地域へ土布を細々と移出する程度であったと思われる。

総じて、この両区の特産物生産は二〇世紀以降、世界市場への包摂に伴って急成長したものである。しかし史料の不足と先入観から、先行研究はこの傾向を明清時代に遡及させて適用しがちであった。従って本書では、一九世紀前半頃までの移入代替型地域経済圏内での地域間分業と、二〇世紀以降の世界市場包摂下における移出志向型の国際分業とを截然と区別し、前者の発達が直接的に後者の成長をもたらしたのではないという分析視点に立つ。

もし仮に、開港以前より華北や東北が華中南との強固な分業関係を形成していたのなら、換言すれば棉花や大豆の販路が国内で確立されていたのなら、それは開港後の特産物流出に対する相当強力な歯止めとなったであろう。しかし棉花や大豆をめぐり、国内市場と海外市場が競合関係に立つことはなかった。けだし華北の棉花や東北の大豆の販路を開拓したのは基本的に外国資本だったからである。すなわち、列強により強固な在来市場が力ずくで再編させられたのではなく、もともと市場統合が弱く、自給自足的傾向の強いこの地域が、北洋政府や地方軍閥の後押しを受けて世界市場に急速に適応したと考えるべきである。もちろんそれは、欧米列強と較べて国際競争力が弱い日本帝国主義にとっては、在来産業（とりわけ「ギルド商人」と称された中国側商人）の抵抗をほとんど受けずに進出できるため、非常に好都合であったのだが、当地域を日本の排他的経済圏として囲い込む野望は最終的に潰えた。

本書の構成は次の通りである。前半部分の第一章から第五章までは環渤海交易圏における雑税・銭票・漕糧について考察する。第一章で取り上げた雑税については、定期市段階にある華北と問屋制が発達した華中南との対比を通して議論を進める。但し東北では、定期市が未発達で、市集の牙行から雑税を徴収することが困難であったため、検討していない。続いて第二章と第三章では銭制度を、第四章と第五章では漕糧を素材として採り上げ、華北東部と東北との経済関係の緊密化という本書の視座から、両地域で個別に発展した銅銭計数制度や、周縁部からの穀物流入が華北漕運政策に与えた影響について具体的に分析する。その結果、貨幣経済の浸透と現銭の不足が京銭・東銭という短陌制度を基礎とした銭票の流通を促したこと、また穀物の市場化が華北漕糧の必要性を低減させたことが明らかにされる。

後半部分の第六章から第十章までは清末民国期における地域経済圏の変容過程を主として金融史の側面から描き出す。第六章と第七章では東三省における預金通貨による決済制度を取り上げる。これらを制御していたのは金融面で卓越した力量を誇る山西商人であるが、山西商人については既に数多の先行研究があるため、続く第八章では山西商人の下位に位置する冀東商人に焦点を当てている。後半部分の議論の重点は地域経済圏から分離独立する東北地方に置かれているが、第九章では残された華北東部の自己変革について考察する。総じて後半部分では、東北が大豆を移出の要としたのに対し、華北東部では棉花を主力商品として選び取り、両地域がそれらの特産物を基礎として世界市場に個別に再編されていくことが明らかにされる。また第十章では東部内蒙古交易における金融構造について、東三省交易との相違という側面から瞥見する。東部内蒙古は環渤海交易圏の中ではさほど重要な地位を占めていないが、東三現銀の通行が困難なため預金通貨が使用されていたことなど、金融面では東北と共通する部分も少なくない。
最後に、各章論文の初出は次の通りである。序論と結論は書き下ろしである。本書は前三書と較べて各章の独立性が高いので、どの章から読み始めても不都合が生じないよう、内容が重複する部分も敢えて残した。なお、先行研究はできるだけ原載誌名と収録著書名を併記するよう努めたが、閲覧が困難な古い雑誌論文については著書名のみを記した。両者を併記した場合、引用箇所の指示には原載雑誌の頁数ではなく著書の頁数を用いた。

第一章　「清代の雑税と牙行」名古屋大学『東洋史研究報告』二八号、二〇〇四年
第二章　「清代東銭考」『史学雑誌』一一四編三号、二〇〇五年
第三章　「清代の京銭と折銭納税」名古屋大学『東洋史研究報告』二九号、二〇〇五年
第四章　「清代薊糧考」名古屋大学『東洋史研究報告』三〇号、二〇〇六年
第五章　「清代豫東漕糧考」『東洋学報』八八巻一号、二〇〇六年
第六章　「清末民初奉天における大豆交易──期糧と過炉銀──」名古屋大学『東洋史研究報告』三一号、二〇〇七年
第七章　「清末東三省の幣制──抹兌と過帳──」九州大学『東洋史論集』三五号、二〇〇七年
第八章　「清末民国期東三省における冀東商人」名古屋大学『東洋史研究報告』三二号、二〇〇八年
第九章　「清末民国期直隷における棉業と金融──移入代替から移出志向へ──」北九州市立大学『外国語学部紀要』一二〇号、二〇〇七年
第十章　「清末民国期の東部内蒙古における金融構造」北九州市立大学『外国語学部紀要』一二一号、二〇〇八年

註

（1）前著では地域経済圏の中核における商品生産の発展に重点を置いたため、中核部分の地名を用いたが、本書では後背地を含めた圏域全体の動向を考察するため、名称を変えた。「直隷山東地域経済圏」では東北が入っていないという印象を与えると危惧し、敢えて「環渤海交易圏」と呼び変えただけで、概念自体を変えたわけではない。

（2）宮田道昭『中国の開港と沿海市場』東方書店、二〇〇六年。

（3）西嶋定生『中国経済史研究』東京大学出版会、一九六六年。

第一章　清代の雑税と牙行

はじめに

伝統中国では関所や都市で商品に課する通関税・入市税を商税と称した。商税は唐末頃より出現し、宋元時代に確立したが、明代では税課司局や鈔関あるいは府州県がこれを徴収した。明初の商税は土地税や徭役と較べると相対的に軽微であったが、北辺の軍事費増大に伴い次第に増徴され、明末には苛斂誅求を極めた。[1]一方明代後期の江南では、正規財政としての商税とは別に、行戸（牙行）や舗戸に対する官物調達の役が膨張し、清代康熙年間（一六六二―一七二二）に至るまで猛威を振るった。[2]

清朝は基本的に明の租税制度を踏襲したが、商業課税が財政に占める役割は明代より低下した。専売税や関税は継承されたものの、商税は独立した税目から脱落して雑税の一種に編入された。清代における雑税とは、田房契税（土地取引税）、当税（典当＝質屋の営業税）、牙税（牙行＝仲介業者の営業税）、牛驢猪羊税（家畜取引税、地域によって様々な名称あり）、落地税（商品の販売地で課税される取引税）など、商業や流通に対して賦課される租税の総称であり、魚課や蘆課などを加える場合もある。これらは『大清会典』や『戸部則例』に記載のある正規財政であり、税目ごとに毎年の徴税額が定められていたが、取引税のように定率で課税するものは定額（規定額）と溢額（余剰分）とに区別して会計報告がなされていた。

ところが雑税と呼ばれる税制には曖昧な部分が多く、具体的な課税制度や徴収方法は未だ十分には解明されていない。税額は一般に低く、糸毫に至るまで細かな数値が規定されているが、地方志には「儘収儘解」すなわち徴収した全数を起解（上級機関へ送付）するとのみ記すものも多い。政書を比較しても相矛盾する記述が多く、清朝中央官僚は雑税についての正確な知識を共有していなかったものと思われる。

このような史料状況に制約されるため、清代の雑税制度を正確に復元することは不可能に近く、参照すべき先行研究も稀少である。そこで本章では、まず政書や実録を網羅的に検索することにより、雑税という税制度とその変遷を近似的に描出する。次いで、清代にはかなり曖昧となった商税・落地税・雑税の相互関係について考察する。

また雑税は本来、売り手や買い手から直接徴収されるべきものであるが、実際には売買を仲介する牙行を通して徴収されることが多かった。私はこれまで牙行に対する非法定的な科徴（地方的徴収）について検証してきたが[3]、国家の正規課税である雑税との関わりについては論じてこなかった。そこで最後に、地方志を素材として実際の雑税徴収形態、特に牙行による雑税の請負徴収について、華北と江南の両地域を見比べながら検討し、清代財政史上において雑税が果たした役割について展望する。

なお雑税という語は、上述のように商業や流通に賦課される租税の総称としても、また第二節で検証するように花布税・茶税・菸酒税など各種物品税の総称としても用いられる。そもそも雑税とは特定の税を指すものではなく、「その他諸々の微細な税」程度の意味であるから、その範囲を画定することは不可能である。とりあえず本章では前者を広義の雑税、後者を狭義の雑税と呼ぶ。論理的には、狭義の雑税に落地税・商税・田房契税・当税・牙税・牛驢猪羊税などを加えたものが広義の雑税である。但し実際には、広義の雑税の大部分が狭義の雑税や牲畜税であったため、一般に雑税と言うと、概ね各種物品税を中心とした商業・流通課税を指すことが多い。本章が分析の対象とする雑税は、大部分が商業・流通課税＝広義の雑税であり、従って以下の行論では特に断りの無い限り、雑税を広義の意で用いるが、そのニュアンスは各種物品税＝狭義の雑税にかなり近いと考えてよい。本文中しばしば落地税・商税をその上位概念である雑税と併記して「落地税・商税・雑税」と表現するのも、三者が事実上似たような性質の税であったからである。

一　雑税制度の変遷と牙行

入関後、清朝は明の財政制度を継承しつつ、明末の過重な税負担を明初の水準に戻して人心の収攬を図った。雑税について見ると、順治帝は元年（一六四四）の即位の詔にて州県の落地税の廃止を宣言し、その後各地を平定する度に、州県による落地税の徴収と官僚・書役・在地有力者による牙行・埠頭の私設を厳禁する詔書を頒布した。(4) 但しこれらは商業の復興を目的とした一時的な措置であったらしい。後述するように、落地税改革は雍正・乾隆期にも議論されており、また官の許可を受けずに仲介業務を行い、手数料を巻き上げる私充牙行の風潮は雍正期の牙行制度整備まで止まなかった。

康熙年間に入ると、落地税以外の諸税も整理された。康熙元年（一六六二）には地方官が任意に税単（納税通知書）を発給して雑税を徴収することを禁じ、一二年には小民が僅かの布や米、蔬菜や果実などを交易する場合の取引税を免じた。(5) しかしこの後、雑税の徴収は強化されたようであり、康熙二六年には、康熙一五年以降逐次増額された田房契税・牛驢税・当税・牙税・酒税を元の額に戻している。(6)

雑税は土地や商品などの取引に課する税であり、観念的には売り手と買い手の双方が負担すべきものであるが、実際には国家による営業許可を受けた仲介業者すなわち牙行が納税を代行していた。そこで康熙中葉に雑税制度がひとまず安定すると、清朝は牙行制度の整備に着手するようになった。牙行は売買の斡旋を本務とし、問屋を兼業する場合もあるが、流通の結節点に位置するため、明代より税や役を賦課されていた。特に明末清初の江南では「当官」「舗戸の役」などと称される牙行からの官物調達が過重になり、彼らがこの負担を商人や生産者に転嫁したことに便乗して、在地有力者や地棍《ごろつき》が牙行を私設して牙用（仲介料）を私収するといった悪弊が蔓延し、深刻な社会問題を醸成していた。そこで清朝は、康熙四五年（一七〇六）より、五年ごとに牙行を審査して牙帖（営業許可証）を更新し、地棍による仲介強要行為の禁止に乗り出した。[7] また康熙四八年にも、奸民による牙行私設の禁止が厳命された。[8] このように、康熙年間の牙行政策は私充牙行の排除という消極的措置にとどまり、牙帖を濫発して商業部門からの地方的徴収を拡大しようとする州県を規制するまでには到らなかった。

牙行制度の整備が本格的に実施されるのは雍正から乾隆初にかけての時期である。まず雍正四年（一七二六）には、州県による牙帖の濫発を禁止し、発給権を布政使に一元化した。[9] しかし牙帖の追加発行が跡を絶たなかったので、雍正一一年には、布政使に命じて牙帖数を定額化させ、州県官による任意の増添を禁止し、市集が新たに開設された場合に限り牙行の新設を許可することにした。[10] また乾隆元年（一七三六）には、経営が悪化した牙行の廃業が認められた。[11] それでも州県の牙帖濫発は完全には止まなかったらしい。乾隆四年には、江蘇省で市集開設時の牙行増添特例を悪用して、一県当たり数十張から百余張もの牙帖を追加発行していたことが明るみに出たため、乾隆帝は再度雍正一一年令の遵守を命じた。[12]

このように牙行制度の整備は雍正四年令、雍正一一年令、乾隆四年令によって段階的に進められた。この後、乾隆五年には書役が姓名を偽って牙行に充当することを禁止し、乾隆七年には米豆交易における牙行の価格吊り上げ行為を禁止し、乾隆九年には牙帖を濫発した地方官の直属上司に対する失察（監督不行き届き）処分則例が制定された。[13]これらの施行規則が追加されてから、牙行制度はようやく軌道に乗った。

なお、康熙四五年より開始された五年おきの牙行審査制度は京師では遵守されたが、外省では厳格には施行されなかった。乾隆三〇年（一七六五）、江西布政使張逢堯が五年編審制の停止を奏請したのに対し、戸部は、京師の牙行は外省人が多いので、旧例通り五年ごとの審査を継続すべきであるが、外省の牙行は現地の人が多いので、地方官が牙行の廃業に即して随時牙帖を消却すればよいとして、これを承認した。[14]嘉慶九年（一八〇四）には、京師および直隷省の牙行に対し、病没による交替を除き、任意に廃業することを改めて禁止している。[15]

牙行に課される正規の税は牙税であるが、その額は微少であり、牙税自体よりも当官などの税外徴収の方がはるかに過重であった。雍正―乾隆初の牙行制度整備は、牙行に対する地方的徴収を排除しなかったが、前著で解明したように、江南では当官のような官物調達慣行を陋規という牙税の付加徴収に置き換えることによって、州県の恣意的収奪には一定の歯止めが掛けられた。

牙行制度の整備と並行して、商税や落地税の整理も進められた。明代の商税は戸部に送金される外、課税地で截留して兵餉や河工経費などに使用されており、清朝も建前上これを踏襲したが、[16]実際には地方衙門の行政経費に充てられていたらしい。商税や落地税の正額は牙税と同様少額であったが、[17]溢額（盈余すなわち付加徴収）は相当大きく、雍正期以降、これら末端機関の自由裁量が許される徴収が養廉（俸給外の給与）の原資として用いられた。[18]

雍正帝はまず、雍正七年（一七二九）一二月の上諭で、「朕は即位以来たびたび、各地の地方官が落地税を徴収しても、上納される正額はごく僅かで、大半は盈余として私物化されているとの報告を受けてきた。雍正三年には某人が、広西省梧州府では、一年間の税収が四―五万両あるのに、起解される正項は一万一八〇〇両に過ぎず、潯州府では、一年間の税収が二万両あるのに、起解される正項は四六〇〇両に過ぎないので、広西巡撫に調査させ、また各省の落地税徴収機関に命じて実情を報告させるべしと条奏した。その直後九卿が会議して、各省の督撫に命を下し、委員を選んで監督させ、一年後に盈余の数量を報告させるべしと奏聞した。……朕はそこで某人の条奏と九卿の議奏に従い、各省の督撫に命じて、委員に抽税を監督させ、科則を定めさせた。実徴数が旧額に満たないものは、報告させ、減額するよう命じた。一年来盈余数を報告してきた所には、盈余を現地に留め置いて、各官の養廉の原資としたり、地方公費に充てたりするよう命じた。もし官員の必要経費を確保するならば、妄りに民財を徴収することもなくなるであろうし、地方の公費を確保するならば、民力を休めることもできよう。これは小民の財物を人民のために用いることに他ならず、決して貪官汚吏の欲望を満足させるものではない。もし督撫が府州県を正しく指導して、一年間の収入を全て報告し、額数に及ばない場合は減免を請うのであれば、賦税は常に欠乏せず、万民は皆恩恵を被るであろう。しかしながら聞くところによると、外省の督撫には指導が適切でない者が多く、朕が民を愛し弊を除く善政を行おうとするのに、愚かな府州県官は、耗羨帰公の名を借りて私腹を肥やしたり、少しでも多く取ろうとしたりするので、その結果、肩で担ぎ背に負う程度の僅かな商品からも全て税課を徴収するに到り、当該の督撫も念入りに監査しない。そのため人民は重負担に苦しみ、朝廷が増税を企図したのではないかと疑うことはあっても、朕が人民を愛養しているとは決して思わないのである。……各省の督撫に命じて、朕の詔を印刷して頒布させ、この詔が行き渡ってから後、なおも火耗を増徴する者がおれば、発覚の後、増徴した官員は直ちに現地にて処罰し、監督不行き届きの上司にも必ず重罰を科するであろう」と述べ[19]、各省督撫に①落地税の実徴数の調査、②盈余（耗羨・火耗）の帰公と養廉や公費（地方行政経費）への充当、③耗羨帰公に便乗した盈余増徴の厳禁などを下命した。

次いで帝は、翌八年一一月の戸部に下した上諭の中で、「これまで各地の落地税は、大半が（溢額を隠匿して）地方官の懐に入れられていた。そこで例を定め、盈余四〇〇両を届け出るごとに、一級を加えることとしたが、次第に届け出が増えてきたため、八〇〇両につき一級を加えることに改めた。……しかし落地税は正項銭糧のように一定の税額が決まっているわけではないので、（盈余を）隠して私物化する者は当然処分すべきであるが、（盈余の）増収を競う者もまた議叙すべきでなく、処分すべきである。……今後各省で（府州県が）落地税や田房契税を過剰に需索し、盈余が正額の二倍にも及んだり、十数年前に購入した土地に無理やり課税したりするようなことがあれば、督撫に命じて弾劾させ、上司が不正を見逃したり庇ったりした場合には、例に照らして処分せよ。正額外に徴収した盈余については、八〇〇両につき一級を加え、多くとも三級以内とせよ」と述べ[20]、溢額の帰公を奨励するため、盈余八〇〇両ごとに一級を加えるとともに、昇級を目的とした落地税や田房契税の過剰徴収を禁止した。

落地税は一応の目安として定額が決められているが、課税方法は貨物取引額に応じた定率制であったため、溢額の増加は商品流通の活発化、税捕捉率の向上、私物化部分の圧縮によるものなのか、それとも需索の強化によるものなのか、見分けが付かない。従って溢額を準公的財政に組み込んでも、人民の負担が軽減されるとは限らないのである。そこで雍正帝の没後、乾隆帝は落地税自体の削減に乗り出した。雍正一三年（一七三五）一〇月の上諭には、「朕が聞くところによると、各省・各地方には関税・雑税の外、落地税という名の税がある。凡そ鋤・箒・薪炭・魚蝦・野菜などは、値段が微少であるのに、必ず調べ上げて税を取った後、始めて販売を許す。また東市で仕入れ、既に税を納付したのに、これを西市で販売すると、再度税を取られる。郷村や僻遠の地では、官僚の目が行き届かないため、胥役を派遣して徴収したり、牙行に代納させたりしているが、官に納付されるものは甚だ少なく、奸民や悪徳吏員の私腹を肥やしているに過ぎない。そして人民は重い負担を強いられている。そこで各省に命を下し、凡そ市集の落地税は、府州県城内で、人が多く集まり、交易が盛んであり、なおかつ官員が稽査し易い所では、旧例通りに徴収するが、額外の苛索や重複徴収は許さない。郷鎮や村落では、徴税を全て禁止し、貪官汚吏が言い掛かりを付けて需索することを許さない。各省の督撫に命じて、全省の徴税額数を原額と新増に分別し、並びに原設の税口および課税対象とされる貨物で残すべき品目と廃止すべき品目を併せ、冊子を作成して報告せよ。裁革や禁約を如何にすべきかは、詳細な冊子を作り、戸部に報告せよ」とあり、[21] 交易の活発な都市では落地税を存続させるが、郷鎮や村落ではこれを廃止することが言い渡された。

ここで注目されるのは、郷村の落地税は牙行によって代納されているという乾隆帝の認識である。落地税およびその盈余は、本来税口や地方衙門が商人から直接徴収すべきものであるが、第三節で詳述するように、実際には市集の牙行によって請負徴収されていたようである。雍正・乾隆期の牙行制度整備と落地税改革は、牙帖の濫発を禁止して課税対象牙行を固定し、併せて牙行を通した落地税徴収を止めることにより、州県による需索を制限することを目的としていたと考えられる。

一三年一〇月の上諭は具文に終わらず、実際に各地で落地税改革が実施された。同年一一月には、雍正一一年令および一三年令に違い、徐州府属四県の落地税を関税に繰り入れ、また家人や書役による額外徴収を許したとして、年希堯が弾劾され、彼の家人鄭三が逮捕された。[22] 乾隆二年(一七三七)には、湖北省安陸府・襄陽府・鄖陽府の市集の一部、江西省袁州府・饒州府、山東省済南等府・徳州・済寧州、雲南省雲南府・曲靖府・元江府・大理府・楚雄府・永昌府・普洱府・武定府・麗江府、甘粛省平涼府・臨洮府の一部鎮・駅などで落地税が廃止されたとの報告が寄せられている。[23] 翌三年には、奉天では牛や騾馬に対する落地税の定額外徴収を行っていないことが、河南省では落地税が無いことが、それぞれ報告され、江蘇省でも截留された落地税二四四八両五銭の免除が裁可されている。[24] 四年には、直隷総督孫嘉淦が前総督李衛の落地税廃止に続き、新たに正定府の木税を廃止し、貴州総督張広泗が茶やタバコなど一〇〇斤以内の取引について落地税を免除した。[25]

落地税改革と並行して商税や雑税も整理が行われた。乾隆元年(一七三六)には、浙江省嘉興府・台州府・温州府・処州府の海口の一部で商税が、翌二年には、湖南省の永州府・常徳府・宝慶府武岡州・岳州府巴陵県で商税や盈余雑税が、それぞれ廃止された。[26] 六年には安徽省桐城県で商税と協済昌平州銀の槓銀(盈余)が廃止され、貴州省では遵義府・銅仁府などで牲畜税や雑税が廃止された。[27]このように落地税と類似の商税や雑税も改革の対象となったのである。

一方牙行については、乾隆四年令が下された翌年、河南省で州県が牙帖を私給して発行手数料である帖費を徴収し、また祥符県朱仙鎮では旧帖交換の際にも定帖銀と呼ばれる手数料を取ることが報告されているように、[28]直ちに州県の陋規需索が全廃されたわけではないが、直隷省では乾隆六年（一七四一）、総督孫嘉淦が①遠隔地交易商品や経紀の価格評価を必要とする商品を除き、落地税を免除し、牙帖を廃止する、②雑行牙帖を廃止する、③牙帖と落地税は表裏一体なので、落地税の無い州県では城廂のみにて牙行の営業を認め、郷鎮村落での税徴収を禁止する。落地税のある州県では規定の場所で徴税を許す。牙帖の質入れや売買は禁止する、④新開の集場を除き、牙帖の任意増添を認めない、⑤順天・保定・河間・正定・順徳・広平・大名七府と冀州・深州・定州三直隷州では、従来定額外に牙帖を発給し、盈余牙税を徴収していたが、これを禁止する、という内容の牙行整理を実施した。[29]④と⑤は乾隆四年令の再確認であり、②も取扱品目を限定して需索を予防する措置であるが、①と③は落地税徴収を免除された商品や場所において牙行を廃止する命令である。なおここで言う牙行とは、落地税の徴収権を持つ官許の仲介業者を指しており、経紀と総称される、徴税が許されていない無免許の仲介業者は含まれない。経紀は定期市での交易に不可欠な存在であり、官も彼らの存在を否定してはいない。このように落地税改革は徴収を事実上代行する牙行の整理と結び付いていた。また乾隆九年（一七四四）には、安徽省一三府州の牛驢・花布・煙油税で、徴収実績が無く地方官が代納しているものや、市集が無く行戸・舗戸・一般民衆に代辦させているものを廃止した。[30]

この後しばらく落地税・商税・雑税や牙行に関する記録は会典や実録から姿を消す。商税が再度史料にまとまって出てくるのは乾隆二九・三〇両年（一七六四・六五）のことである。嘉慶会典によると、二九年に直隷・湖北・湖南・雲南の各府庁州県で商税額が画定され、翌三〇年には江蘇・福建・山西・江西・広東でも府庁州県の商税額を定めている。[31] その後乾隆四一年（一七七六）には、直隷・奉天・湖北・湖南・江蘇・福建・山西・江西・広東・安徽・陝西・甘粛・浙江・河南・山東・四川・広西・貴州・喀什噶爾《カシュガル》（新疆）の一九省・地域で雑税の税目と税額が画定された。[32] 同時に、落地税の対象商品・免税商品の一覧と税率を徴税場所に掲示することが義務付けられ、また郷村での落地税徴収を禁止する雍正一三年令が再度布告された。[33] 但しこれら全国規模での商税や雑税の定額画定は実録に全く記載が無く、その目的は不明である。なお、この頃には全額起解して公費に充当される溢額＝盈余も事実上定額化され、[34] 州県が実際徴収した雑税から正額と盈余を差し引いた部分が地方行政経費に回されるようになったものと思われる。

それでは、乾隆初の改革によって落地税・商税・雑税の徴収を口実とした商人に対する需索の弊は止んだのであろうか。嘉慶四年（一七九九）、尹壮図が各省の陋規を清査することを請うた上奏によると、乾隆三〇年以後に付加された各種の陋規は全て廃止せよとあり、これに対する上諭には、地丁・塩課・差徭だけでなく、市集の税課においても、存剰と呼ばれる陋規が付加徴収されているとあることから、[35] 改革後も浮収は全廃されなかったことは確かである。しかし深刻な需索が商業を圧迫しているという記録は、乾隆初以降ほとんど見られなくなることから、牙行制度の整備と広義の雑税の削減によって、国家による商業部門からの徴収ルールはひとまず完成されたと考えてよかろう。

二　商税・落地税・雑税の特徴

前節では清初から清代中期に至る雑税制度の変遷について概観したが、各税目の内容については触れなかった。大略的に述べると、商税と落地税が商品の通関・販売税で、これに牛驢猪羊税・田房契税・花布煙油等税・牙税・当税・（狭義の）雑税など特定商品の取引税や特定商人の営業税を加えたものが（広義の）雑税である。但し、地域により税目、名称、徴収方法などはまちまちであり、会典や則例はそれらを羅列するだけで、名称の統一や各税間の整合性には配慮がなされていない。そこで本節では、政書や実録を手掛かりに、この三税の特徴について検証する。

(1) 商税

商税は船料と並ぶ通関税の一種であり、鈔関で徴収されるものは定率制で定額は無いが、各省の税課司局で徴収されるものは定額があり、会典では雑税に含まれる。基本的に両者とも国税として布政司に送金されるが、前述の如く、課税地で截留して地方行政経費とすることもあった。雍正期以降、商税の盈余は国庫に提解され、養廉の原資として用いられた。また会典によると、乾隆二九・三〇年に各省の商税額が画定された。

商税と落地税は淵源を異にするものの、流通に対する課税という点では共通している。だが商税・落地税の正額やその雑税正額全体に占める割合は、地域や時代により大きく異なっていた。また商品経済の発達した長江流域や華中南沿海部で特に商税・落地税が多いと言うわけでもなかった(表1)。

商税は商品の流通に対する課税であり、従って客商や舗戸が納税すべきものであるが、実際には売買の仲介者である牙行による請負徴収が広範に行われた。牙行による商税の包攬は明代中期より拡がり始めるが[36]、この趨勢は清代にも継続した。たとえば雍正八年、山西巡撫と山西布政使の上奏によると、同省のある県では商税と牲畜税を牙行が包攬しており、付加徴収の一部を私物化していることが指摘されている[37]。また雍正一一年(一七三三)、湖広総督邁柱の上奏によると、湖北省安陸府では、商税や茶税は経紀・脚夫・埠頭より循環簿に記された商品取引額に基づいて徴収され、石牌・豊楽など一九鎮では市集の牙行が代納し、鄭家橋など二五小場では小販が直接納税していた。ところが康熙五六年に、京山県の監生夏可俊が勝手に碑文を建てて商税の納付を拒否し、府内の書吏や地棍がこれに乗じて税銀を着服したが、雍正一〇年、知府偉璱により元に戻されたとある[38]。このように商税は府を単位に額が設定され、官

表１　各省における商税・落地税額および雑税総額の推移

	康熙会典	雍正会典	乾隆会典	嘉慶会典	咸豊則例
直隷			9,230/26,919 ② 34.2	40,738/126,496 32.2	
山東	6,385/38,625 ① 16.5	9,439/22,711 ① 41.5	15,138/33,160 ③ 45.6	17,524/30,856 ⑧ 56.7	
山西	34,470/63,681 54.1	28,405/51,844 54.7	38,277/38,766 98.7	19,175/27,049 70.8	18,938
江蘇		36,420/115,492 31.5	20,196/24,252 83.2	14,227/17,065 83.4	14,227
江西	12,064/32,333 37.3	21,001/34,123 61.5	90,759/91,069 ④ 99.6	90,907/91,623 ④ 99.2	5,256
福建	14,566/34,084 42.7	528/27,775 1.9	8,044/8,044 ⑤ 100.0	16,063/22,503 71.3	16,063
浙江				1,018/4,807 ⑨ 21.1	
湖北	5,184/34,537 15.0	290/22,554 1.2	4,415/38,065 11.5	3,374/40,803 8.2	3,374
湖南	5,963/14,506 41.1	6,270/14,823 42.2	3,935/15,502 25.3	3,935/15,492 25.4	3,730 ＋
陝西	1,863/42,654 ① 4.3	5,180/40,623 ① 12.7	16,994/26,950 ⑥ 63.0	34,558/46,014 ⑥ 74.1	
甘粛	6,022/46,221 13.0	5,070/60,787 8.3	4,988/14,257 34.9	5,271/15,835 33.2	378 ＋
四川			189,248/191,295 ② 98.9	23,529/29,572 ⑩ 79.5	
広東			119,200/120,417 ③ 98.9	50,443/81,774 ⑪ 61.6	2,025
雲南	13,418/32,359 41.4	14,687/34,256 42.8	55,026/151,167 ⑦ 36.4	56,771/147,665 38.4	56,308

出典：康熙『大清会典』巻35，戸部19，課程4，雑賦
　　　雍正『大清会典』巻53，戸部，課程5，雑賦
　　　乾隆『欽定大清会典則例』巻50，戸部，雑賦下，落地牛馬猪羊等項雑課
　　　嘉慶『欽定大清会典事例』巻195，戸部，雑賦，落地牛馬猪羊等項雑税
　　　咸豊『欽定戸部則例』巻41，関税4，商税銀両

註　：①課程銀　②雑貨税　③落地雑税　④雑辦商賈課鈔等税
　　　⑤商雑貨税　⑥商筏（雑）税　⑦商税酒税等項課程銀　⑧落地商雑税
　　　⑨落地税　⑩落地過道税　⑪落地雑税＋商税

会典の数値は、上段左側が商税または落地税の額（註記のないものは商税額）で、右側が雑税総額（何れも単位は銀両。小数点以下切り捨て）、そして下段が百分比（小数点二位以下切り捨て）である。則例の数値は商税の額で、＋は額外に儘収儘解を加える。商税や落地税は地域によって名称や課税対象にかなりの違いがあるが、原則として「商」「落地」の文字があるものを採っている。

許牙行の存在する市鎮では物品流通量を把握している牙行によって請負徴収されていたが、時として牙行による不正徴収も発生した。

(2) 落地税

落地税とは商品の販売地で課税する取引税であり、商税との類似性が強い。[39] 落地税は順治初頭に一旦廃止されたが、その後復活したようであり、康熙一九年(一六八〇)、許承宣の「請禁額外苛徴疏」には、税外の税として落地税の名が挙げられている。[40] 徴収方法も商税と同様、原則は定率制であるが、実際には目標値が定額として設定され、それを超えた分すなわち溢額が盈余とされた。当初盈余は規礼として官僚間で私的に授受されていたが、雍正帝によって提解帰公されるようになった。[41]

落地税額は商税と同様、主に府を単位として設定されていた。たとえば雍正六年(一七二八)、雲南総督鄂爾泰の上奏によると、雲南・曲靖・大理・永昌・楚雄・元江六府では落地税と商税は府が委員を通して徴収するとあるが、[42] 雍正八年、広東布政使王士俊の上奏によると、同省では落地税の多くは知府によって管理され、田房税は専ら州県によって管理されるとある。[43] また雍正九年、湖南巡撫趙宏恩の上奏によると、荊州府に到着した貨物は知府によって落地税を徴収されるだけでなく、鈔関で船税も徴収されるとして、後者の廃止を訴えている。[44] 趙の前任者の王国棟も、湖南省辰州府では塩と木の落地税を知府が徴収すると述べている。[45] 更に雍正七年、山西を巡察した戸科掌印給事中宋筠の報告によると、潞安府や沢州府では落地税が甚だ多く、知府が人に委ねて徴収させていた。[46] 四川では乾隆元年、巡撫王士俊により、寧遠府知府の落地税徴収業務が通判に移管されている。[47]

落地税の納税者も、商税と同じく都市や定期市で商品を販売する商人や農民である。しかし取引一回ごとの税は僅少で徴税効率が低く、また奏銷(会計報告)が煩瑣なため、前述の如く、康熙末には公捐より代納する地域もあったが、大抵は牙行に徴収を請け負わせていた。康熙一一年（一六七二）、都察院左副都御使李賛元の「請禁無藝之徴疏」によると、奸民や地棍が書役と結託し、賄賂を納めて行帖や執照を受領し、牙行・経紀・集頭・保長などになりすまして、人民より落地税を収奪していたようである。(48) そこで雍正年間には、牙行制度の整備と落地税・商税の整理が並行して行われた。乾隆帝も雍正一三年の上諭で、郷鎮や村落の落地税を廃止し、交易の盛んな府州県城でのみ課税を許した。

なお河南省では牙税の付加税が落地税に代替した。咸豊『欽定戸部則例』巻四一、関税四、落地税銀の項には「河南省各属の額として徴すべき老税・牙帖税銀、其れ行戸の歇業せし者有らば、即ちに開除を行え」とあり、同じく雑税銀両の項には、河南省の雑税として老税・盈余正額・新増額税・活税の名が挙がっており、牙税の付加税である老税・盈余・新増・活税などが落地税として徴収されていた。(49) また『河南銭糧冊』の「七項雑税銀両簡明省総清冊」にも、房地税・当税・牙税の他、盈余・新増・活税・老税が列挙されているが、(50) これらも落地税に相当するものであろう。因みに、乾隆二九年、河南巡撫阿思哈の上奏によると、懐慶府河内県清化鎮では税課大使が老税を徴収していた。(51)

（3）雑税

冒頭で述べたように、雑税とは広い意味では国家財政の中から地丁・漕糧・塩課・関税などを除いた「その他諸々の税」のことであり、非農業部門からの徴収全般を指すが、狭義には各種商品に対する物品税を指し、従って商税や落地税と混同されることもある。表2は康熙会典と嘉慶会典に収録された雑税の税目を省ごとに書き出したものであるが、前者が実に雑多であるのに対し、後者は相当減少しており、時代とともに雑税が整理されたことをうかがわせる。どちらも広義の雑税を示しているが、ただ嘉慶会典には田房税（地税）・牙税・当税が省略されており、これを加えると両者の差は縮まる。また嘉慶会典には細目の中に牛驢税や商税などと並んで「雑税」が含まれているが、たとえば江蘇や安徽の場合、嘉慶会典で「雑項税」や「雑税」に相当するものは康熙会典では花布煙包税・花布煙包油

表 2　康熙会典と嘉慶会典に見える雑税項目の比較

省		税　目
直隷	康	房地税 / 当税 / 牛驢等税 / 花布税 / 缸麯税 / 酒税 / 田産税契 / 牙帖税 / 龍泉紫荊等関口税 / 海税 / 抽印木植 / 河利 / 磚料 / 学租 / 蔴麻 / 榛栗折色 / 房租 / 宔運庁額徴 / 居庸関額徴
	嘉	牛驢税 / 花布 / 焼缸 / 海税 / 河利 / 蔴麻 / 榛栗 / 丁字沽税 / 雑貨税 / 窰税 / 独石口税 / 商税 / 古北口斗税
盛京	康	舗行戸税 / 襍税 / 経紀税
	嘉	雑税 / 山繭税
江蘇	康	田房税契 / 牙帖塩牙税 / 牛驢猪羊花布煙包税 / 当税 / 槽坊酒税
	嘉	雑項税 / 牛驢等税 / 商税
安徽	康	田房税契 / 牛驢等税 / 花布煙包油麯等税 / 牙帖税 / 当税 / 槽坊酒税
	嘉	雑税 / 牛猪税
浙江	康	税契 / 牙税 / 牛税 / 襍税 / 当税 / 酒税 / 馬税 / 駐防各旗雑税 / 外賦幷南関杉板
	嘉	牛税 / 雑税 / 馬税 / 落地税
江西	康	匠班 / 商税 / 田房税契 / 当税 / 牙帖税 / 酒税 / 牛税
	嘉	雑辦商買課鈔等税 / 牛税 / 酒税 / 磬税
湖北	康	駅塩道項下塩牙税 / 武昌廠船料 / 漢陽府船税 / 商税 / 田房税 / 当税 / 牙税 / 茶税 / 鉄税 / 酒税 / 牛驢税
	嘉	武昌船料 / 漢陽船税 / 商税 / 牛驢馬税 / 雑税
湖南	康	駅道項下塩引布税 / 駅道項下茶引税 / 各府商税 / 牙襍税 / 田房税 / 牛驢税 / 当税 / 酒税
	嘉	布税 / 商税 / 牛驢馬税
福建	康	五関併税課司額徴 / 当税 / 牙帖襍税 / 牛猪税 / 茶税 / 酒税 / 漁課 / 耗羨
	嘉	雑税 / 商税 / 牛猪税 / 河税
山東	康	当税 / 牙行襍税 / 税契 / 牛驢税 / 船税 / 酒税 / 塩行経紀 / 課程 / 匠班 / 更名房地租 / 房基租 / 集房河灘房基等租
	嘉	牛驢等税 / 船税 / 落地商雑税
山西	康	溢額商税 / 田房税契 / 当税 / 牙帖税 / 槽坊税 / 木筏税 / 大同各路城堡房地租課 / 殺虎堡馬牙税
	嘉	溢額商税 / 木筏税 / 馬税 / 畜税 / 煙税 / 雑税 / 油樑等 / 酒課
河南	康	老税 / 牙帖 / 活税 / 当税 / 房地税契 / 酒税 / 雕塡添匠 / 磁罈石磨折
	嘉	老税 / 活税 / 新増税 / 余額
陝西	康	停免 / 匠価併盤費 / 課程税課 / 鞝価 / 薬材折価 / 各府幷潼関商筏房壕租税 / 畜税 / 駐防徴収畜税 / 当税 / 牙税 / 酒税 / 地税
	嘉	課程 / 薬材折価等 / 商雑税 / 畜税 / 駐防徴収畜税 / 磨課 / 磬税
甘粛	康	課程 / 地税 / 房田税契 / 年例盤纏脚価 / 停免 / 匠価 / 塩課程 / 商税 / 畜税 / 地税 / 磨課 / 牙税 / 当税 / 課程額徴 / 茶課 / 店租 / 棉花店積余 / 褐毯襍税 / 煙税 / 酒税 / 塩税
	嘉	課程 / 年例盤費脚価 / 匹価 / 商税 / 馬畜等税 / 磨課 / 房租 / 薬味茜草舗墊 / 農桑 / 褐毯税 / 煙税 / 山貨税 / 架税 / 丁站
四川	康	彝民認納差期 / 屯租 / 黄蠟折価 / 寄荘糧 / 草籽糧 / 秋糧 / 漁油課 / 水碾磨課 / 襍貨税 / 牲畜税 / 酒税 / 牙行 / 油井 / 茶税 / 茶課
	嘉	黄蠟折価 / 草籽糧 / 秋糧 / 碾榨磨課 / 雑税 / 落地過道税
広東	康	酒税 / 当税 / 税契 / 炉餉 / 襍税 / 牙襍税 / 香山礐旱路税
	嘉	落地雑税 / 鑪餉 / 商税
広西	康	襍税 / 魚苗 / 錫箔糖油榨等税 / 花麻牛猪等税 / 牙帖税 / 当税 / 酒税 / 田房税契
	嘉	雑税 / 小税
雲南	康	花斑竹 / 差発 / 礦税 / 商税酒税等 / 魚課 / 学税 / 牛税等 / 戸口食塩 / 紙觔 / 納楼司差発 / 開化附納食塩 / 馬街税 / 商課 / 田銭地講等 / 普洱商税 / 年例草場地租等
	嘉	花斑竹 / 田銭地講戸口等 / 商税 / 民辦站 / 紙觔 / 子花 / 廠課
貴州	康	襍税 / 牙帖 / 水変価 / 魚課 / 賑田
	嘉	雑税 / 婺川県塩税 / 水銀税課

出典：康熙『大清会典』巻 35，戸部 19，課程 4，雑賦
　　　嘉慶『欽定大清会典事例』巻 195，戸部，雑賦，落地牛馬猪羊等項雑税

麯等税・槽坊酒税であり、また湖北や福建の場合、嘉慶会典の「雑税」は康熙会典の茶税・酒税・鉄税に相当することから、狭義の雑税とは棉花・棉布・タバコ・油・酒・麴・茶・鉄など雑多な商品に課せられる物品税の総称であることがわかる。そのため必ずしも流通過程で課税する必要はなく、直隷の缸麯税（酒瓶や麴に対する税）のように生産者に課せられた可能性が高い税目もあるが、大半は鈔関や販売地で課税されたのであろう。

商税や落地税と同様、雑税も商工業者による請負徴収が行われた。たとえば道光一八年重修『雑税全書』によると、雍正一三年の上諭により、それまで郷鎮や村落の屠戸（精肉業者）より徴収していた常熟県の落地雑税盈余銀八両五銭七分、江陰県の一両四銭三分五釐、丹陽県の二一両四銭三分一釐が廃止されたとある。[52]また康熙初頭の江南・湖広・陝西・福建では、本来牙行・典当・舗戸が負担すべき牙税・当税・門攤税・魚課など広義の雑税を、牙行や舗戸が少ないことを理由に、貪官汚吏が地丁に繰り込んで徴収するという弊害も見られた。[53]

なお会典によると、乾隆四一年に各省の雑税額が画定されたようであるが、多くの税目が「儘収儘解」すなわち原額を定めず、徴収した全てを起解するよう改められている。とは言え、実徴数を確認する帳簿が作成されるわけではなく、府州県の申告通りに起解することを許したのである。これにより雑税は地方衙門が弾力的に徴収し、比較的自由に使用し得る、事実上の地方財政へと転換した。

以上、政書や実録の記載から清代の商税・落地税・雑税の特徴を概観した。本来、商税は鈔関や税課司局で徴収される通関税や入市税、落地税は城市や郷鎮・市集など商品の販売地で徴収される取引税、狭義の雑税は特定物産に対して課せられる物品税であり、これに田房契税・当税・牙税・牛驢猪羊税・船税・魚課・蘆課などを加えたものが広義の雑税である。商税や落地税は商人が、雑税は商工業者が支払うべき税であるが、課税基準が複雑で税額自体も微少であることから、概ね牙行によって請負徴収されていた。しかし商税・落地税・雑税の包攬や当官の割り当ては、牙行の商民に対する需索を激化させたため、雍正から乾隆初にかけて牙行制度が整備され、官許牙行のみに牙帖を頒給して徴税請負権と納税義務を付与した。

但しある商品に対し商税・落地税・雑税の全てが課されていたのか、それとも一部が課されていたに過ぎないのか、定かでない。おそらくこれらは会計上の名称に過ぎず、実際にはそれぞれの牙行から牙税とその付加税（商税・落地税・雑税を含む）が徴収されていたのであろう。地方官は牙行から徴収した付加税の中から各税の正額と盈余（儘収儘解の場合は建前上全額）を布政使に起解し、残りを府州県の行政経費に充当していたものと思われる。従って商税・落地税・雑税の徴収方法は地方によってまちまちであった。次節では地方志を手掛かりに、その実態を解明しよう。

三　牙行による雑税の請負徴収

清代の落地税・商税・雑税は主に牙行によって請負徴収されていた。しかし牙行の存在形態は華北と江南では大きく異なっていた。清朝は江南では上層牙行のみを官許牙行にして、諸税を請負徴収させ、官物調達の役に当てるとともに、商業秩序の維持業務を担わせた。牙帖を頒給されない、その他大勢の仲介業者は、一般に経紀と呼ばれた。華北でも牙行と経紀の区別はあったが、牙行の資力にあまり差がなく、流通の組織化も進んでいなかったため、相対的に零細で多数の仲介業者を官許牙行としなくてはならなかった。そこで本節では、華北と江南における牙行の雑税請負の実態について考察する。

（1）華北

華北諸省の中で定期市交易が最も発達していたのは山東省であり、雑税に関する史料も比較的豊富に残されている。たとえば済南府長山県の周村と東関では市集の経紀が売買を仲介し、毎年課程銀一四両五銭八分、牙雑銀六銭二分、牛驢税銀三両を県に納付していた(54)。山東省の地方志には、市集の税として課程税・牙雑税・牛驢税を挙げるものが多く、広義の雑税である牛驢税を除く前二者が落地税・商税・狭義の雑税に相当する徴収であると思われる(55)。牙雑税とは牙税あるいは牙税と狭義の雑税の意であろう。では課程税とは何か。道光『商河県志』巻三、賦役、課税には、市集ごとの税目と税額が列挙されているが、城内集を除く三〇箇所の市集全てに課程税が課されている。その内訳は、課程税・牙雑税・牛驢税の三税を課するものが五箇所、課程税と牛驢税または牙雑税の二税を課するものが一四箇所、課程税のみを課するものが一一箇所である。城内集は布行牙雑税と牛驢税が課されている。このことから課程税が市集における最も普遍的な税であったことが理解される。また、光緒『臨朐県志』巻六、賦役には、雑税・典税・税契・課程・牙雑税・牛驢抽税の名が見えるが、牙雑税の項の割註に「課程とともに、帖費を納めて充当している各行の経紀の名義の下に徴収する。各則等しからず。ともに帖二二張あり」と記されており、課程税が牙税と同様牙行（臨朐県の場合は官許牙行の下で働く経紀）より徴収されていたことを伝える。乾隆『魚台県志』巻六、賦役、襍税にも、「乾隆三年（一七三八）より頒給された司帖は二三三張、徴収すべき課程銀は四二二両三銭、牛驢抽税銀は三二両八銭二分、牙襍抽税は一五七両三銭五分、合計六〇二両四銭七分である。乾隆二六年、南陽の煙行一戸が廃業したため、司帖一張、課程銀八両を除く。又乾隆二八年、南陽の屠行一行が廃業したため、司帖一張、課程銀一〇両を除く」とあり、司帖（布政使発行の牙帖）の頒給と引き替えに課程の納税が義務付けられていた。やがて清末民国期になると、課程税は牙税と同一視されるようになる(56)。以上のことから、課程税とは落地税や商税の原資となる科徴で、牙行や経紀より徴収されていたと考えられる。因みに、康熙会典に見られた山東省の課程銀は、嘉慶会典では落地商雑税に置き換えられている（表2）。

課程を落地税と明言する史料もある。乾隆『済寧直隷州志』は康熙三〇年代頃の知州呉檉《てい》の『救済録』に収録された「雑税論」を引用して、次のように述べる。「額外の徴収に六あり。課程・牙雑税・牛驢抽税・班匠・税契・当税である。……課程の額は一二一八両で、税課局大使が徴収して送付する。定例では外来の客商の貨物に対してのみ課税し、これを落地税と言う。本地で生産された物には課税できない。以前は郷民が作る麻にまで課税が及ぶこともあったが、これは法の禁ずるところであり、もとより厳しく禁止されてきた。一方、小車や脚驢によって販運する者も外来商人であるが、貨物は少なく、資本も有限で、額に汗して僅かな利益を得ているに過ぎない。だが、儲けが有るか無いかもわからないのに、貨物を運び込んだ時、まず落地税を取られる。更に一旦旅店に入ったものの、商品が高値で売れないと知って、すぐさま他所へ行こうとしても、巡攔が脱税を口実に拘留して罰金を取る。異郷の客商には、往々にして怒りをこらえ抗弁しない者もいる。済寧州は水陸の要衝に当たり、商貨が雲集するので、税の徴収量は原額を満たして余りある。どうして小車・脚驢によって小商いを営む者にまで、際限なく苛斂誅求し、僅かな利まで奪うべきであろうか。このことは一律に厳禁し、濫収を許してはならない」と。(57)

呉は課程が落地税であると断定し、これが外来の物産にのみ課せられる販売税で、税課局大使が徴収すると言う。但し小車や驢馬により陸路商品を搬入する小商人にとっては、利益の如何にかかわらず徴収される落地税は大きな負担であり、また税課局の職役である巡攔による苛斂誅求も免れ難かった。そこで呉は、済寧州は交通の要衝で落地税収入は潤沢であることから、陸路を販運する小商人についてはこの税を免除すべしと主張した。このことから、課税対象を大きく逸脱せず、国家の定める原額が確保できれば、落地税の細かな徴収方法は地方官の自由裁量に委ねられていたことがうかがえる。なお、その後済寧の落地税は知州が徴収するようになった。(58)

呉はまた、牙雑税についても改革を行っている。「雑税論」は続いて次のように述べる。「牙雑税について。旧例では外来の商人で済寧に来て商品を購入する者から、出立の時、貨物の精粗や貴賤を問わず、陸路であれば（輸送手段である）車や駝を計り、水路であれば（貨物の単位である）包や件を計り、道路の遠近を勘案して税を徴収した。歳末には例に倣い、帳簿を作って会計報告した。しかしその原額は六五両程度に過ぎない。にもかかわらず差役が四方に出向いて関所や市集を騒がせ、需索の手を休めず、駝載された商品には全て課税するので、商人は牙雑税を非常に恐れ、済寧の市場の一大弊政となっている。私は着任後、直ちにこれを禁止し、額税は牙行に命じて納めさせた。商貨が集まる所で牙行に充当しようとする者は、先を争ってこの僅かな税を支払ったので、大層余裕ができた。しかし牙行が多ければ経紀が必ず入り乱れ、交易に大きな負担を掛ける。そこで私は、資本が大きく取扱商品量の多い者を選んで一八行を定め、それぞれに税を課し、上司に申請して高札を立て、永く定例とした。その他の商人の些末な商品については、民の自由な交易を許し、勝手に牙行を立てることを禁止した」と。[59]すなわち呉の着任以前まで、済寧州では物産を集荷した商人から、商品の量や販売地までの距離に応じて税を徴収していた。これはおそらく商税もしくは狭義の雑税であろう。しかしここでも差役による需索が深刻であったため、呉はこれを牙行に請負徴収させたのである。これが牙雑税と呼ばれる所以であろう。しかし牙帖を乱発すると経紀が増え、手数料強要などの弊害をもたらすので、呉は官許牙行を一八行に限定し、彼らに牙雑税を負担させるとともに、零細商人については牙行や経紀の仲介を必要としない自由な交易を許したのである。

以上のように、落地税や雑税は額が微少であることから、地方官によって部分的に免除されたり、牙行に請負徴収されたりすることがあった。特に済寧州のような流通の結節点では、仲介業者は牙帖の頒給を受けたいがため、積極的に雑税を納付しようとした。そこで呉知州は、当時は有料であった牙帖の発行手数料を免除する代わりに、里甲に科派されていた花絨・牛角・弓面などの調達費用を牙行に負担させた。[60]また済寧では明代の遺制である匠班銀も、康熙三五年（一六九六）より糸行経紀が代辦していたが、その真相は、呉が牙帖の新規発給を停止したため、将来営業権を奪われることを懸念した彼らが、匠班銀を自主的に負担することで官の庇護を受けようとしたのであった。もちろん、その負担は牙帖の発行手数料より少なかった[61]。

ただ、牙行が雑税や差徭を喜んで引き受けたのは、済寧州のような商品流通の発達したごく一部の地域に限られていた。それ以外の地域、たとえば河南省彰徳府林県では、牙行制度整備の後も官や書役による陋規需索が激しく、閉店した行店の牙帖は銀数十両を付けなければ引き取り手が現れなかったとまで言われている[62]。

課程税に話を戻すと、乾隆『諸城県志』巻九、田賦、雑税は、額外の雑税で県が徴収するものとして課程税・牙雑税・走税・当税・田房契税を、南信巡検司が徴収するものとして豆船税を挙げ、「課程と曰うのは、旅店の税であり、練総に管掌させる。牙雑と曰うのは、権量行の税であり、行首に管掌させる」と説明する。牙雑税については解説を要しないであろう。課程税は旅店の税で練総に納めさせるとあるが、これは邸店（旅館と倉庫を兼営する仲介業者）の税で、外来の不審者を取り締まる練総（民兵の指揮官）にその徴収を委ねたのである[63]。従って諸城の課程税も、落地税や商税に近い、市場の流通税であったことが推測される。なお県志の記述によると、これら諸税は雍正四年の上諭によって一旦儘収儘解に変えられ、乾隆元年の上諭によって課程・牙雑・走税（輸送用の牛馬に掛かる税）が定額制に戻された。

このように、課程とは落地税や商税の原資となる税で、山東省では市集の牙行や邸店から徴収されていた。河南省では、前節で見た通り、牙税の付加税である老税・盈余・新増・活税などが落地税に代替した。直隷省の地方志には課程税や牙雑税が見られず、牙税や牲畜税の外には、棉花・棉布・油・タバコなど個々の物品に対し狭義の雑税が賦課されていた。一方、陝西省西安府では舗戸より課程を徴収していた。嘉慶『咸寧県志』巻一一、田賦には、「額外の税課、舗戸に由る者、課程銀三十七両六銭五分なり。市集の騾馬に由る者、畜税銀五十二両九分二釐なり。牙人に由る者、牙税銀八十五両九銭なり」とある。また道光『咸陽県志』巻三、貢賦、課税には、「課程旧額税銀、城に在りては県市が、額として二十両一銭四分零を納め、郷に在りては馬荘鎮が、額として一両二銭八分を納む」とあり、

課程は主に県城で徴収されていた。この他、臨潼県のように課程銀を地丁銀に繰り入れた地域もあった。(64)

(2) 江南

まず江蘇省から検討しよう。乾隆『江南通志』巻七九、食貨、関税、雑税によると、揚州府税課司・揚州府揚防庁・儀徴県税課局・高郵州・通州税課局に商税が、徐州府に課程が課されているが、大半の州県は田房税・牙帖税・花布牛驢猪羊等税・当税(何れも儘収儘解)のみであったらしい。

揚州府と通州で商税の名が見えるのは、ここではまだ税課司や税課局が機能していたからである。道光『儀徴県志』巻一四、食貨、田賦、商税には概ね次のような内容の記述がある。儀徴県では嘉慶八年(一八〇三)から道光一五年(一八三五)の間、商税二三九〇両が税課大使によって徴収されていた。道光一三年、税課大使陳廷銓は、「税課局が徴収する落地税・商税・雑税は三三〇〇余両である。昔は税銀に余裕があったが、嘉慶二〇年以来、河道の変化により糟船が来なくなり、また塩商も疲弊したため、牙行の多くが閉店し、税の滞納が増大した。本職が道光七年に着任して以来、本県は度重なる凶作に遭い、現在滞納額は六六九〇余両に達している。そこでこれを帳消しにし、県に徴収を委ねて欲しい」と請願した。陳の要請を受けた儀徴県知県石常泰の上申書に対し、知府豫は税局の窮状を認めつつ、滞納の帳消しと県への業務移管には反対して、「儀徴県税課局の商税と雑税は三三〇〇余両で、内一七二〇余両は各戸より徴収して知県の名義で会計報告し、残る一五七〇余両は商人の貨物売買に落地税を課して税課大使の名義で会計報告している。しかし落地税は微少であり、県が両方を管理することは困難であるので、別の官吏に委ねるべきである。各戸より徴収する税を県が徴収するというのは良策であろう」と回答した。

嘉慶・道光年間の儀徴県では税課局が商税と雑税を徴収していたが、この内約半分は商人の貨物取引に課せられる細々とした落地税を原資とし、残る半分は「戸の追う可き有り」すなわち特定の戸(おそらく行戸であろう)から徴収していた。しかし河道の遷移や塩商の疲弊によって行戸の多くが破産し、各税の滞納が深刻となったので、税課大使は徴税業務の県への移管を求めたが、知府は落地税については税課局が引き続き徴収し、特定の牙行からの徴税のみ県に委ねるよう命じた。ここでは商税と雑税が政府に起解すべき税目の名称として、落地税が実際の徴収形態に基づく商税の通称として用いられている。

また、揚州府宝応県でも、民国『宝応県志』巻四、食貨、田賦、時田科則銀米定価附税種類によると、南門外河堤上に税房を設置して商人の貨物に落地税を課し、ここから商税銀五一二両余を確保していたとあり、道光『重修宝応県志』巻八、貢税によると、城市の商貨に対しては落地税があるが、既に雑辦の名目で地丁に繰り入れられたため、花布税三九両余の原資は荘鎮村集の店舗より取るとある。[65] 同県でも民国期まで商税の原資として落地税が課されていたが、城内では早くから地丁に攤入されていたらしい。

通州では、乾隆『直隷通州志』巻五、民賦、雑課によると、旧来商税は州内の場鎮で零細な商品に対し課税していたが、鈔関でも商税を取るので二重徴収となり、税の確保が困難であった。そこで乾隆八年（一七四三）、知州王師旦が江蘇省での落地税截留を命じた乾隆三年令に基づいて免除を願い出たが、戸部は久しく賦役全書に記載されてきたことを理由に却下したとある。また、光緒『通州直隷州志』巻四、民賦、解支、雑税衛賦学租の通州の項には、税課局が商貨落地税を徴収するとある。更に、民国『南通県図志』巻五、賦税下、雑辦賦税、国税旧額雑税衛賦によると、通州税課大使が商人より商税や落地税を恣意的に徴収したため、光緒二四年（一八九八）一〇月、商民顧森泰ら四〇人が知州と上海商務総局に商税の包攬を願い出て裁可されたことが記されている。

以上のように、揚州府と通州では清末まで州県と並んで税課司局が商税や落地税を徴収していた。これは同地方が南北河運の要衝で通関税を徴収するにふさわしい場所であったからであり、咸豊四年（一八五四）、揚州府仙女廟鎮から釐金税が始まったことと軌を一にする。

長江北岸とは対照的に、南岸では落地税や商税、および花布牛驢猪羊税を除く雑税の徴収を語る地方志はほとんど見られない。鎮江府丹陽県では雍正一三年令により落地税徴収地域の画定が試みられたが、その後うやむやにされたようである。[66] ただ海上交易の拠点でもある上海では、徴税に特化した「税行」が存在した。彼らは福建・広東や山東方面に往き来する商船に対し、入港時に海関税を徴収し、出港時に船牌を給付していた。[67] これを除くと、牙行が落地税や商税を請負徴収していた事例は見当たらない。

次に安徽省について見る。安徽省ではほぼ全域で商税の存在が確認されるが、これらは大抵牙行によって徴収されていた。長江流域の桐城県・宿松県・巣県では牙行が商税を辦納すると言われており、[68] 合肥県や来安県でも商戸が商税を支払っている。[69] 省都懐寧県では、同治年間より牙釐総局が頒発する行戸の名簿に基づいて、毎年商税を徴収していた。[70] 淮河流域の定遠県や潁州府では、地方志に「此の項(商税)、各鎮の布行経紀が出辦するに係る」「各集の経紀、商税を出辦す」などとあり、[71] 鎮集の経紀が商税を支辦していたことがわかる。

安徽ではまた、霍山・鳳台・懐遠・亳州・宣城・旌徳・休寧・婺源などの州県で落地税が徴収されていた。この内、宣城・休寧・婺源三県では、雍正末から乾隆初にかけて郷僻村落での落地税改革が行われている。[72] ただ牙行による請負徴収は確認できない。それどころか婺源県では大きな鎮集が無いため、改革以前は各図に落地税を割り付け、舗戸や農民から徴収していた。[73]

因みに、浙江省や江西省でも地方志に商税が記載されているが、概して低額で、清代には形骸化していたようであり、牙行の請負徴収を積極的に語る史料は無い。

以上のように、華北では課程・牙雑税・老税などの名の下に、牙行が落地税・商税・雑税の徴収を請け負っていたが、江南では江蘇北部や安徽で商税・落地税が確認されるものの、長江デルタでは雑税徴収に関する記録がほとんど見られなかった。この事実は何を意味するのであろうか。

華北の商品市場は定期市が中心であった。ここでは客商が市集を定期的に巡回し、牙行の仲介によって各地の生産者や消費者と売買を行っていた。従って牙行の数は比較的多く、その資本は比較的零細であった。一方江南では、商品の集荷・販売体制が発達し、都市の常設店舗で交易が行われていた。ここでは牙行は単に売買を仲介するだけでなく、多くの場合、自ら商品を買い集めたり売り捌いたりする問屋業も兼営していた。従って牙行の中にも階層構造が存在した。上層の牙行は地域によっては「商紳」とも呼ばれ、清代後期以降、都市行政にも積極的に関与するようになった。

このような流通構造の相違は、中央政府や地方衙門による官物調達の役に強い影響を及ぼしていた。問屋制の発達した江南では、既に明末頃から行戸や舗戸に対して「当官」「舗戸の役」が賦課されていたのに対し、清末まで定期市段階にあった華北では、官の要求する物資や役務をまとめて供給できる問屋がほとんど存在せず、従って官物調達は差徭という形で里甲（行政村）に割り付けられていた。華北において牙行による雑税の請負徴収が顕著に見いだせるのは、雑税が市集の牙行・経紀からの官物調達の手段として利用されていたからだと推測される。[74]商税は明代の遺制であり、落地税や雑税とともに定額は非常に少なかったが、国家はこれら形骸化した税制を梃子として市集の牙行より流通税を集めさせ、地方行政経費を補塡していたものと思われる。もちろん華中南にも市鎮や市集はあり、特に江南では市鎮が発達していたが、既に問屋からの調達というより効率的な徴収方法が確立していたため、雑税制度は活用されなかったものと考えられる。

雍正から乾隆初にかけての牙行制度整備は、華北と江南とでは微妙に異なる側面を持っていた。江南では、明末清初より地方行政経費の不足を補うべく州県が牙帖を濫発した結果、商人や農民が負担転嫁の被害を受けたり、不良牙行の横行を招いたりしたため、国家は牙行数を制限して、州県による恣意的徴発を陋規（牙税の付加徴収）に改めさせた。一方華北では、落地税や商税の改革と並行して、これらを請負徴収していた牙行の数も制限された。地方衙門の牙行に対する収奪を抑制することを企図した点で両者は共通するが、保護の対象が江南では主として問屋であったのに対し、華北では専ら市集の仲介業者であった点で相異なる。

雍正帝や乾隆帝は雑税の溢額を布政使に差し出させて公費とし、併せて牙行の請負徴収や郷村での落地税徴収を禁止したが、盈余の固定化はその外部に更なる盈余（地方的徴収）を生んだであろうし、華北では改革後も牙行による包攬は続いた。それでも、一連の改革が主として地方衙門による商業部門からの際限ない収奪を規制したことは確かである。

牙行制度整備以後、華中南では牙税の付加徴収である陋規が地方行政経費の原資となった。これは一九世紀後期には牙帖捐へと発展するが、華北の市集の牙行には高額の捐を支払う力は無かった。光緒一一年（一八八五）、戸部が各省に牙帖捐実施の可否を諮問したのに対し、山東巡撫陳士杰は、山東は江南のように商業が繁栄しておらず、牙行に充当している者は何れも資力が乏しいため、煙台など沿海沿河の流通拠点を例外として牙帖捐の実施は困難である旨、回答している[75]。清末に至るまで、華北の牙行は零細な市集の仲介業者に止まったのである。

おわりに

清代の流通課税には、通関税・入市税を淵源とする商税、販売地での取引税である落地税、特定商品を対象とした物品税である狭義の雑税があった。これに田房契税・典当税・牙行税・牲畜税などを加えたものが広義の雑税である。商税・落地税・雑税は実際には厳密に区別されることなく、何れも定期市に対する税として用いられ、主として市集の牙行により請負徴収された。牙行による包攬や州県による浮収が商民への負担強化を招来していると認識した雍正帝や乾隆帝は、牙行数を制限するとともに、落地税や商税の改革を実施した。税目の整理、税額の削減、課税地の制限に加え、儘収儘解により雑税を国税から事実上の州県税へ移管したことにより、乾隆後半以降、雑税問題はしばらく国政上の課題から姿を消した。市場が定期市段階にあった華北では、清末まで牙行による雑税包攬が続いたが、問屋制が発達した華中南、就中江南デルタでは、雑税はほとんど見られなくなった。以上が本章の結論である。

中国では市集や関口の流通税は古代より存在した。古代と較べて商品流通がはるかに発達しているはずの清代において、雑税が形骸化し、華中南では事実上消滅したのは、地丁銀の導入により税財源が土地に一本化されたからに他ならない。国家は人頭税や雑泛差徭だけでなく、流通税も土地に繰り込もうとしたのである。一部の関口では依然として商税が残存するが、それは関口を管轄する衙門の周辺に課税対象となる田地がないからであろう。

地丁銀に置き換えられたはずの流通課税が全国的に再強化されるのは、周知の通り、太平天国の乱に対する軍事費確保のため臨時に設けられた釐金税からである。釐金税には釐卡と呼ばれる関所において徴収される通関税の他、都市の商人から毎年一定額を認捐（寄付）させるものもあり、それ自体が商税・落地税・雑税の再版であるとも言えるが、釐金税はあくまでも国家の（実際には督撫の）管理下にあり、府州県が課する市集の税という雑税の性質により近いのは雑捐であった。清末民国期の華北の地方志は、牙行の営業税と並んで様々な雑税・雑捐が州県によって徴収されていたことを伝えるが、江南でも布捐や舗捐が設けられ、督撫の財政改革によっても完全には払拭できなかった。[76]そしてこれらの整理を果たせぬまま、清朝は滅亡したのである。

註

（1）明代の商税については以下の諸研究を参照。佐久間重男「明代の商税制度」『社会経済史学』一三巻三号、一九四三年、同「明代における商税と財政との関係（一）・（二）」『史学雑誌』六五編一号・二号、一九五六年、山根幸夫「明・清初の華北の市集と紳士・豪民」『中山八郎教授頌寿記念明清史論叢』燎原書店、一九七七年（山根『明清華北定期市の研究』汲古書院、一九九五年所収）、新宮（佐藤）学「明代後半期江南諸都市の商税改革と門攤銀」『集刊東洋学』六〇号、一九八八年、同「明代の牙行について――商税との関係を中心に――」『山根幸夫教授退休記念明代史論叢』下巻、汲古書院、一九九〇年。

（2）佐藤学「明末清初期一地方都市における同業組織と公権力――蘇州府常熟県『當官』碑刻を素材に――」『史学雑誌』九六編九号、一九八七年。

（3）拙書『明清時代の商人と国家』研文出版、二〇〇二年。地域別に見ると、前書では江南や重慶における問屋化した牙行について検討したが、本章では華北を中心とした市集の仲介業者としての牙行を主たる考察対象としている。

（4）『大清世祖章皇帝実録』巻九、順治元年一〇月甲子

是日。上御皇極門。頒即位詔於天下。……一。関津抽税。原寓譏察。非欲困商。順治元年准。通免一年。自二年正月初一日以後。方照故明初額起税。凡末年一切加増。尽行豁免。其直省州県零星抽取落地税銀名色。概行厳禁。

『皇朝文献通考』巻二六、征榷一、征商、関市

（順治）二年。禁革陝西省落地税銀。

『大清世祖章皇帝実録』巻三〇、順治四年二月癸未

以浙東・福建平定。頒詔天下詔曰。……其州県零星抽取落地税銀名色。及閩省勢宦土豪・不肖有司。向来津頭・牙店。擅科私税。概行厳禁。違者重治。

同右、巻三三、順治四年七月甲子

以広東初定。特頒恩詔詔曰。……一。抽税原以裕国。非欲病民。明朝末年。濫行抽取。殊属虐商。自順治四年正月初一日起。凡府州県零星抽取落地税銀名色。及勢宦土豪・不肖有司。向来津頭・牙店。擅科私税。概行厳禁。違者重治。

（5）康熙『大清会典』巻三五、戸部一九、課程四、雑賦

（康熙元年）又題准。禁止有司私給税単収税。

十二年。覆准。小民肩挑背負尺布・斗米・蔬果・食物貿易者。地方官不許徴税。

(6) 雍正『大清会典』巻五三、戸部、課程五、雑賦

(康熙) 二十六年。議准。自康熙十五年起。直隷等省加増田房契税銀。十五・十六両年起。直隷等十一省加増牛驢税銀。十六年起。直隷等十二省加増当税銀。十七年起。直隷等十一省加増塩牙・牙帖等税銀。十九年起。直隷等十二省加徴糟坊酒税銀。通行直省各督撫。厳行所属。免其徴収。

(7) 同右

(康熙) 四十五年。議准。……嗣後一応牙行。照五年編審之例。清査更換新帖。其中若有光棍頂冒朋充。巧立名色。覇開総行。逼勒商人。不許別投。拖欠客本。久占累行者。該地方官不時厳行査拿。照此例治罪。如地方官通同徇庇。事発。一併参処。

(8) 同右

(康熙) 四十八年。覆准。除税課定例。応立牙行者。照旧設立外。其奸宄之輩。希図取利。捏称牙行。於良民買売之際。混行索詐。責令順天府府尹・通判・大宛二県・五城兵馬司。厳行査拿。照例従重治罪。

『大清聖祖仁皇帝実録』巻二三八、康熙四八年六月庚子

吏部議覆。江南道監察御史張蓮条奏疏言。……一。貿易貨物。設立牙行。例給官帖。使平準物価。乃地方棍徒。於瓜果菜蔬等物。亦私立牙行名色。勒掯商民。請勅部査税課定例。除応立牙行者。照旧設立外。其余一切私設牙行。尽数除革。俱応如該御史所請。従之。

(9) 雍正『大清会典』巻五三、戸部、課程五、雑賦

(雍正四年) 又覆准。嗣後各省牙帖。一例由藩司鈐蓋印信頒発。不許州県濫給滋弊。倘各州県仍有私行濫給者。該督撫即行指参。行部議処。

(10) 乾隆『欽定大清会典則例』巻五〇、戸部、雑賦下、禁例

(雍正) 十一年。諭。各省商牙雑税。固有関国課。亦所以便民。是以各省額設牙帖。皆由藩司頒発。不許州県濫給。所以杜増添之弊。不使貽累於商民也。近聞。各省牙帖。歳有加増。即如各集場中。有雑貨小販。向来無藉［籍］牙行者。今概給牙帖。而市井姦牙。遂恃為護符。把持争奪。抽分利息。是集場多一牙戸。即商民多一苦累。況牙帖納税。毎歳無多。徒滋繁擾。甚非平価通商之本意。著直省督撫。飭令各該藩司。因地制宜。著為定額。報部存案。不許有司任意加増。嗣後止将額内各牙退帖頂補

之処。察明換給新帖。再有新開集場。応設牙行者。酌定名数給発。亦報部存案。如此則貿易小民。可永除牙戸苛索之弊。欽之。

大括弧は明らかな誤字の訂正を示す（以下同様）。

(11) 同右

（乾隆元年）又覆準。牙戸如各牙行式微。無力貿易。有情願報官歇業者。即令其開除報部。不必竢頂補有人。方準退帖。違者照例処分。

(12) 同右

（乾隆）四年。諭。……近聞。江蘇各属。於額帖之外。陸続増請者。一県竟有数十張。以至百余張不等。此必州県官聴信吏胥播弄。借新開集場準其増設之例。或旧業而捏為新設。或裁牙而溷請改充。徒使貿易小民。受其苛索。莫可申訴。江蘇如此。則各省亦必皆然。……該地方若有新開集場。応設牙行者。該印官詳確察明。取具印結。由府州覈実詳司。給発牙帖。如非新開集場。朦溷請増者。即行題参。従重議処。欽之。

(13) 同右

（乾隆）五年。諭。……嗣後胥役。見在更名捏姓。兼充牙行者。令地方官。厳察確実。即行追帖。勒令歇業。並将胥役充補牙行之弊。永行厳禁。

（乾隆）七年。覆準。客商販買米豆。皆須投託牙行。恐狡獪牙行。有意把持。高擡価直。於中取利。行令直省督撫。転飭該地方有司。通行出示。厳切暁諭。商人既不得藉貨居奇。行家更不得把持増価。倘有居奇把持等弊。即察明究治。

（乾隆）九年。題準。嗣後地方官濫給牙帖者。該管上司。失於稽察。将知府照巡綽官失於稽察例。罰俸一年。司道照不行詳察例。罰俸六月。……

(14)『大清高宗純皇帝実録』（以下『高宗実録』と略記）巻七四二、乾隆三〇年八月戊午。なお張によると、乾隆二六年（一七六一）、湖南按察使厳有禧が外省牙行の五年編審制実施を願い出たが、同様の理由で却下されたとあり、この制度は外省では以前から施行されていなかったようである。『宮中檔乾隆朝奏摺』第二五輯、乾隆三〇年六月二四日、江西布政使張逢堯。

(15) 嘉慶『欽定大清会典事例』巻一九七、戸部、雑賦、禁例

（嘉慶）九年。議准。京城及直隷省属各牙経紀。除病故照例募補外。其縁事退帖。必須査明実係年老有疾及不安本分之人。方准革退另募。不得任意去留。

(16) 前註(1)佐久間「明代における商税と財政との関係(二)」。康熙『大清会典』巻三四、戸部一八、課程三、関税
本朝設関権税。歴年建革不一。有徴商税者。有徴船料者。有兼徴船料・商税者。所収課税。解帰戸部。間有支撥兵餉・河工等項。

(17)『大清世宗憲皇帝実録』(以下『世宗実録』と略記)巻五三、雍正五年二月丁丑の項には、江西巡撫汪漋(雍正四年五月―雍正四年一〇月在任)の上奏として「江西では従来落地税を徴収してきたが、康熙末、巡撫白潢(康熙五六年七月―康熙五九年七月在任)が落地税を廃止し、巡撫や司道の公捐より代納した。そのため毎年の徴税台帳は具文となった。後任巡撫の王企埥(康熙五九年七月―雍正元年正月在任)や裴𢚸度(雍正元年正月―雍正四年五月在任)もこれに倣うことを許可された」と記す。白らが落地税を公捐より支出したのは、微少な落地税の徴収費用を節約するためであったものと思われる。雍正帝は汪の上奏に対し、地方官が商人に代わって落地税を支払うというのは売名行為であり、国体をないがしろにしていると難じ、その継続要請を却下した。なお汪は四年一〇月乙酉に巡撫を解任され、五年二月辛酉に考試官査嗣庭・兪鴻図による不正事件の巻き添えで降格されている。

(18) 佐伯富「清代雍正朝における養廉銀の研究 ―― 地方財政の成立をめぐって ――」佐伯『中国史研究』第三、同朋舎、一九七七年、一九三・一九六頁。また『世宗実録』巻三〇、雍正三年三月丁卯の上諭によれば、貴州省思南府および大定府の威寧・黔西・大定・畢節四府州県では、過往の牛馬・銅塩・落地等税を毎年八―九〇〇〇両から二―三〇〇〇両徴収しているが、正項として送金するのは数百両に過ぎないため、これら府州県の養廉は非常に潤沢であると指摘している。

(19)『世宗実録』巻八九、雍正七年一二月癸卯。

(20) 同右、巻一〇〇、雍正八年一一月乙亥
諭戸部。向来各処落地税銀。大半為地方官吏侵漁入己。是以定例。報出税銀四百両者。准其加一級。後因査報漸多。吏部定議。報出税銀八百両者。准其加一級。……且落地税銀。非正項銭糧。有一定之数者可比。侵蝕隠匿者。固当加以処分。而争多闘勝者。不但不当議叙。亦当与以処分。……嗣後各省落地税及税契銀両。如捜求需索。以致盈余之数。倍於正額。或将十数年以前置買産業。苛索擾累者。令該督撫題参革職。上司失察徇庇者。査出照例議処。其於正額外実在盈余者。以八百両為率。准加一級。多者不得過三級。

(21) 乾隆『欽定大清会典則例』巻五〇、戸部、雑賦下、禁例
(雍正)十三年十月。諭。朕聞。各省地方。於関税・雑税外。更有落地税之名。凡耰鋤・箕帚・薪炭・魚蝦・蔬果之属。其直無

幾。必察明上税。方許交易。且販自東市。既已納課。貨於西市。又復重徴。至於郷村僻遠之地。有司耳目所不及。或差胥役徴収。或令牙行総繳。其交官者甚微。不過飽姦民猾吏之私橐。而細民已重受其擾矣。著通行内外各省。凡市集落地税。其在府州県城内。人煙湊集。貿易衆多。且官員易於稽査者。照旧徴収。但不許額外苛索。亦不許重複徴収。若在郷鎮村落。則全行禁革。不許貪官汚吏。仮借名色巧取。著該督撫。将通省額徴税額。分晰原額・新増。並原設税口。例載貨物。応留応革款項。造冊題報。其如何裁革禁約之処。詳細造冊。報部察覈。

(22)『高宗実録』巻六、雍正一三年一一月戊戌。

(23)同右、巻四四、乾隆二年六月己巳、同右、巻五三、乾隆二年閏九月乙亥、同右、巻五七、乾隆二年一一月癸未、同右、巻四一、乾隆二年四月丁亥、乾隆『欽定大清会典則例』巻五〇、戸部、雑賦下、禁例、乾隆二年の項。

(24)『高宗実録』巻七七、乾隆三年九月己卯、同右、巻七八、乾隆三年一〇月丁亥、乾隆『欽定大清会典則例』巻五〇、戸部、雑賦下、禁例、乾隆三年の項。

(25)『高宗実録』巻九〇、乾隆四年四月己丑、同右、巻一〇七、乾隆四年一二月辛卯。

(26)乾隆『欽定大清会典則例』巻五〇、戸部、雑賦下、禁例

（乾隆元年）又覆準。浙江嘉興・台州・温州・処州等府属之角里等処各口界址。毎年応徴商税等銀。永行禁革。

『高宗実録』巻四三、乾隆二年五月乙卯

戸部議准。湖南巡撫高其倬疏報。遵旨酌裁永州府帯徴商税。及常徳府報増贏余塩鈔・昌平熟鉄等税。武岡州報増贏余門攤・酒醋等税。岳州府巴陵県報出贏余雑税。並係零星商販額外加増之項。応請革除。従之。

角里は嘉興府海塩県の甪《ろく》里堰市を指すものと考えられる。この他広東や広西でも雑税改革が実施された。同右、巻四一、乾隆二年四月丁亥、同右、巻四四、乾隆二年六月壬戌。

(27)同右、巻一三七、乾隆六年二月癸丑、同右、巻一四一、乾隆六年四月壬戌。

(28)同右、巻一一三、乾隆五年三月是月に収録された河南巡撫雅爾図の二件の奏。また雅爾図『心政録』奏疏巻一「為奏明事」（乾隆五年三月一日）。

(29)『高宗実録』巻一五四、乾隆六年一一月壬申

戸部議准。調任直隷総督孫嘉淦。遵旨酌定直属牙行応裁応留各款。一。直属牙行。除現在額帖内。凡係遠商総貨到地発売。以

及各項貨物。必須経紀評売者。原有牙帖。応照旧存留。其中雑貨小販。零星土産。既遵諭旨。不収落地税。牙帖応一例删除。一。牙帖内多有称雑字者。便於把持壟断。応将此項名目。尽行删除。一。牙帖与落地税相表裏。嗣後牙人。凡各州県原無落地税地方。止許於城廂行牙。不得往郷鎮村落。私行抽取。其有落地税地方。止許在題定現収処所。不得於已裁処所私収。遇有認退等事。俱報明地方官。詳准給帖。不許私相当売。一。嗣後除有新開集場。許再行酌定名数給帖。不得於額外任意増添。一。順天・保定・河間・正定・順徳・広平・大名等府。並冀・深・定等州属。原有額外余牙一項。名曰盈余牙税。応請裁汰。従之。

(30) 乾隆『欽定大清会典則例』巻五〇、戸部、雑賦下、禁例

（乾隆九年）又題準。安徽等十三府州属雑税項下牛驢・花布・煙油等項銀。或繫有款無徴。印官捐解。或空有地名。並無市集。或重徴経行・牙行。或雑派於舗家・煙戸。実為擾累。悉准予豁免。

(31) 嘉慶『欽定大清会典事例』巻一九五、戸部、雑賦、落地牛馬猪羊等項雑税、乾隆二九年・三〇年の項。

(32) 同右、乾隆四一年の項。

(33) 同右

又議准。直隷省徴収落地税銀。在府城州県内者。照例徴収。其在郷鎮村落者。全行禁革。

又議准。直省徴収落地税銀。均令将応徴税則条款。於収税処所。刊刻木榜。懸示通衢。並将已革之税。概行刊榜暁諭。

なお前文で言う「直隷省」とは今日の河北省のことではなく、後文の「直省」と同様、外省全域を指すものと思われる。

(34)『宮中檔乾隆朝奏摺』第三八輯、乾隆四二年四月二六日、山西巡撫巴延三、第四二輯、乾隆四三年二月二四日、山西巡撫巴延三、第四六輯、乾隆四四年二月一三日、山西巡撫巴延三、第五〇輯、乾隆四七年正月一〇日、山西巡撫譚尚忠、第五四輯、乾隆四八年正月一五日、山西巡撫農起の各奏によると、乾隆四一・四二・四三・四六・四七年の帰化城の落地雑税銀は毎年一万五〇〇〇両、牲畜銭は毎年九〇〇〇両で、盈余は毎年二七一三両から二七四一両であった。また同右、第四二輯、乾隆四三年四月二日、湖南巡撫顔希深、第四七輯、乾隆四四年五月一〇日、護理湖南巡撫陳用敷、第五一輯、乾隆四七年三月二〇日、署理湖南巡撫李世傑の各奏によると、乾隆四二・四三・四六年の宝慶府の商税盈余は何れも八三三両であった。

(35)『大清仁宗睿皇帝実録』巻四二、嘉慶四年四月乙未。

(36) 前註（1）新宮「明代の牙行について」八四五―八四七頁。

(37)『雍正朝漢文硃批奏摺彙編』第一九冊、雍正八年一一月九日、山西巡撫石麟・山西布政使蔣洞。

(38) 同右、第二四冊、雍正一一年五月二二日、湖広総督邁柱。
(39) 但し落地税は商税より最終消費地での販売税としての性格が強かった。甘汝来「請除煩苛之権税疏」(賀長齢『皇朝経世文編』巻五一、戸政二六、権酤所収)
故関津有過路之税。鎮集有落地之税。酌其所獲利息之多寡。不過十取其一。以充賦課。
(40) 琴川居士『皇清奏議』巻二一、許承宣「請禁額外苛徴疏」(康熙一九年)
何謂税外之税。……且既税船則不税貨。而又有落地之税。有寄鈔之税。是兼船与貨。而両税之矣。商賈之力。幾何而堪此朘削耶。此苦於税外之税也。
(41)『雍正朝漢文硃批奏摺彙編』第七冊、雍正四年七月二六日、広東巡撫楊文乾
臣査。粤東落地税銀一項。毎年除正項之外。督撫司道以及府州県。倶有規礼。今奉部文。令臣撤底査明。尽帰公帑。毎年約可得数万金。
(42) 同右、第一二冊、雍正六年六月一二日、雲南総督鄂爾泰。
(43) 同右、第一七冊、雍正八年二月一六日、広東布政使王士俊
此外各府州県。有落地税・田房税之別。落地税。多属知府経管。田房税。専属州県経管。
(44) 同右、第二〇輯、雍正九年三月七日、湖南巡撫趙宏恩。
(45)『雍正硃批諭旨』第三四冊、無年月、湖南巡撫王国棟
湖南辰州府塩木二項落地税銀。向係知府監収。毎年額徴銀二千四百余両。
(46) 同右、第六九冊、雍正七年九月一日、巡察山西等処戸科掌印給事中宋筠
臣聞。潞安等処。落地税物甚多。係知府委人収管。
同右、第六九冊、雍正七年一一月二一日、巡察山西等処戸科掌印給事中宋筠
臣訪聞。山西落地税甚多。潞沢二府更甚。
(47)『高宗実録』巻三一、乾隆元年一一月乙卯
戸部議准。原署四川巡撫王士俊疏言。寧遠府知府。事務較繁。請将南門外落地一税。並寧番・会川・九道溝三税口。改帰続設之通判経理。従之。

(48)『皇清奏議』巻一八、李賛元「請禁無藝之徴疏」(康熙一一年)
乃有奸民・悪棍。串通衙蠹。借雑税名色。在于該地方官。賄営行帖・執照。有所為斗子・秤子・牙行・経紀・集頭・保長等項。名雖不一。大率以硃標印信。為護身符券。如虎而翼。公然肆詐。凡民間斗米・耕牛・隻鶏・尺布。無不撮取用銭。以故落地有税。空舟有税。

(49) 河南省の大半の州県志では、牙税は原額・新増・盈余・新認など複数の項目に分別されている。拙書『清代財政史研究』汲古書院、二〇〇二年、一九六頁。また、嘉慶『欽定大清会典事例』巻一九五、戸部、雑賦、落地牛馬猪羊等項雑税、乾隆四一年の項に
又議准。河南老税。毎年額徴銀三千五百九両九銭有奇。贏余正額銀六万五千四百九十五両三銭有奇。新増額税銀万六千五百九両三銭有奇。活税銀四千五十両八銭九分有奇。
とあり、乾隆四一年の雑税定額化の際、河南省では老税・贏余正額・新増額税・活税などの額が定められた。また道光一六年(一八三六)、河南巡撫桂良は帰徳府睢州の吏目孫聯輝の不正徴税疑惑に関連して
該州額徴活税。向倶飭委吏目代徴。相沿已久。並無落地税名目。
と述べている。『大清宣宗成皇帝実録』巻二八三、道光一六年五月丙戌。

(50) 岸本美緒「国立国会図書館蔵『河南銭糧冊』について」『清朝と東アジア――神田信夫先生古稀記念論集』山川出版社、一九九二年(岸本『清代中国の物価と経済変動』研文出版、一九九七年所収)、五三一頁。

(51)『宮中檔乾隆朝奏摺』第二〇輯、乾隆二九年三月一二日、河南巡撫阿思哈
拠布政使仏徳恭録硃批奏摺一件内称。懐慶府河内県所属之清化鎮。向設税課大使一員。抽収税課。毎年徴解老税銀一千八百一十九両零。

(52)『雑税全書』蘇松等属、六葉裏
査。落地雑税銀両。雍正十三年。欽奉上諭。分別応裁応留造報。嗣経査明。蘇州府属常熟県盈余銀八両五銭七分。常州府属江陰県盈余銀一両四銭三分五釐。鎮江府属丹陽県盈余銀二十一両四銭三分一釐。均係出自郷鎮村落層戸収繳。官難稽察及裁汰欠額。応行革除。

(53) 李賛元『信心斎疏稿』巻下、戸垣奏稿「雑税科則疏」

乃有非賦非役。如牙行・当税・開［門］攤・漁課等項。種種雑徴。此皆出之丁田之外者也。所徴者惟在牙行当舗之家・市肆興販之衆。与力田耕種之農民。毫無干渉。査。江南・湖広・陝西・福建等省。雑税倶混列由単之内。且註定額数。……窃恐。貪官蠹役。将所有額徴商税。或入己私肥。或受賄売免。因而另行按畝派徴。抑或藉称牙当鮮少。有虧原額。復令民間攤賠。皆未可知。

(54) 嘉慶『長山県志』巻一、輿地、市集

査得。長山県集場。旧有周村・東関二処。間有経紀。在集評価交易。毎年原解課程銀十四両五銭八分。牙雑銀六銭二分。牛驢税銀三両。即係両処経紀。照顧収交県庫解兌。

(55) 前註（1）山根によると、明代では税課司局の巡攔が市集（特に城集）より商税を徴収していたようであるが、清代では商税の名称は使われなくなる。また明代では商税は課程鈔とも呼ばれていたようであるが、清代では課程は直接商税を指さなくなる。

(56) 民国『済陽県志』巻四、賦税、課税

牙行営業税。旧称牙帖税。即城鎮街市之斗秤牙紀。五年編審一次。光緒二十年十月。帖費改称営徴費。課程改称牙行営業税。毎逢編審。帖費交足。課程按季交納。

民国『牟平県志』巻四、政治、財政、雑税、牙行営業税

業牙行者。納費領帖。按年繳納課程。是為牙税。清初已行之。純為一種包辦性質。

民国『青城続修県志』第二冊、田賦、雑税

査。牙税一項。清季即有此項税務。……歴来招商包辦。須繳五年帖費若干。毎年課程若干。

ただ、清代の課程は牙行の有無にかかわらず、市集に対して科徴されていた。たとえば武城県の鄭官屯集は牙行がいても課程を納めない義集であったが、禹城県の北辛店集は康熙末に経紀を廃して義市となったものの、集民が義地を輪番で耕作して課程を納め続けた。前註（1）山根、四二頁。

(57) 乾隆『済寧直隷州志』巻六、輿地五、賦役、呉檉「雑税論」（『救済録』所収）

額外之征六。曰課程。曰牙雑税。曰牛驢抽税。曰班匠。曰税契。曰当税。……課程額徴一千二百一十八両有奇。乃税課局大使経管徴解者。定例原止征外来客貨。謂之落地税。而本境土産之物。皆不得征。従前有濫及郷民麻枲之属。亦倶不免。此法所当禁者。固已厳行禁止矣。至於小車・脚驢駝載負販者。雖亦外来。而貨物無多。資本有限。労其筋骨。以博蝿頭。利之有無。尚不可知。落地之時。先須抽税。更有聞知貨不得価。甫落店家。旋即他往者。巡攔之役。輒借漏税名目。拘留倍罰。異郷客旅。

往往有含屈而莫辨者。済当水陸要衝。商貨雲集。量度所征。足額有余。豈可誅求無藝。利尽錙銖。徧及小車・脚驢負販営生之輩乎。此則一概厳為禁止。不許濫収。

(58)『大清宣宗成皇帝実録』巻一二九、道光七年一一月甲辰の条に

又諭。拠盧浙奏。山東済寧州。向有落地税銭。係巡漕衙門徴収応用。乾隆年間。巡漕和琳。以其事属瑣細。付与州牧。代為徴収。遂成定例。後任巡漕。倶由済寧州衙門。按月供給。

とあり、盧浙の上奏によると、かつて済寧の落地税は巡漕衙門が徴収していたが、山東巡漕和琳（乾隆五二年九月―乾隆五六年二月在任）が知州に徴収業務を代行させ、以後定例となったらしい。しかし道光帝の諮問に対し、山東巡撫琦善は

遵査済寧州所収落地税課。倶係儘数解司。其供給巡漕銭文。拠査明由歴任州牧。自行捐賠。是供給一項。本与税課無渉。此項並無捐存。

と回答し、済寧州の落地税は全額布政司に起解されており、州から巡漕衙門へ送られた銭は知州の私費＝規礼であると反論している。落地税が巡漕の行政経費に流用されたか否か、この史料だけでは判断できないが、知州が落地税を徴収するようになったことは確かなようである。

(59) 前註（57）

牙雑税一項。旧例凡外処商賈。到済買貨者。起脚之時。不論貨物之精粗貴賤。陸路計車計駝。水路計包計件。按道路之遠近而征之。歳終循例。造冊奏銷。然額解止六十五両有奇耳。乃差役四出。騒擾関市。勒索不休。駝載征無遺物。商販視為畏途。殊為済市一大弊政。余蒞任之始。即厳行禁革。将額税。責成牙行辦解。夫商貨聚集之処。謀充牙行者。争先恐後。令辦此些須之税。頗為裕如。然行多則経紀必雑。交易多累。余酌量本大貨多者。定為十八行。分別派税。詳明上司。刊示木榜。永為定例。其余負販微物。聴民貿易。不許私自立行。

(60) 同右

然牙人領帖。例有帖価之入。額税既已不欠。豈肯以此自玷。因而一帖不給。止令各行。公同互保殷実之人。充応完辦額税。免其帖価。然有応解花絨・牛角・弓面等項。本色額征。定価甚少。委官採辦解京。例有帖費。向皆出自里下。殊為煩擾。因画変通之道。乃勉勧牙行任之。蓋経紀不費本資。赤手而得商用。歳入頗厚。今既不取其帖価。惟令照行大小。公議認辦本色某項若干。給発額征価銀。解交委官。計其所費。不過帖価十之二三耳。以十余牙人。情願輸官之物。充国家之要務。免合州之科派。省私益公。

雖非経制。其於古人通変宜民之道。似乎有合也。牙行人等。俱歓然楽従。如期辦解。行之数年。絶無称累者。

(61) 同右

至若班匠一項。但有応解之額。実無可征之人。……至康熙三十五年。有糸行経紀具呈。情願認輸班匠。叩其意。以余不行給帖。随人貿易。恐将来有奪其行業者。故願認完班匠。雖曰急公。実自為計。其所輸。猶不及従前之帖価。因従其所請。歴年照行。遂為成例。

(62) 民国『林県志』巻五、財政、税捐、牙税。拙書『清代財政史研究』一八七—一八八頁。

(63) 邸店については、日野開三郎『唐代邸店の研究』著者刊、一九六八年（『日野開三郎東洋史学論集』第一七巻、三一書房、一九九二年所収）、斯波義信『宋代商業史研究』風間書房、一九六八年、宮澤知之『宋代中国の国家と経済』創文社、一九九八年、練総については、谷口規矩雄「明末の郷兵・義軍について——明末政局の一齣——」神戸大学文学会『研究』四三号、一九六九年などを参照。

(64) 乾隆『臨潼県志』巻四、賦役

額外徵解課程銀三十八両四銭四分。……在于地糧攤徵。

(65) なお、康熙『宝応県志』巻六、貢賦、雑税にも「花布・煙包税銀三十九両二銭。此項係鎮集舗店輸納起解」とあり、県城における落地税の地丁への攤入は清初より実施されていた模様である。

(66) 光緒『重修丹陽県志』巻八、賦役、雑税

再査。落地税。雍正十三年。欽奉上諭。分別応裁応留。未有定案。

(67) 『上海碑刻資料選輯』上海人民出版社、一九八〇年、六八—六九頁「江南海関為商船完納税銀折合制銭定価告示碑」（乾隆五三年七月九日）、七一頁「蘇松太兵備道為禁止牙行留難進出客船告示碑」（道光二年八月一四日）、七二—七三頁「上海県為商行船集議関山東各口貿易規条告示碑」（道光七年）。また、七八頁「上海県為興建大碼頭各業自願捐繳一年貼費告示碑」（同治六年七月）にも税行の名が見える。

(68) 道光『桐城続修県志』巻二、田賦、雑徵、商税、民国『宿松県志』巻一六上、賦税三、雑課、道光『巣県志』巻六、食貨一、田賦、雑課。また、光緒『青陽県志』巻二、賦役、商税によると、同県では経紀の帖銀（県が給付する営業許可証の発行手数料）より商税を捻出するとある。

(69) 嘉慶『合肥県志』巻六、田賦、賦銀、道光『来安県志』巻三、食貨上、田賦、雑課。なお、合肥の商戸は四八戸で、県照を給付されているが、司帖は受領していない。
(70) 民国『懐寧県志』巻七、賦役、雑税。
(71) 道光『定遠県志』巻四、食貨、田賦、乾隆『潁州府志』巻三、食貨、田賦、不在丁田徴解雑税。
(72) 光緒『宣城県志』巻七、編銀、魚課雑税、道光『休寧県志』巻五、食貨、雑権、民国『重修婺源県志』巻一〇、食貨三、襍税。
(73) 同右『婺源県志』
牛猪・花布・油・麴・煙包等項落地税銀。縁婺邑境内。並無大集・市鎮。兼不出産貨物。民間需用各物。悉従隣境肩販而来。並無可報之税。従前各項落地税銀。俱係按図坐派。則額辦納。有舗面之処。分派於各舗戸完納。無舗面之処。其牛猪税。或派於蓄養牛猪之家。其花布等税。或派於各煙戸斂納。抑或係輪値糧里・約保辦納。
(74) 拙書『明清時代の商人と国家』および『清代財政史研究』で、私は地方的徴収の地域的差異について、江南（より広くには華中南）では牙行を中心とする都市商工業者を対象としたのに対し、華北では里甲を対象としたという図式を描いたが、更に本章での検討を通し、市集の牙行からの徴収も存在したこと、特に華北ではその役割が比較的大きかったことを付け加える。
(75) 陳士杰『陳侍郎奏稿』巻六「覆陳部議開源節流各条摺」（光緒一一年七月三日）
又第五条。推広沙田・牙帖捐輸。……牙帖一層如各項。経紀向例由司頒発。按年納税。名曰牛驢・牙襍・課程等銀。歴経報部有案。東省市面蕭条。迥非江浙可比。業行戸者。率皆小本経営。以代存客貨。抽其行用。為出息。至煙台等処沿海沿河地方。間有殷実行桟。或可飭令捐輸。
(76) 拙書『明清時代の商人と国家』第八章「清代後期江南における雑捐と善堂」。なお、徐士佳は「請禁江蘇落地布捐疏」（王延熙・王樹敏『皇朝道咸同光奏議』巻三七、戸政、釐捐）にて布捐を「落地布捐」であると主張しており、雑捐が落地税と同系統の科徴であると見なされていたことをうかがわせる。

第二章　清代東銭考

はじめに

明清時代の中国では銀と銅銭との二種類の通貨が並行して使用された。中国の銀は秤量貨幣であり、また税額や物価の指標として用いられる本位貨幣であった。銅銭は国家が鋳造した計数貨幣であるが、銀両とは独立した銭文という計量体系を持ち、国家や社会から正貨と認知されており、銀の補助貨幣として小銭《こぜに》のように使用されるのではなく、単独で行使されていた。従って銅銭はたとえ何千・何万枚であれ受け取りを拒絶されることはなかったが、ただ同価値の銀と較べ重くてかさばる欠点があるため、銭舗（両替商）などが発行する銭票（紙幣）が補助貨幣として併用された。(1)

本章で取り上げる東銭とは、清代盛京（奉天）から直隷北東部にかけて見られた短陌である。一般に銅銭は十進法により計数され、原則として千枚あるいは百枚を束ね、銭差しとして使用されるが、時として千や百を下回る定数で括られることもある。これが短陌であり、語義は百枚に満たない現銭を百文として行使することである。

短陌は銅銭が行使された時代をほぼ被う普遍的な慣行であるが、その性質は各時代によって相当異なっていた。宮澤知之によると、唐宋時代には、①銅銭を省銭に換算する時に、省陌（七七陌）を比例定数とし端数を切り上げる「短陌比例定数方式」と、②紙幣と銅銭の換算で用いられ、一陌以上の銭数は短陌数で、一陌未満は実数で表示する「短陌進法方式」との、二通りの方式があった。前者が国家の会計帳簿のみに限定的に使用されたのに対し、後者は実際の財政収支や民間の商品交換で幅広く使用されたが、社会的分業が未完結であったため、地域や業種商品別に多様な短陌が存在した。(2) ところが、一九世紀の貨幣制度を通観したF・H・H・キングによると、清代の主要都市における銭制は、①直隷・山東・甘粛を除く本土全域で使用される「長銭」、②直隷・山東・甘粛・吉林で使用される「中銭」、③奉天・黒龍江で使用される「小銭」の三種に大別され、計数法は所謂「短陌比例定数方式」であった。(3) 両研究を通して、清代には社会的分業の発展により、業種商品によって異なる短陌慣行がほぼ消滅したこと、また端数の処理に際し若干の不整合が生じるものの、価値比較が容易な比例定数方式が選択されたことがわかる。それでは何故、統一した価値尺度である銀の登場後も、地域によって異なる短陌慣行が残存したのであろうか。

ここで注目されるのは、中銭や小銭の行使地域が華北東部や東三省にかなり偏在している現象である。あくまで主要都市間の比較であるが、華北西部や華中南諸省は概ね一串＝一千文弱に落ち着いているのに対し、上記の地域では一串当たりの銭数は相当低い。一般に、華北では商品交換に銀があまり用いられず、高額の取引でも銅銭で決済することが好まれたが、華北西部は華中南と同様、概ね足陌（一〇〇陌）に近い使われ方をするのに対し、華北東部や東三省の中銭や東銭は短陌の度合いが著しい。清代の短陌慣行は強い地域性を帯びているのである。

中銭の代表例は北京とその周辺で使用される京銭であり、小銭の代表例は東銭である。京銭や東銭に関する専論は見当たらないが、佐々木正哉は営口の過炉銀に関する研究の中で、営口近郊の蓋平県で発行される銭票に触れ、「蓋平に流通する銅銭が『東銭』であり、銭票はこの東銭を代表する紙券であつた」「当時の東銭なるものは、これに相当する現実の銅銭があるわけではなく、ただ銭票の計算単位として存在してゐたにすぎない」と述べている。佐々木はまた、東銭一〇吊は概ね銀一両と交換されていたこと、蓋平の銭票は券面に「不付現銭」と記されていたことなどから、東銭が銀を基準とした紙幣であったと推測する。[4] つまり東銭とは、佐々木によれば銅銭の特殊な計数方式ではなく、銅銭に替わって登場した銭票の単位なのである。

キングや佐々木の研究から、清代の短陌慣行は省規模の地域的拡がりを有し、また銭票の発達を契機として普及したことが推測される。しかしその実態については不明な部分も多い。そこで本章では、代表的な短陌である東銭を取り上げ、まず各種史料から東銭の発展過程を通観し、次に地方志を用いて行使地域を画定し、最後に銭票との関係について検討する。以上の作業を通して、清代における短陌慣行の歴史的役割を解明すること、これが本章の目的である。

なお、制銭（足陌）も東銭や京銭（短陌）も基礎単位はともに「文」であり、非常に紛らわしい。そこで本章では、両者を併記する場合、制銭の単位については銅貨の個数を表す「枚」を用い、「制銭一六枚＝東銭一〇〇文」などと表記する。また「制銭」とは法定貨幣を意味する用語であり、①官の計数方式を指す場合もあれば、②官鋳の銭を指す場合もある。制銭に対する「小銭」にも、①短陌銭と、②私鋳銭の両義がある。制銭は文脈から容易に判断できるが、小銭は短陌銭なのか私鋳銭なのか判別し難い。本章は銭の計数方式の相違を論ずるため、以後特に断りのない限り「小銭」を短陌銭の意味で用いる。[5]

一　清代の短陌慣行と東銭

銀が価値尺度の統一基準となった明代中期以降も、短陌慣行は他ならぬ首都北京を中心として存在し続けた。明末清初の人顧炎武は「今京師の銭、三十を以て陌と為す。亦宜しく禁止すべし」と述べており、[6] また康熙年間（一六六二一七二二）中葉に活躍した高士奇は「今京師は三十三文を以て一百と為す。近きは更に減じて三十文もて一百と為すに至る」と語っており、[7] 清初北京では制銭約三〇枚を一陌と数えていたようである。しかし清人褚人穫の観察によると、「今民間の通用、九十八を以て陌と為し、京師の賞賚、三十を以て陌と為す」とあり、北京の三〇陌は下賜銭に限定して用いられた可能性が高く、[8] この短陌が如何なる範囲で通行していたのか確認できない。

史料上短陌が本格的に出現するのは雍正（一七二三―一七三五）・乾隆（一七三六―一七九五）年間からである。乾隆刑科題本を用いた租佃関係資料集『清代地租剝削形態』（中華書局、一九八二年）には、華北および東三省の制銭を除いたローカルな銭として、中銭（承徳府八溝＝二七年）、小銭（永平府遷安県＝二四年、遵化州＝三〇年）、小数銭（順天府順義県＝二六年、同府宝坻県＝三一年）、京銭（遵化州＝三〇年、山東省＝五一年）、市銭（吉林省＝三九年、奉天府興京庁＝五三年、錦州府広寧県＝五四年、奉天府鉄嶺県＝五九年）の名が見え、また、同種の資料集『清代土地佔有関係与佃農抗租闘争』（中華書局、一九八八年）には、小銭（東昌府莘県＝一四年、順天府三河県＝一九年、承徳府朝陽県＝四七年、甘粛省鎮番県＝五一年）、小数銭（奉天府遼陽州＝二七年）、市銭（錦州府広寧県＝四三年、奉天府海城県＝五八年）の名が見える。史料の文脈から、これらは何れも短陌銭を指すものと考えられる。但し、これらが何陌であるのかは特定できない。更に、各種檔案類を中心に旗地関係の資料を集めた『清代的旗地』（中華書局、一九八九年）から乾隆以前の短陌使用事例を拾ってみると、小銭（錦州府錦県・寧遠州・広寧県＝雍正九年など）、小制銭（口北三庁・永平府・保定府・河間府・天津府・定州＝雍正六年など）、小数銭（永平府楽亭県＝雍正一二年など）、市銭（順天府覇州・固安県・永清県・保定府新城県＝乾隆一七年など）、京銭（易州淶水県＝乾隆四九年など）の名が挙げられるが、東銭も数例（順天府宝坻県＝乾隆三一年、遵化州玉田県＝乾隆四二年、遵化州＝乾隆三五年・乾隆五五年）見いだせる。因みに、雍正年間の硃批奏摺を編纂した『硃批諭旨』にも京銭・市銭・小銭・小制銭などの語が見えるが、何れの史料も京銭は京師の制銭を、市銭や小銭は私鋳銭を、小制銭は小型の制銭を意味しており、計数方法を表現した使用例は存在しない。

実録や会典においても乾隆年間から短陌が姿を現し始める。実録では、乾隆四九年（一七八四）四月甲辰の条に、生員劉清選らが穀物を売りに瀋陽へ赴いた時、吉林管卡佐領の木通阿が銭一〇〇串を需索しようとした事件に対し、乾隆帝が「盛京の銭文は制銭より（一陌の）数が少ないとは言え、需索行為は許し難い」と諭しているのが、短陌の初見である。[9] また嘉慶会典によれば、奉天の牛荘・蓋州・熊岳・復州・金州・岫巌六地域では、乾隆四六年より、養蚕農民から官山入山税として小数銭三〇〇〇文を、繭商人から繭一〇〇〇箇につき小数銭一五〇文を徴収するようになったとある。[10] 更に乾隆会典によれば、奉天には牛馬税があり、牛馬駝騾の交易には一両につき銀三分が、驢には毎頭小数銭七〇〇文が、羊には毎頭銀五分が、（普通の）豚には一〇〇〇文につき小数銭三〇文が、外来の豚には小数銭一〇〇文が、自畜の豚には小数銭九〇文が、それぞれ課されていた。なお小数銭は三三陌であった。[11] 第二節で詳述するように、奉天の短陌である東銭は一六陌であり、三三陌という割註の記述とは齟齬するが、国家が短陌による牛馬関税や雑税の納付を部分的に認めているのは注目される。

この他、北京の会館碑刻資料集である『明清以来北京工商会館碑刻選編』を見ると、糖餅行雷祖会の碑に、乾隆庚戌の歳（五五年）、馬神廟の住持張世安が京銭三〇〇〇文を寄付したとあり、[12] 嘉慶年間（一七九六―一八二〇）には、襄陵会館や絛《ひも》行公所でも京銭で寄付がなされていたようである。[13] また奉天の糧荘檔案を集めた『盛京内務府糧荘檔案匯編』によると、乾隆三五年の檔案に、小作料や人頭税を小数銭で納めさせていたという記述がある。[14] 但しこれらは先の刑科題本などと同様、一部分を抜粋した資料集であり、短陌に関する記録がこれ以前に存在しないとは言い切れない。

このように、直隷や奉天では概ね乾隆年間までに短陌慣行が確立していた。ただ、その呼称は概ね小銭・小制銭・小数銭などであり、京銭や東銭はほとんど見られず、奉天牛馬税に見える小数銭も東銭とは陌数が異なっていた。従って、この時期の短陌は東銭の初期形態であったと考えられる。

東銭がまとまって史料に登場するのは嘉慶・道光（一八二一―一八五〇）年間以降である。中国第一歴史檔案館所蔵『順天府檔案』は直隷省順天府に残された概ね嘉慶年間以降の地方檔案を整理したものであるが、巻一五三「為恃衿包攬車差抗害窮民硬行訛詐叩天恩准訊究事」（嘉慶元年九月）には、宝坻県の職員党樹が車馬差徭を包攬し、「身《われ》車股一股を欠くに該《あた》り、応に東銭二十七千を出すべし」と言って楊子謙を需索したとあり、巻一〇〇「為喊稟事」（道光二五年九月）には、ある農民が青苗銭（看青の費用）として東銭三四六吊五〇〇文に相当する糧二一石を徴収されたことが記されている。[15] また奉天府昌図庁では、嘉慶一九年（一八一四）より牲畜税が導入されたが、その税率は牛馬騾が東銭一〇〇吊につき五〇〇文と票費五〇〇文、驢は毎頭東銭一吊五〇〇文と票費五〇〇文、猪羊は毎匹東銭三六〇文と票費一〇〇文であった。[16] 前出『清代的旗地』にも嘉慶以降の東銭使用事例が多数収録されているが、嘉慶六年四月一八日付「荘頭処呈稿」（一七六―一七八頁）によると、順天府房山県の元荘頭黄永模の稟に「身荘頭に充当せられし時、毎年佃向《よ》り租価を収取したれど、拝《けつ》して本地所用の清銭に非ず。原より京東の銭に系れり。按ずるに京銭三百三十文は京東銭一吊に合計せり」「向来毎年原より各佃向り共に京東銭一［百］六十四吊二百五十文を収租したれど、拝して京銭に非ず。前に呈称せし所の京銭の処、実は身が東字を漏報したるに系れり」とあり、当地では京銭の他、京東銭と呼ばれる短陌銭も使用されていた。一吊が京銭三三〇文に相当することから（陌数については後述）、これは東銭である。

実録を見れば、道光五年（一八二五）四月甲子の条に、熱河のモンゴル人社会でも東銭が使用されていたことをうかがわせる記録がある。[17] 管見の限り、これが実録における東銭の初見である。また道光七年一〇月庚寅の条によると、奉天府治中呉崑は、前に署錦州府知府の任に在った時、糧店より東銭数万串を騙し取り、彼の兄弟分である前錦県通判呉琪は、道光元年から六年までの間、錦県の糧店から一店当たり東銭四―五千串の借財を強要し、錦州駐防佐領勒輸は、焼け落ちた大仏寺を再興するためと称して、舗戸に対し合計東銭二〇―三〇万串を割り付けたとして、それぞれ弾劾されている。[18] 更に道光二二年には、琿春の委参領驍騎校赫特亨額が、錦州の大凌河にて、兵員に対し塩菜馬乾銀を銭に換えて支給する際、東銭五二串を着服したとして告訴され、降格処分を受けている。[19] このように、一八世紀末以降、北京東郊から熱河、錦州、奉天にかけての広範な地域で東銭の行使が確認される。

一方吉林省では、東銭ではなく京銭が使用され始める。道光初年、吉林将軍富俊らの奏によると、雙城堡では屯租を穀物で徴収しており、[20] 道光三年、雙城堡の屯務章程によると、同地の開墾費用を制銭で支給していた。[21] ところが、道光二四年に策定された雙城堡への京旗移駐に関する章程の一条には、屯丁や官兵の子弟に駐屯地付近の荒地八〇〇〇晌（一晌＝九畝）を分配し、開墾資金として毎晌京銭五〇〇文を支給せよとある。[22] 雙城堡における官府の決済手段は、短期間に現物や制銭から京銭へと移行したのである。なお、当時の吉林は全般的に現銭が不足しており、京旗の給与を銭から銀に変更するなどの手段により、銭の確保に努めていることから、[23] 京銭は現銭ではなく銭票で支払われた可能性もある。因みに、京師の近郊にあったと思われる礼部所有の官地の小作契約書によると、この土地の租銀は毎年一両四銭四分で、道光初年の規定により、銀一両を制銭九〇〇文に換算し、合計京銭で二吊六〇〇文を納めるべしとある。[24] 制銭と京銭の換算比は、二六〇〇÷（一・四四×九〇〇）で求められ、結果はほぼ二である。すなわち道光初の京銭は五〇陌であった。この値は次節での検討とも符合する。

こうして東銭や京銭などの短陌銭（以下、地方銭と呼ぶ）は一八世紀後半から一九世紀前半にかけて、直隷・奉天・吉林方面に浸透した。但し正税は、前出の奉天牛馬税を除き、[25] 依然として銀両や制銭によって徴収されており、地方銭の使用は民間相互の交易や地方衙門に対する決済に限られていた。

社会的貨幣である地方銭が国家の貨幣に準ずる地位を獲得したのは、一九世紀後半からである。太平天国鎮圧のための軍事費を捻出するため、清朝は咸豊四年（一八五四）より各地で釐金税を徴収し始めたが、咸豊六年には奉天でも同様の流通税が設置された。これが日捐・釐捐である。これを試行した盛京将軍慶祺らの報告によると、釐捐は買い手に対し、一般商品であれば東銭建て価格一〇〇串につき東銭一串を、穀物であれば一〇石につき東銭一串を課税し、商店を通して納付させるものであり、日捐（舗税）は商賈に対し、経営規模の大きさにより、毎戸毎日東銭一〇文から一〇〇〇文を納めさせるものであった。奉天での成功を確認した慶祺らは、吉林への導入も提起している(26)。これにより、東銭は初めて国家の課税単位の一つとして認知された。次いで同治六年（一八六七）には奉天で塩釐が導入され、舗戸より塩六〇〇斤につき東銭一〇〇〇文（制銭一六四枚）を徴収して、その八割を同省の練兵経費に充当した(27)。

釐金ばかりでない。この頃から雑税も本格的に地方銭建てで徴収されるようになる。同治三年、吉林総督阜保の報告によると、吉林省の菸酒木税の定額は、吉林庁が銀三万一七〇〇両、長春庁が京銭二万八〇〇〇吊、伯都訥《ペトナ》庁が京銭二万吊であった(28)。

それでは、京銭と東銭とは如何なる関係にあったのであろうか。民国『順義県志』には次のような記述がある。

制銭。……明以前、用法攷《かんが》うる無し。清初通用せる者は、京制銭と曰い、五百文を以て一吊と為す。別に九八銭の数有り。即ち四百九十文もて、九成八を折して一百と作《な》す。故に名あり。雍乾の後、東制銭を使用す。九百七十五文を以て、六吊と作す。毎吊実に一百六十二文半に合う。通常は十六文を以て一百と作し、三十二文或いは三十三文を以て二百と作し、総じて六十五文を以て四百と作す(29)。

すなわち、北京の北東約三〇キロメートルに位置する順天府順義県では、清初には五〇陌の京銭が行使されていたが、雍正・乾隆年間以後、一六陌の東銭に転換したと言うのである。東銭流通圏に属する遵化直隷州（次節参照）でも刑科題本の中に乾隆三〇年の京銭使用事例が見られることや、房山県では嘉慶初に京銭を基準とした京東銭が出現したことなどを考え合わせると、康熙以前には京銭が支配的であり、一八世紀の中頃より京銭流通圏の中から東銭が出現したという見方が成り立つ。但し康熙年間に京銭が行使されていた事例は他には見られず、また『清代的旗地』には嘉慶以降も京銭使用事例が多数存在することから、『順義県志』の記述が直隷・東三省全体の貨幣状況を正確に反映しているのか、疑問の余地も残る。ここではひとまず、全般的傾向として見れば、一八世紀頃より京銭流通圏の中から東銭流通圏が出現したようであるが、順義県のように截然とした転換期が存在する地域ばかりではなく、二つの銭法が長期間並存した地域や、当初から東銭を選択した地域も多かったと捉えておこう。一九世紀以降、東銭は冀東（直隷北東部）から奉天にかけての相当広範な地域に拡がったようであるが、吉林以北へは進出できなかったのである。

二　東銭の行使地域

東銭という名の短陌慣行は六朝梁代にもあったが、清代の東銭は関東すなわち東北地方の銭という意味である。但しその行使地域は、熱河から長城を越えて京師の近郊にまで及んでいた。また直隷には京銭や宣銭などの地方銭も存在した。そこで本節では地方志を主要史料として地方銭の正確な行使範囲を画定する。

地方銭は民間の商慣行であり、釐金税の設置以前は原則として納税や国家的支払いの手段として使用されなかったため（部分的には徴税にも用いられていたが、それらは現地で使用される財源であったものと思われる）、清末・民国期に刊行された地方志を除いて、詳しい記録がほとんど残されていない。また、東三省には一九世紀中期以前の地方志が少ない。この時期の地方志で有力な手掛かりとなるのは、書院や雑賦の項である。書院は民間の教育機関であり、その会計は大抵地方銭で行われていたため、地方銭建てで収支が記載されていることが多い。また、正規財政に属する田賦は銀や制銭で徴収されるものの、地方行政経費に充当する雑賦は地方銭建てで額を設定することが多い。そこで地方銭に関する直接的記述が見当たらない比較的古い地方志については、書院や雑賦の項から銭の種類を特定する。

(1) 奉天

奉天では大抵の地方志に東銭の使用事例が記載されているが、陌数は全て一六陌である。たとえば康徳『鉄嶺県志』巻六、財政、国家税、田賦によると、「清代鉄嶺では旗地の田税を東銭で徴収していたが、東銭とは関東各地と直隷永平府でのみ行使される地方銭で、制銭二枚を東銭一〇文に、三枚を二〇文に、四枚を三〇文に、六枚を四〇文に、八枚を五〇文に、一〇枚を六〇文に、一二枚を七〇文に、一三枚を八〇文に、一五枚を九〇文に、一六枚を一〇〇文に、一六〇枚を一吊に当てる」とある。制銭と東銭が完全に比例していないのは、制銭一枚＝東銭六文を基準に、東銭一〇文ごとの制銭枚数を四捨五入で算出しているからであろう。但し実際に六で除して四捨五入すると、三〇文は五枚、四〇文は七枚となり、若干の齟齬は生じる。また、宣統『海城県志』の幣制の項には、「本県では東銭のみが通行するが、制銭一六枚を東銭一〇〇文、三三枚を二〇〇文、四九枚を三〇〇文、八二枚を五〇〇文、一六四枚を一吊と数える。これを八二銭と言う。営口では三二枚を二〇〇文、四八枚を三〇〇文、八〇枚を五〇〇文、一六〇枚を一吊と数える。これを八十銭と言う。その他の市鎮は海城と同じである」とあり、同県では東銭一吊＝制銭一六四枚(営口のみ東銭一吊＝制銭一六〇枚)を基準に、東銭一〇〇文ごとの制銭枚数を四捨五入で計算している。

一九世紀になると、東銭は田賦や雑税の徴収にも使用され始める。昌図庁では既述の通り、嘉慶一九年より牲畜税が東銭で課せられた。遼陽州や錦州府錦西庁では道光年間(一八二一―一八五〇)より倉儲制度が崩壊し、旗倉米地も民倉米地も穀物ではなく東銭で田賦を徴収するようになった。[30] 開原県では清代、民地の一つである揷花台地の田賦を東銭で徴収した。[31] 義州では光緒元年(一八七五)より旗租草豆を東銭で徴収し、[32] 海龍府(現吉林省)でも街基地の地租や田賦の付加税を東銭で納付させた。[33] 昌図府奉化県では光緒四年より、知県銭開震が県内の主要道路上の客店から東銭で斗税を取り立て、舗司の経費に充当した。[34] 岫巌庁では、穀物五〇〇石につき東銭四〇〇吊の海口税を徴収していたが、同治初年(一八六二)には釐捐・斗捐・秤捐・土薬捐を創設し、東銭で輸納させた。[35] 朝鮮に近い安東県(現遼寧省丹東市）でも、経費や糧票と呼ばれる田賦の付加税は東銭で徴収され、また光緒年間（一八七五―一九〇八）より繭税局が雑税の一つである繭税（養蚕農民の山場での飼料採取に対して課せられる入山税）を東銭で徴収した[36]。

このように、奉天ではほぼ省内全域で東銭が行使された。ただ、黒龍江省に近い鎮東県（現吉林省鎮賚県）では、江帖つまり黒龍江の憑帖（銭票）が使用されていたが[37]、これは例外に属する。東銭の陌数は一六陌で、一串は制銭一六〇―一六四枚に相当するが、次節で詳述するように、通行に際しては現銭ではなく銭票が使用された。因みに、東銭は度量衡にも利用された。同省では東銭八六〇文に相当する制銭の重量が一斤と見なされ、これを八六秤と呼んだ。また海城・錦西・広寧では制銭一四〇枚が、開原では一四一枚が、鉄嶺では一三八枚が一斤とされるなど[38]、制銭との換算率の違いによって地域間に微妙な差異が生じた。

(2) 吉林

奉天とは異なり、吉林では概ね五〇陌の中銭が使用された。光緒五年（一八七九）に設置された賓州庁（現黒龍江省賓県）では、当初民間交易には制銭（現銭）が用いられ、その計数法は五〇〇枚を一千文とし、六枚を「去底」する、すなわち六枚を差し引いて四九四枚を一串とするもので、これを中銭と称した。制銭の他、憑帖や現銀も併用されたが、光緒二〇年（一八九四）以降、制銭はあまり見られなくなり、一〇文以下の決済に限定して用いられるようになった。憑帖は制銭の不足を補う目的で、富裕な商号より発行された[39]。同庁では地租も中銭で算定され、制銭に換算して徴収したが、現銭の不足により銀銭併収に改められた[40]。

樺甸県など省南部でも、清代には乾泰当（典当＝質屋）、大興鍋（焼鍋＝酒造業者）、義泰昌などの商号が発行する憑帖が市場に充溢しており、制銭一枚を二文と数える五〇陌が用いられた。古くは現銭を銭差しにする際に一〇枚を差し引き、四九〇枚を一串としていたが、現銭が払底して憑帖と置き換わった後も、計数単位としての文は残った[41]。省北部の樺川県（現黒龍江省佳木斯《チャムス》市）でも、清末に県が置かれて以来、市場に流通する通貨は憑帖が中心で、現銀や制銭の使用は稀であった。佳木斯の商号が発行する憑帖の種類には一吊・二吊・三吊・五吊・一〇吊があった(42)。但し中銭であったか否かは不明である。

(3) 黒龍江

黒龍江も吉林と同じく、五〇陌の中銭が使用された。民国『黒龍江志稿』巻二一、財賦、銭幣は、同省の銭法を詳しく伝えているが、銭幣種類の項に「制銭は吊を単位とする。江省では五〇〇枚を一吊とする。これを江銭と呼ぶ。制銭は今既に無く、江銭も名ばかりとなった。しかし江省では銀銭の市価を合算する際、江銭を基準とする」とあるように、当初制銭の計数方法であった江銭は、現銭の払底後、純粋に憑帖の計数単位となった。憑帖の歴史については、幣制変遷の項に「乾隆初年、呼蘭で紙帖の通用が始まり、その後焼鍋や典当が、また時として零細商人までもが憑帖を発行した。憑帖は皆銭建てであり、花帖とも呼ばれた。光緒中葉以前は商帖の全盛時代であったが、商帖が逓増するにつれて銀価も高騰し、初期は銀一両あたり商帖三吊数百文であったものが、末期には十余吊にまで騰貴した」とあり、概ね乾隆初頃から呼蘭を皮切りに紙幣の使用が開始されたようである(43)。しかし同じ項に「嘉慶年間、斉斉哈《チチハ》爾《ル》では土民が銭を用いる際、五百を千とした。これが京銭である。除陌の法は、一千につき六文、五百につき三文で、京師とは異なる」「巴彦州では、以前は官鋳の通宝制銭を用い、四九枚を百とし、十百を吊とした」などとあるように、一吊当たりの制銭数は若干異なっていた。これは現銭を銭差しにする際の枚数の違い、あるいは憑帖を現銭に兌換する際の割引率の違いによるものと思われ、陌数が五〇陌の中銭であったことは共通する。

東銭と同様中銭も、雑税などの納付手段として用いられた。璦琿では康熙三〇年（一六九一）頃より牲畜税と当税が開設され、咸豊（一八五一―一八六一）・同治（一八六二―一八七四）年間には毎年京銭で二千余吊が徴収された(44)。また呼蘭では当課・酒税・油税・牲畜税などの雑税を江銭で徴収した(45)。

（4）直隷北東部（承徳府・永平府・遵化州）

承徳府（熱河）のモンゴル人社会に東銭が浸透していたことは既に述べたが、地方志にはこれを裏付ける史料が見当たらない。ただ、承徳府は灤河を経由して永平府に食糧を供給していたことから(46)、永平府と同じ東銭が用いられたことは首肯できる。なお、民国『隆化県志』巻六、政典、教育には、民国二年（一九一三）に学田の地租を京銭で徴収したとあり、京銭も使用されていたらしい。

直隷における東銭の主要な行使地域は冀東と呼ばれる永平府以西であった。まず永平府について見ると、民国『盧龍県志』巻九、金融の項に、「本県では習慣的に九六東銭を使用する。以前は制銭一六〇文を一吊としていたが、今日では銅元幣一六枚を一吊とする」とあり、一六陌の東銭の通行が確認される。また民国『昌黎県志』巻五、金融、銭法には、「昌黎では銅銭を本位貨幣とする。商号の株（合資経営における持ち分）の値段も均しく銭で計算し、銀では計算しない。制銭一六枚を一〇〇文とし、これを東銭という。……昌黎では東銭二吊を紐で通して一貫とし、縦にして真ん中に結び目を入れ、また東銭一吊ごとに、横にして真ん中に結び目を入れ、制銭を八〇枚ごとに分割して、これを東銭五〇〇文とする」（昌黎以銅銭為本位。商号股分多寡。亦均以銭計算。而不以銀計算。毎制銭十六文。為一百。謂之東銭。……昌黎以東銭二吊為一貫。縦而作結中分之。毎方東銭一吊。又横而作結中分之。毎截制銭八十文。即東銭五百）とあり、同県では一六陌の東銭が専ら行使されていたこと、紙幣ではなく現銭が通行していたことが知られる。

灤州では灤銭と呼ばれる地方銭が使用されていた。嘉慶『灤州志』巻三、則壌、田賦、雑糧租賦の項には、銀と小制銭により賦税を徴収していたことが記されているが、光緒『灤州志』巻一八、外編、雑録の項に「灤銭は制銭一枚を六文に当て、積算して一〇文・一〇〇文とするので、銭数の一部は六で割り切れず、余りや不足が生ずる。そこでこの習慣を知らない者は、非常に混乱しやすい。この銭法の始まりは不詳であるが、京師の東から奉天に至るまで均しく用いられている。しかし僅かな違いはある。灤州では制銭二枚を灤銭一〇文、三枚を二〇文、五枚を三〇文、六枚を四〇文、八枚を五〇文、一〇枚を六〇文とする。故に一を以て六に当てると言うのである。一二枚を七〇文、一三枚を八〇文、一五枚を九〇文、一六枚を一〇〇文とする」「西方の宣化府では、一を以て三に当てる。従って灤銭二千は宣銭一千に当たる」とあるように、灤銭とは一六陌の東銭である。東銭の行使地域は京師の東から奉天までとされ[47]、東銭の文数を六で除して四捨五入した値が制銭の枚数とされたが、地方により若干の違いがあり、混乱が起きることもあったらしい。東銭に相当する制銭数を一〇文ごとに書き出しているのは、これが実用上の最小単位であったからだと思われる。なお、宣化府では制銭一枚を三文と数える（従って価値は東銭の二倍となる）宣銭が用いられたと記されているが、これについては次項で詳述する。

ところが民国『灤県志』巻四、人民、金融の項には、「制銭。灤県の市面では、制銭が早くから姿を消した」「紙幣。清の末期、灤県の商号で紙幣を発行する者は大変多く、俗に銭帖と呼ばれた。紙幣には灤銭一〇吊・二〇吊などの種類があり、当時開平の慶豊銭帖は、郷民から最も信用されていた」とあり、灤州では現銭が比較的早くから払底し、清末には東銭建ての民間銭票が通行したようである。但し現銭が全く無くなったのではなく、おそらく数十文程度の売買には現銭を、数吊から数十吊もの高額取引には銭票を用いたのであろう。

永平府ではこの他、遷安・楽亭・臨楡などの県で、房租や義学田地租の徴収、文廟維持経費の支出が東銭建てで為されていた[48]。また永平府の西隣に位置する遵化直隷州では、豊潤県で東銭での積穀、玉田県で京銭での鑾儀衛租徴収や東銭での房租徴収が見られ[49]、同地でも東銭を基軸としながら、部分的に京銭を併用していたことが知られる。

なお前出『清代的旗地』では、永平府の灤州・遷安・昌黎・楽亭、遵化直隷州の遵化州・玉田・豊潤で東銭使用事例が検出されるが、遵化州は京銭使用事例も見られる。

（5）直隷北西部（宣化府）

既に見たように、宣化府（察哈爾《チャハル》）では宣銭が用いられていた。民国『宣化県新志』巻六、財賦、田賦に引かれる直隷財政庁の訓令によると、民国初、同府の屯糧は暫定的に市価に照らして徴収していたが、当時米豆の市価は毎石宣銭二十余吊であり、大銭に換算して七—八吊程度であったと言う。宣銭の価値は大銭すなわち制銭の三分の一であった。同書、巻六、財賦、積穀によると、光緒中葉、同県の積穀は宣銭で代納されていたとある。また、光緒『西寧新志』巻九、風土の項には、「交易においては、銅銭三三枚を一〇〇文とする。……短陌には三四陌もある。宣化府属州県の多くは同様である。名付けて宣銭と言う」とあり、ここでも三三陌ないし三四陌の宣銭の存在が確認できる。この他、万全県では道光八年（一八二八）に建置された書院の章程が諸給付の額を宣銭で表記しており、延慶州でも道光前期に制定された冠山書院の章程が地租・田租や経費を延銭で記す。[50]また懐来県では沮陽書院が地租や房租を懐銭で徴収し、懐安県でも書院や賓興の原資を懐銭建てで運用している。[51]これらの地方銭も宣銭の一種と考えられる。

東銭と同じく宣銭でも現銭と銭票が併用されていたと思われるが、確たる史料は存在しない。清代張家口の外では銭舗が発行する一吊および一〇吊の憑帖が用いられたとされるが[52]、宣銭建てであったか否かはわからない。

（6）京師周辺（順天府）

順天府は京師とその近郊地域であるが、貨幣事情は複雑である。前節で見たように、順義県では雍正・乾隆の頃より京銭に加えて東銭も使用するようになったようであるが、同県西部では昌平州高麗営鎮からもたらされる東銭票が多数通行していたらしい。[53]また民国『三河県新志』巻一五、因革、実業、金融、制銭の項には、「三河県内に流通する銭は概ね東銭と呼ばれている」「東銭一吊は制銭一六四枚である」とあり、同じく銭票の項には、「三河の裕福な商号は、昔は銭票を発行していた。如何なる交易でも現銭の代わりに銭票を用いることができ、商民は便利だと称していた」とあり、東銭の通行と銭票の使用を物語る。更に民国『薊県志』巻三、郷鎮、民生状況の項には、「薊県の幣制は、民国以前は制銭を単位とし、九八四銭を行使した。これを東銭と言い、制銭一六四枚を一吊とした」とあり（九八四銭とは制銭一六四枚を六倍した銭の意。本来これだけでは東銭と判断できないはずだが、このような千に近い数に置き換えた呼び方はしばしば見られる）、道光『薊州志』巻五、賦役、旗租の項でも薊銭で租額を表記する。宝坻県では既述の通り、嘉慶初年から東銭の通行が確認される。平谷県でも民国初、官荒地の地租を東銭で徴収している。[54]このように、京師の北東部の州県では概ね東銭が行使された。

これに対して、京師の南西部は五〇陌の京銭が使用された。文安県では学田の租穀を、良郷県や固安県では雑賦を京銭で徴収しており、霸州でも制銭四八枚を一吊とする九六銭が用いられていた。[55]しかし安次県（旧東安県）では、差徭を制銭・銀両・銀元に置き換えて徴収したが、県志は折銭額を京銭と東銭で表記している。[56]また京師の南に位置する永清県でも、京銭行使地域に位置しながら、早くから東銭が用いられていた。乾隆『永清県志』巻一〇、戸書には、「市易の法。……乾隆四三年の銀銭糧価報告によると、庫平銀一両は制銭九四〇枚と交換されるが、市中では銭一千につき一六枚を差し引く。これを俗に底串と呼ぶ。永清の市場では、制銭一枚を六文と数える。これを永銭と言う。これまた古人の東西短陌・長銭の一例である」とあり、同県では乾隆四三年（一七七八）時点で既に制銭一枚を六文と見なす永銭が使用されていたことが知られる。

因みに、前出『清代的旗地』によると、京銭のみ行使地域は通州・良郷・涿州・永清・文安・昌平州、東銭のみ行使地域は平谷・香河・東安であり、南西部では京銭が、北東部では東銭が選好される傾向はある程度看取される。しかし京師・順義・三河・薊州・宝坻・武清・固安・房山では京銭使用事例も東銭使用事例もともに見いだされることから、順天府は両銭法が混交する地域であったと考えられる。

(7) 直隷中南部・山東

順天府より南の地域、すなわち天津府・河間府・保定府・易州以南と山東省の地方志に見られる地方銭は、先行研究が示す通り、例外なく京銭である。

以上のように、東銭の行使地域は奉天から直隷北東部（承徳府・永平府）にかけて拡がり、宣銭は宣化府にほぼ限定された。これに対し、京銭は天津府・保定府以南の直隷各地と山東・吉林・黒龍江で幅広く用いられた。また順天府と遵化直隷州では東銭と京銭が並行して使用された（図1・図2参照）。制銭・京銭・宣銭・東銭の比価は六対三対二対一であり、陌数で表記すると概ね足陌・五〇陌・三三陌・一六陌であった。ただ、次節で詳述するように、現銭を束ねて銭差しにしたり、銭票を制銭に兌換する際に若干枚を差し引く慣行が各地で見られた。たとえば京銭は五〇陌であるが、実際の枚数は百文につき制銭四九枚から四八枚程度であった。前者は九八銭、後者は九六銭と呼ばれた[57]。

宋代には同一地域でも業種商品別に異なる短陌が用いられたが、清代には短陌慣行こそ残存するものの、同一地域では共通した陌が用いられており、また三種類の短陌はそれぞれ相当の空間的拡がりを確保していた。

このような地方銭が発生した所以を語る史料は見当たらない。ただ三者の地域的棲み分けは、商品生産と流通がもたらす地域間分業を色濃く反映している。まず京銭行使地域は大運河沿いの食糧・棉布流通と重なる。ここでは漕糧や絹織物などが江南方面からもたらされ、漕糧の一部は奉天産の粟米・雑穀とともに、天津を経由して直隷南部・山東西部の棉業地帯へ供給された。そして同地産の棉布は直隷北部から山西・奉天方面へ移出された[58]。次に東銭行使地域は乾隆中頃から徐々に増加する奉天産豆貨（大豆・豆餅・豆油など）移出と重なる。豆貨は海運により直隷・山東、更には華中南方面へ移出されたが、それらを農民から買い集め、牛荘などへ集荷するまでの過程では、現地通貨である東銭が使用されたであろう[59]。宣銭行使地域は比較的限定されるが、張家口を経由したモンゴルからの馬匹移入との

図１　清代東三省・直隷・山東における地方銭の分布概況

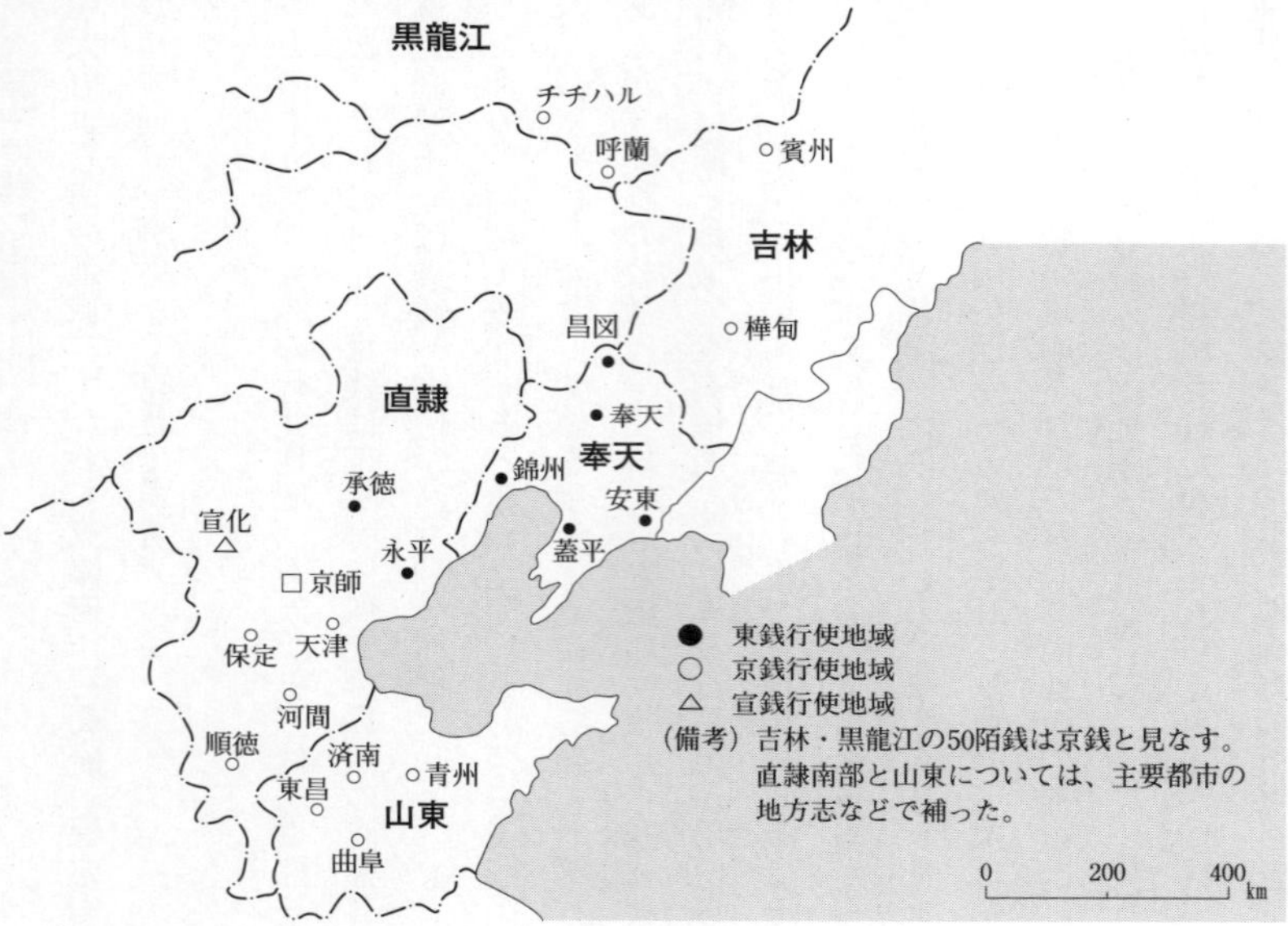

図２　乾隆中期以降の京師周辺における地方銭の分布状態

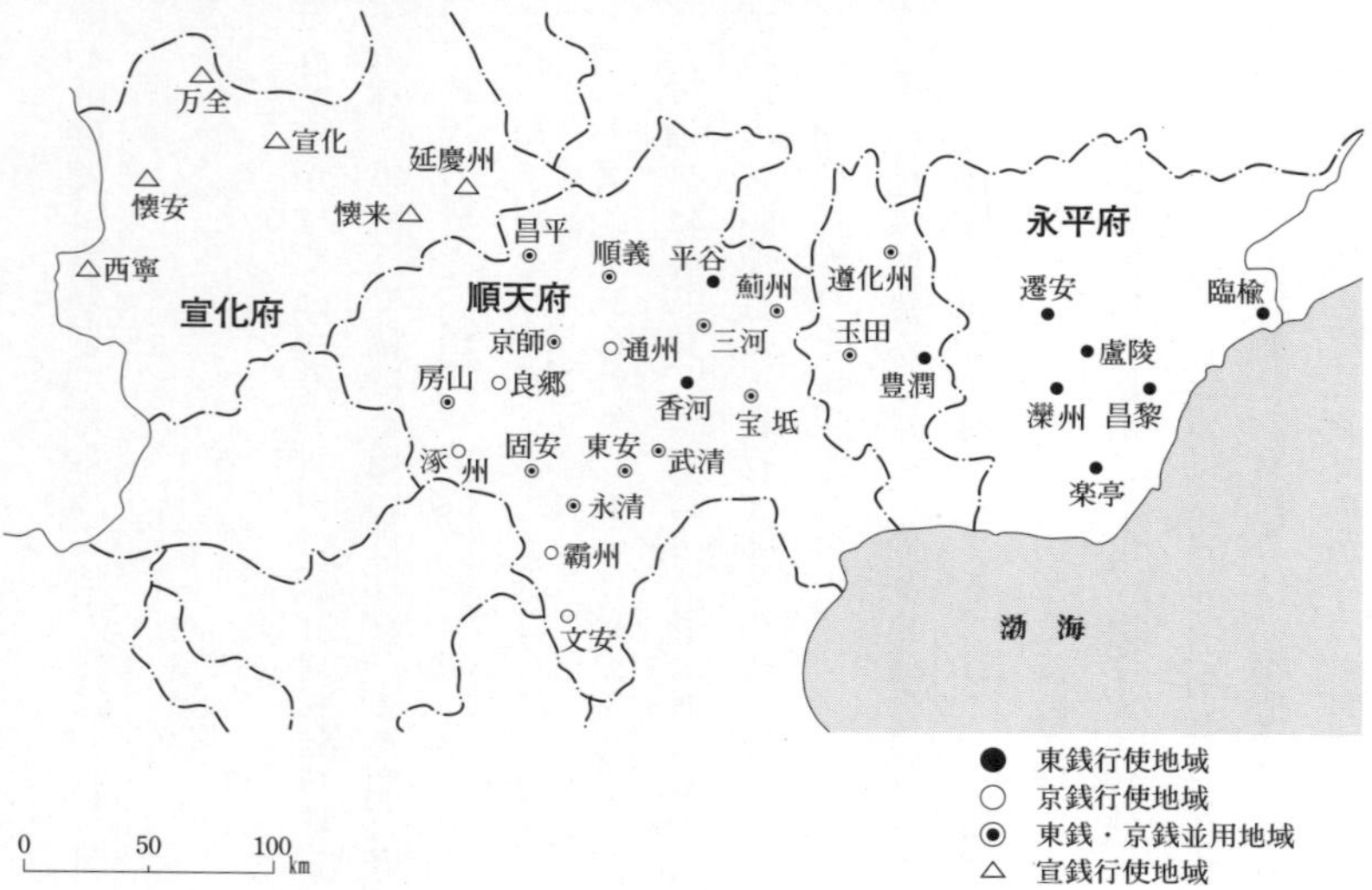

深い関係が予測される。岩井茂樹によると、一六世紀の北辺では経済ブームが興り、張家口では中国内地諸産品の対価としてモンゴルから大量の家畜がもたらされたらしい。(60) この趨勢は清代になっても衰えを見せなかったが、新たに多倫諾爾《ドロンノール》庁の木材生産が加わり、張家口や古北口を経由して内地産品が同地に移出された。(61)

このように漢族・満洲族・モンゴル族の居住地域が隣接し、それぞれが清代中期頃より棉布・豆貨・家畜という特産品の移出を急増させたことにより、それらを買い集める際に必要な現銭が不足し、結果として各地域の貨幣需要に対応した三種の異なる地方銭が生み出されたものと考えられる。そして境界附近では二種類の地方銭を並用する地域が見られたように、これらの地方銭は排他的な経済圏を基盤としたものではなく、隣接地域との交易、特に内地と関外との交易を可能とするものであった。実物の銭を共通の貨幣とし、制銭との換算率が整数倍となっているため、人びとは両替や複雑な計算を必要とせず、現銭を携えたまま容易に通貨圏を越境することができたのである。

それでは、華北東部や東三省では何故敢えて煩瑣な短陌を導入しなければならなかったのであろうか。そもそも清代の短陌の特徴は、宋代のように足陌から十数文ないし数十文を切り詰めるのではなく、制銭一枚を地方銭二文・三文・六文など整数倍に読み替えることにあった。これは商品経済の急激な膨張に現銭供給が追い付けないため、便宜的に制銭とは異なる地域通貨を創造し、流動性を追加供給しようとしたものと思われる。けだし京銭・宣銭・東銭は見かけの貨幣量を二倍・三倍・六倍にするからである。しかしそれに比例して地方銭建ての物価も上昇するから、ただ単に制銭を地方銭に読み替えるだけでは流動性は増加しない。地方銭は高額紙幣である銭票を市場へ供給することで、はじめて効果を現すものなのである。そこで次に、東銭行使地域である奉天における銭票の流通について考察しよう。

三　東銭と銭票

一八世紀後期頃より直隷北東部から奉天に至る渤海北岸一帯は、江南方面への豆貨移出基地としての地位を確立した。しかし当時中国では全国的に銅銭が不足気味であり、加えて華北では高額の取引にも銭が使用されるため、富戸による銅銭の退蔵も著しく、渤海北岸の辺境地域で穀物の商品化を継続させるための十分な流動性を確保することは至難の業であった。清朝は退蔵された銅銭を市中に吐き出させるため、乾隆前期に直隷などで銀との強制交換を実施したが、(62)実効性は乏しく、銭遣いから銀遣いへの転換は起こらなかった。そこで登場したのが銭の為替である銭票であった。

銭票は乾隆年間には北京で通行しており、その後各地に拡がったが、特に華北諸省で目覚ましく普及した。(63)直隷北東部や奉天で用いられた東銭も、現銭ではなく銭票によって通行することが多かったが、中でも奉天省錦州府は銭票発行の一大拠点であった。民国『錦県志』巻一二、実業、銭法の項は、当地の貨幣事情を次のように記す。「奉省は以前は銅銭鋳造を行わなかったため、制銭が欠乏し、典当が印刷した紙券に銭数を書いて紙幣とした。これを憑帖と呼び、市場の流通は皆憑帖に頼った。錦県の商帖は相互に兌換が可能であったため、当初より信用は高く、東は瀋陽から西は山海関まで、滞りなく通行していた。その銭法は制銭一六枚を東銭一〇〇文とし、一六〇枚を一千とした。これは俗に一吊あるいは一緡と呼ばれた。商民の交易は、外省との取引や高額の財産については銀で計算するが、それ以外は銭を本位とした。光緒末年に銀幣が通行するようになると、通貨市場は様変わりした。現在では紙幣が市場に充満し、制銭や商帖はほとんど見られなくなった」と。すなわち錦県では制銭不足を解消するため、清末まで典当が印刷し発行する商帖が銭票として代用された。錦県の商帖は信用が高く、ほぼ全省で通行したらしい。一般に、銭票は金融業者より雑貨店などの商号が振り出すものが多く、流通範囲も市鎮程度からせいぜい一県以内に収まると言われるが[64]、錦県の銭票はそれとは異なり、全省規模で流通する、信頼性の極めて高い紙幣なのであった。

錦県銭票の信頼性を保証していたのは、兌換に備えて現銭が常に確保されていたからである。民国『錦西県志』巻二、人事、商業、幣制によると、「錦西はかつて錦県の城西八鎮の一つであり、典当や銭舗が発行する錦帖が通用していた。商帖の種類は東銭一吊から二〇吊まであり、現銭と随時兌換することが可能であった。現在城西各鎮の商号で商帖を発行する者は、皆錦県に櫃（店舗）を設置し、ここを両替所としている。兌換しないと商帖はたちまち受取りを拒否され、行使不能となる。これは通例である。光緒三二年（一九〇六）に錦西県が設置された後も、銭法は以前と変わらなかった。現在東銭四吊一、二〇〇文は小洋一元と兌換でき、東銭七吊四、五〇〇文は紋銀一両と兌換できるが、これは商帖の流通方法が銭を本位としているからである」とあり、城外市鎮の典当や銭舗も商帖を発行したが、何れも錦県城内の支店で随時現銭と兌換することで、はじめて信用を獲得し得たことが伝えられる。同史料はまた、商帖は銀元や銀両とも兌換できるが、これは当地の本位貨幣である制銭を媒介させ、東銭→制銭→銀の順で換算するからであると明言しており、東銭銭票が銭一〇吊＝銀一両を基準とする銀為替であったと考える佐々木説は成立しない[65]。因みに、同府寧遠州でも当舗や公議店の発行する憑帖が奉天全域に通行し、錦帖は省内で最も高い信頼を獲得していた[66]。

一方、陪都盛京が置かれている奉天府では、国庫支出などを通して銀が市中に比較的出回っており、金属貨幣と銭票が並行して使用された。民国『遼陽県志』巻二七、実業、銭幣によると、「本県では交易において、省城や各県と同様、同治・光緒以前には現銀を本位貨幣とし、制銭を補助貨幣として用いた。光緒中葉に国家が銀貨を鋳造し、銅貨を補助貨幣とすると、秤量銀は日々減少し、市場の流通には遼帖が行使された。遼帖は「帖に憑《よ》って銭を取る」と注記され、始めは兌換していた。制銭一六枚を一〇〇文と数え、一〇倍して吊とし、制銭八二枚を五〇〇足数銭とした。遼帖七吊は銀幣一元と兌換され、交易にも頗る便利であった。ところが狡猾な輩が実際の資本を持たないのに憑帖を発行し、みだりに利益を得ようとしたため、遂に私帖が濫発され、兌換が不能になった。現在では憑帖四〇吊を銀一円と交換する」とあり、光緒初頭までは秤量銀と制銭が行使され、光緒中葉以降に銀元・銅元および東銭建ての銭票が通行するに至ったことを伝える。但し前節で見たように、遼陽州では道光期から東銭建てで田賦を徴収しているので、銭票も同治以前からある程度使用されていたと思われるが、市場を席巻したのは一九世紀末以降なのであろう。

ここで注目すべきは、奸商が私帖を濫発したため、銭票が兌換不能に陥ったことである。銭票の信用低下は独り遼陽州でのみ発生していたのではない。民国『遼中県志』巻二六、実業、幣制の項にも、「清朝二百余年の間、本県ではあらゆる交易において、現銀と制銭を実幣とし、商号の憑帖を紙幣として用いた。当初紙幣の行使は、市場で非常に便利だと捉えられたが、その後奸商が実際の資本も無いのに、みだりに利益を得ようとして紙幣を濫発したため、銭相場は下落した」と見え、現銀や制銭とともに憑帖が併用されたが、濫発により銭相場自体が下落したことが知られる。同様の現象は岫巌県や梨樹県（現吉林省）でも観察される。[67] この他丹東では、東銭建て憑帖である銭飛の価値が大幅に下落したため、光緒一六年（一八九〇）知県が銭法を改正し、舗戸が銭飛で取引を行う場合、五〇吊までは一吊、一〇〇吊までは二吊という具合に一定割合を現銭で支払わせることで、幣制の紊乱を防いでいる。[68] このように、奉天府の銭票は錦州府のそれとはやや異なり、金融業者以外の商人でも自由に発行できたため、兌換準備の不足による銭票価値の下落を回避することができなかった。

ただ奉天府の中でも蓋平県だけは、遅くとも一九世紀前期には、広域で通行可能な銭票を振り出す金融中枢として成長していた。道光一八年（一八三八）、前の盛京将軍で現在の四川総督である宝興が銭価下落の原因となっている銭票の禁止を請い、各省督撫の間で議論がなされたが、両江総督陶澍はこれに反対し、宝興が指弾するところの、券面に「外兌」すなわち他の銭票とは兌換するが「不付現銭」すなわち現銭とは兌換しないと注記された銭票とは、実は蓋平県の銭票であり、これが弊害を生ずるのは当然であるが、江南の銭票は随時現銭との兌換が可能であるから取り締まる必要は無いと主張した(69)。この論争の発端となったのは、三年前に起きた蓋平票の兌換を巡る一件の訴訟であった。盛京将軍奕経らによる道光一五年六月二五日付の第一奏摺と同年一一月二四日付の第二奏摺を素材に、この事件を再現しよう(70)。

第一奏摺の大略は以下の通りである。蓋平県は南北の商販が集う流通の拠点であるが、全ての交易は銭建てで行われ、商人は銭票を使用する。ところが奸商が銭票を濫発し、現銭との兌換ができないため、銀価が省城の二倍に騰貴した。虚票が一枚でも出回ると、力を恃んで利益を貪る輩が兌換を請け負い、割り引いて銀に換えようとする（虚憑一紙騰挪。遂有豪強漁利之徒。包攬銭票。代人索取現銭。減価収買銀両）ので、訴訟が絶えない。今、現任の盛京刑部筆帖式で捐納により知県の虚銜を得た覚羅宜鉅から出された訴状によると、彼は回贖地価（土地を担保とした貸付の返済金）と地租（小作料）を蓋平票で受け取り、これを五家の銭舗に持ち込んで現銭との兌換を求めた。しかし銭舗は銭票を四六で現銭に換算した上で、銀一両＝東銭一万五五〇〇文の割合で銀と兌換しようと主張した。そこで彼は蓋平県知県に対し、銭舗に省城の比価で兌換するよう命じて欲しいと訴えた。ところが知県強上林は銭舗を庇って審理しなかった。そこで彼は蓋平県に提出した訴状を抄録して奕経に控訴した。また（銭舗の意を体した）典史陳宗輝が門丁の楊三と結託して知県を誘惑し、四六兌換慣行を黙認する見返りとして銀二万両の賄賂を受け取らせようとしたという伝聞を付け加えた。奕経は委員を蓋平に派遣して調査させ、強上林と陳宗輝を一時的に解任して訊問した。

この事件の顚末は、第二奏摺に収録された商人段仁の供述で明らかにされる。段仁は瀋陽（盛京）で油房（搾油業）を営む商人である。彼は蓋平で蘇油（豆油）を販売し、代価東銭五五〇串を天興・天徳・東来・永記・恒記五家発行の銭票で受け取った。彼はこれを五家に持ち込んで現銭との兌換を求めたが、銭舗は割引を要求し、争いになった。

そこで彼は典史に告訴したが、典史は職権に非ずとして県衙門に訴え出るよう命じた。彼は面識のある長随楊三のことを思い出し、知県の門丁が楊姓であると聞いて当人だと早合点し、楊に会いに行ったが、楊は面会を拒否した。そこで段仁は典史の訴状不受理や楊三の面会拒否が五家銭舗の嘱託によるものだと邪推し、恨みを抱いた。この時偶然、筆帖式覚羅宜鉅は捐納で知県の虚銜を得たので、休職して蓋平に赴き、銭票を兌換しようとしたが、現銭を得られなかったため、県に告訴した後、公事宿に来て審判を待っていた。宜鉅は段仁と面識があったため、銭舗が額面通り現銭と兌換することを肯んぜず、また銀に換えようにも銀価が甚だ高いので、県に告訴したと語った。段仁はにわかに前の怒りを思い出し、また宜鉅が刑部の官員なので、彼ならきっとうまく処理できるだろうと思い、自分が銭を得られず、訴状も受理されなかったことを述べ、宜鉅が興味を示すであろうと目論んで、「五家の銭舗は典史陳宗輝に頼み込み、県の門丁楊三と結託して知県をそそのかし、四六での割引兌換を許可してもらう見返りとして、銀二万両の贈賄をもちかけた」と嘘を言った。宜鉅が知県に提訴したのは、知県が自ら銭舗を取り調べ、直ちに糾問がなされたならば、即日現銭を得て盛京に帰ることができるだろうと思ったからであった。それ故彼は段仁の言を風聞と称して訴状に書き加えたのである。

取り調べの結果、贈賄の件は段仁の作り話であることが判明した。また宜鉅が銭舗に持ち込んだ銭票は一万六〇〇〇余串であったのに、銭舗の章懋官は当初知県による取り調べの時に三五—三六万串だったと偽証していたことも明るみに出た。そこで奕経は段仁を流刑に、章懋官を杖刑に処した。五家の銭舗に対しては、銀価を不当に高め、不換銭票を濫発して、銭票相互の兌換は行うが現銭との兌換を認めず、商業秩序を深く傷つけたことを咎め、現在彼らが所有する物品、利権、貸付金、原籍の不動産を全て売却して銭票との兌換に充てるよう命じ、以後蓋平での不換銭票の発行を禁止した。

奕経の二篇の奏摺より読み取れるのは、次の諸点である。まず第一に、蓋平票は五家の銭舗によって発行され、銭舗は銭票相互の兌換には応じるが、現銭との兌換は認めていなかった。銭票で現銀を購入することは可能であるが、四六と称する低い換算率で割り引かれ、銀一両＝東銭一五・五串という銭舗に有利な比価（通常は概ね銀一両＝東銭一〇串）で現銀が支払われた。現銭との兌換ができないのは、蓋平では小銭《こぜに》として使用されるものを除き、まとまった銅銭が払底しているからであろう。しかし営口に近いことから、銀は準備されていたようであり、蓋平票を不換紙幣と見なすことはできない。ただ、現銀化の歯止めとして銭票保持者に不利な銀銭比価が設定されていたのである。

第二に、蓋平票は覚羅宜鉅のような盛京在住の者にも入手の機会があったことから、錦州票と同じく全省規模で通用していたことが知られる。もちろん、現銀化するには発行元である蓋平の銭舗に赴かねばならなかった。ただ、対外決済や租税納付を除き、日常生活で銀や多額の制銭を入手する必要はほとんど無かったと思われる。

それでは、宜鉅や叚仁は何故盛京で充分通用する蓋平票を現銀化することに固執したのであろうか。第一奏摺の冒頭で「奸商」による銭票の濫発と「豪強漁利之徒」による兌換請負の弊害が語られていたように、銭票は信用貨幣であったため、所有者は常に銭舗の倒産による紙屑化を恐れ、発行者は常に取り付けによる兌換準備の一時的不足を恐れていた。宜鉅や叚仁は「豪強漁利之徒」の噂に乗せられ、銭票の現銀化を焦ったのではなかろうか。宜鉅や叚仁から見れば、銭舗は不当な兌換率を提示して現銀化を渋る「奸商」であり、官によって処罰されるべき輩である。しかし銭舗から見れば、宜鉅らは銭票を大量に買い占めて強請《ゆす》る「豪強漁利之徒」と何ら変わりはない。銭舗の章懋官が宜鉅の持ち込んだ銭票を三五―三六万串と過大に報告したのも、宜鉅の行為が強請であることを強く印象付けるためだったのであろう。

奕経は叚仁の誣告と章懋官の偽証を罰したが、これを強請とは見なさなかった。ただ、銭荘が兌換準備以上の銭票を振り出すことは危険であると見なし、「不付現銭」を注記した銭票の回収と新規発行の停止を命じた。しかしそれが全く非現実的で、実施が到底不可能であったため、三年後に宝興が再度禁止を奏請するに至ったのである。

信用貨幣の危険性を指摘する声は、これ以前から聞かれた。嘉慶一五年（一八一〇）、給事中何学林は「京師の銭舗は銭市と結託し、現銭と兌換する際、一〇〇〇文につき若干文を減額しており、兌換請求者が抗議しても相手にしないことが多い。また狡猾な舗戸が銭票を大量に発行した後、突然店を閉めて雲隠れすることもあり、多数の人民が被害を受けている」と上奏した。そこで嘉慶帝は首都の治安を守る歩軍統領衙門と順天府・五城に命じて、今後銭舗は保証人五家を立てて開業させ、また兌換の際には、通例のように銭市と銭舗が（一〇〇〇文につき）四文ずつを扣底する（差し引く）ことを除き、任意に額を減らしてはならないと通達した。(71) 銭舗の倒産を防止するため連帯保証人を立てさせるのは別段目新しい施策ではないが、注目されるのは、銭票兌換の際に「扣底」を行う慣行が存在し、国家も容認していることである。前出の「去底」や「除陌」のように、現銭を束ねて銭差しにする際に若干枚を差し引く慣行は古くから見られるが、銭票を兌換する場合にもこれに準じて割引が行われていたのである。蓋平の「四六」は実態が不明であるが、目的の共通性はうかがえる。これにより銭票から現銭への兌換には一定の歯止めが掛けられた。(72)

既に前節で述べたように、制銭一枚を二文と数える京銭の場合、一串は本来制銭五〇〇枚に相当するはずであるが、実際には四八〇―四九〇枚程度であった。足陌が用いられる華中南でも、やはり一串の制銭枚数は概ね九八〇前後であった。これらは純粋に一串当たりの現銭枚数を表す理論値ではなく、現銭を銭差しにしたり銭票を兌換したりする際の換算率であり、従って中途半端な値となるのである。計数方法はあくまでも制銭が一〇〇陌（足陌）、京銭が五〇陌、宣銭が三三陌、東銭が一六陌（厳密には制銭一文＝京銭二文＝宣銭三文＝東銭六文）である。

以上のように、東銭は遅くとも道光年間までには、現銭形態だけでなく銭票形態でも通行する地域通貨となっていた。これは京銭など他の地方銭でも同様であった。(73) 銭票は民衆にとっては持ち運びに便利な軽齎手段であり、銭舗にとっては信用創造手段であったが、国家にとっても大量の制銭鋳造負担を軽減するという利点があったので、取り付けを恐れる地方官がしばしば禁止を奏請したにもかかわらず、清末から民国に至るまで発行され続けた。それでは銭票と短陌とは如何なる関係にあったのだろうか。何故華北東部や東三省では、制銭建て銭票ではなく、敢えて地方銭建て銭票が使われたのであろうか。

ここで想起されるのは、銭票の最低額面が一串（一〇〇〇文）であったことである。海龍府のように銭票の種類が二・三・四・五・六・一〇吊だけで、一吊が存在しない所はあっても、[74] 一吊未満の銭票が発行されている所はない。従って地方銭通行地域では端数のみを銅銭で精算し、一串以上は銭票をやり取りしていた可能性が高い。銅銭を小銭《こぜに》として限定的に用い、まとまった額の取引には銭票を代用することが、現銭の乏しい地域における最も合理的な貨幣制度だからである。しかし現銭決済と銭票決済とは等価ではない。受け取り側は紙屑化する危険性が伴う銭票より、金属価値に裏打ちされた制銭での決済を、支払い側はその逆を選好するであろう。決済方法を巡る紛争が危惧される場合、現銭か銭票かをあらかじめ約束しておけばよいが、より確実な方法は銭票を制銭とは別建ての通貨にすることである。これにより、無表記または「制銭」「大銭」表記の契約は全額現銭で決済しなければならないが、地方銭表記の契約は端数以外を銭票で決済し得る（換言すれば制銭での支払いを強制されない）ことが明白になるのである。

先に述べたように、地方銭が導入された当初の目的は、喫緊の銭不足に対する対症療法として、とりあえず見かけの貨幣量を増大させることにあったと推測される。それは当該地域における現銭の価値を高め、一時的に域外から若干の現銭を吸引するかもしれないが、地方銭建て物価の上昇によって直ちに平準化されてしまうであろう。地方銭は銭票と組み合わせて運用され、決済方法を現銭から銭票に誘導することにより、はじめて流動性供給の促進機能を発揮し得たものと考えられる。

とは言え、地方銭が広まった嘉慶期以降も、現銭による地方銭取引の決済はしばしば見られることから、当初銭票での決済は現銭需要が逼迫する年末の決算期などに、やむを得ぬ措置として限定的に行われる程度で、決済手段を強く拘束することはなかったものと思われる。嘉慶・道光年間に銭票の信用が定着し、軽齎手段としての利便性が評価

されるのに伴い、次第に地方銭表記の取引が銭票での決済を認めることを意味するようになったのであろう。(75)

従って同じ地方銭行使地域でも、銭票の流通状況にはかなりの格差が存在した。奉天では錦州票や蓋平票のように省内で広く使用される銭票が登場した。しかし辺境では信用度の低い銭票もなお通行した。清末の丹東では一定の現銭を混ぜることでかろうじて銭票の価値を維持するなど、部分的な現銭への回帰も見られた。

高額紙幣が国家的信任も金属自体の素材価値も持たない補助貨幣であり、小銭《こぜに》が本位貨幣であるという倒立性により、北中国の幣制は商品経済が発達して高額紙幣の流通量が増大すると、かえって制度が不安定になる（銭票を正貨である制銭に兌換したいという衝動が高まる）という矛盾を内包し続けた。銭票の安定的流通は清末の官銀銭号による官銭票の発行まで待たねばならなかった。

おわりに

中央銀行が発行する紙幣を本位貨幣とし鋳貨を補助貨幣とする現代社会とは異なり、前近代の中国では鋳貨である制銭こそが本位貨幣であった。明代中期頃より秤量貨幣である銀が社会に普及し、これが税制にも取り入れられると、中国の幣制は銀銭併用制となった。但し銀銭の使われ方には地域的偏差があり、時代が下るほどその差は拡大した。華中南沿海部が銀を選好するようになると、華中南内陸部や華北は制銭への傾斜を強めた。そして銀も制銭も不足する東三省では、紙幣である銭票を高額貨幣として用い、制銭使用を端数精算や少額取引に限定することで、域内の流動性を確保した。

東銭や京銭などの地方銭は、当初は見かけの貨幣量を増やすための彌縫策として登場したものと思われる。ところが嘉慶・道光年間に銭票が普及するのに伴い、銭票決済と制銭決済とを弁別し、銭票使用を慫慂する役割を果たすようになったようである。これらの地方銭は整数倍すれば制銭に換算できる機能的幣制であり、従って六朝から宋代にかけて通行した短陌のような慣習的幣制とは根本的に役割を異にする。また制銭や京銭が一〇〇〇文や五〇〇文より若干少ない値を一串とするのも、宋代的な意味の短陌ではなく、銭差しをばらしたり銭票を兌換したりすることを抑制するための割引、換言すれば銭差しのばら銭に対する、また銭票の現銭に対する人為的な過高評価である。

表面上は地域によって異なる短陌慣行がモザイク状に分布しているように見える清末の「雑種幣制」も、決して市場の孤立分断性を意味するものではない。小銭《こぜに》が本位貨幣であるという倒立性により、常時小銭《こぜに》への兌換圧力を受けながらも、東銭は錦州や蓋平など江南との交易都市を拠点として、奉天や直隷北東部に信用を拡げていたのである。

註

（1）本章で用いる「補助貨幣」とは、機能上本位貨幣を補助する貨幣のことであり、それが国家的信任や素材価値を有しているか否かは問わない。現代の通貨制度の下では、硬貨は中央銀行が発行する紙幣の法定的（政府が鋳造し、その額面価値を保証する）代替手段であるが、清代中国の銭票は制銭の非法定的（商慣習の中から自然に発生した）代替手段であった。

（2）宮澤知之「唐宋時代の短陌と貨幣経済の特質」『史林』七一巻二号、一九八八年（宮澤『宋代中国の国家と経済』創文社、一九九八年所収）。

（3）Frank H. H. King, *Money and Monetary Policy in China 1845-1895*, Harvard University Press, 1965, pp.60-64. キングの言う「小銭」とは銅銭の計数方式のことであり、私鋳銭や破銭など品位の劣った銅銭のことではない。なお、一般に黒龍江省は中銭の行使地域と見なされている。吉田虎雄『支那貨幣研究』東亜経済研究会、一九三三年、一六七頁。また、直隷では一串＝一〇〇文の小銭が通行していたという説もある。魏建猷『中国近代貨幣史』群聯出版社、一九五五年、六〇頁。

(4) 佐々木正哉「営口商人の研究」『近代中国研究』第一輯、東京大学出版会、一九五八年、二三八―二四〇頁。
(5) 私鋳銭としての小銭については、黒田明伸『中華帝国の構造と世界経済』名古屋大学出版会、一九九四年を参照。
(6) 顧炎武『日知録』巻一一「短陌」。
(7) 高士奇『天禄識余』巻上、銭陌。
(8) 褚人穫『堅瓠集』広集、巻四。
(9)『大清高宗純皇帝実録』巻一二〇五、乾隆四九年四月甲辰。
(10) 嘉慶『欽定大清会典事例』巻一九五、戸部、雑賦、落地牛馬猪羊等項雑税

〔乾隆四六年〕又奏准。盛京牛荘・蓋州・熊岳・復州・金州・岫巌等六城界内。養蚕之人。毎人納官山税課小数銭三千文。毎繭一千個。商人納小数銭一百五十文。

(11) 乾隆『欽定大清会典則例』巻四七、戸部、関税

奉天牛馬税四千八十八両。凡旗民貿易牛馬駝驘。計価一両。収税銀三分。驢毎頭収小数銭七百文〔以制銭三十三文為一百〕。毎羊収税銀五分。猪計価。毎千銭。収小数銭三十文。辺猪〔謂販来者〕収小数銭百文。圏猪〔謂自畜者〕収小数銭九十文。

亀甲括弧は割註を示す（以下同様）。この記述は康熙会典や雍正会典には見えない。

(12) 李華編『明清以来北京工商会館碑刻選編』文物出版社、一九八〇年、一三〇―一三二頁「糖餅行雷祖会碑」（嘉慶五年三月二一日）。
(13) 同右、九〇―九二頁「襄陵会館碑記」（嘉慶一八年正月一日）、一二九―一三〇頁「條行公所碑」（嘉慶二三年七月二一日）。
(14) 遼寧省檔案館編訳『盛京内務府糧荘檔案匯編』遼瀋書社、一九九三年、五七四―五七七頁「盛京内務府為査辦佐領石応屏包庇違紀領催・荘頭等事咨総管内務府」（乾隆三五年閏五月二三日）。
(15) 小田則子「清代華北における差徭と青苗会――嘉慶年間以降の順天府宝坻県の事例――」『東洋史研究』五八巻三号、一九九九年、一二一・一三二頁。
(16) 宣統『昌図府志』政治、財政

本属牲畜税項。刱行於嘉慶十九年。除解額外。余款留署辦公。其税章。牛馬騾毎価値百吊。収東銭五百文。驢毎頭収東銭一吊五百文。均另加票費五百文。猪羊毎口収東銭三百六十文。票費百文。

(17)『大清宣宗成皇帝実録』巻八一、道光五年四月甲子。「東銭」という言葉は松筠の上奏文中に出現するが、松筠が派遣されたのが熱河であったことは、巻七八、道光五年正月乙卯の条より確認される。
(18)同右、巻一二八、道光七年一〇月庚寅。
(19)同右、巻三七九、道光二二年八月乙巳。
(20)同右、巻二七、道光元年一二月辛卯。雙城堡で屯租の現物徴収が続けられたのは、深刻な穀賤のためであり、その背後には制銭の慢性的不足があったと推測される。
(21)同右、巻五三、道光三年六月己未。
(22)同右、巻四〇三、道光二四年三月甲戌。
(23)同右、巻一九〇、道光一一年六月乙未
諭内閣。福克精阿等奏。接済京旗生息銭文。請改収銀利一摺。吉林接済京旗発商生息本銀五万両。所有利銀。向係按照時価。易銭交納。茲拠該将軍奏。省垣銀庫。不敷存貯銭文。……著照所請。准将前項生息銀両。改収銀利。自道光十年起。無論銀価貴賤。毎歳年終。毎戸京旗改為賞銀五両。

同省寧古塔でも、地丁や税課を銭で代納することを許していたが、道光末に至って銀が不足したため、銀納に戻している。同右、巻四五二、道光二八年二月庚午。
(24)京都大学人文科学研究所所蔵「部照（署字第二六五号）」（光緒三四年六月三日発給）
礼部為換給執照事。本部官地。向由催頭招佃承租。本部按戸発給執照在案。……茲拠六圏佃戸王天利・邱徳龍呈。於光緒三十四年領南廠地二十四畝五分・長一□畝五分。毎年応徴額租銀一両四銭四分釐。……額徴租銀。仍照道光初年旧章。毎銀一両。折収制銭九百文。共折収京制銭二吊六百文。
(25)第一節で述べたように、奉天牛馬税のような雑税も、その実態は地方衙門の行政経費徴収に限りなく近かった。
(26)『大清文宗顕皇帝実録』巻二一五、咸豊六年一二月庚子。結局この提起は裁可されたが、もちろん吉林では京銭で徴収されたのであろう。
(27)光緒『欽定大清会典事例』巻二二一、戸部、塩法、盛京。なお、奉天で各種の釐金が実施された財政上の背景については、古市大輔「光緒初年盛京行政改革の財政的背景――東三省協餉の不足と盛京将軍の養廉確保の意図――」『東洋学報』七九巻一号、

一九九七年を参照。

(28)『大清穆宗毅皇帝実録』巻一二二、同治三年一一月己未。

(29)民国『順義県志』巻一一、金融、制銭。なお「京制銭」「東制銭」は、貨幣形態が制銭＝官鋳銭で計数方式が京銭・東銭＝短陌銭であると解釈しないと、文意が通らない。

(30)民国『遼陽県志』巻二〇、財賦、国家税、田賦、民国『錦西県志』巻四、政治、財政、国家税、田賦。

(31)民国六年刊『開原県志』巻五、政治、田賦、田賦旧率。

(32)民国『義県志』巻七、財賦、清収入類、田賦。

(33)民国『海龍県志』田賦、康徳『海龍県志』巻七、財政、国税、田賦旧率。

(34)光緒『奉化県志』巻一〇、兵賦、税則・舗司。奉化は後の梨樹県。

(35)民国『岫巌県志』巻二、政治、財政。

(36)民国『安東県志』巻四、政治、財政、国家税、田賦、同右、雑税、蔴税。

(37)民国『鎮東県志』巻四、人事、商業、幣制

江帖。本県与黒龍江省接壌。在洮昂路未通行時。市面通行者。以江帖為主幣。

(38)康徳『海城県志』巻四、人事、商業、度量衡制、民国『錦西県志』巻二、人事、商業、度量衡制、大同『北鎮県志』巻五、人事、実業、商務、衡制、民国一九年刊『開原県志』巻九、人事、実業、度量衡、民国『鉄嶺県志』巻五、商務、秤。

(39)民国『賓県志』巻二、幣制、清代

一。銅幣。初設治時。商民交易。通用制銭。以五百為千。去底六文。名曰中銭。与商家所出憑帖・現銀。三者並行。光緒二十年前。尤多見之後。漸奇絀。僅供十文以下找零之用。

一。紙幣。賓県設治後。以制銭不敷周転。殷実商号。均発行憑帖。以資周転。

なお同右、巻二、建置、城治によると、賓州庁の設置は光緒七年とされる。

(40)民国『珠河県志』巻九、財政、前代賦税

清光緒五年。設賓州庁〔即今之賓県〕。同知仿照長春・伯都納〔訥〕辦法。賦課地租。毎晌定為中銭六百六十文。合制銭三百三十文。嗣因制銭奇絀。改為銀銭両便。

これによると、納税の場合には毎串六文の去底はなされなかったらしい。

(41) 民国『樺甸県志』巻七、経制、銭法、銭法之総概

紙幣。設治前。此土已有商号発行之憑帖。其最著者。計有乾泰当・大興鍋・義泰昌各憑帖。充溢省南。流通頗久。

同右、計数之単位

樺甸貨幣。在交易間。計数之単位為文。以銅銭一個為二文。五個為一成。十成為一百。百成為一吊。其数実為五百個。昔年行使銅銭。毎吊減去十個。名之去底。通称九八銭。今銅銭已無。而計数仍以文為単位。沿用旧法也。

(42) 民国『樺川県志』巻五、貨幣、往事貨幣。

(43) 民国『呼蘭府志』巻三、財賦、銭幣には

職方氏曰。呼蘭本用銀之国。銀貴重物。難於剖析。制銭既欠乏。不能不輔之。以紙帖藉為交易之媒介。故自乾隆初元。迄於光緒中葉。皆為商帖称雄時代。維持焼鍋有帖。当舗有帖。小本商戸。以往往有帖。帖皆用銭。亦謂之花帖。商帖愈多。銀価愈漲。初時毎両値商帖三吊数百文。最後漲至十余吊。

とあり、憑帖は制銭の代替手段として使用された。辺境の呼蘭庁において乾隆初年より銭票が使われ始めたというのは一見奇異なように思われるが、乾隆元年が果たして商帖の濫觴なのかどうかはさておき、商品経済の発達に制銭供給が追いつかない地域にこそ銭票が活躍する素地があったという本章の見通しとは矛盾していない。

(44) 民国『璦琿県志』巻三、財賦、税捐。

(45) 民国『呼蘭府志』巻三、財賦、税捐。

(46)『宮中檔乾隆朝奏摺』第二輯、乾隆一六年一一月二七日、直隷総督方観承。詳しくは本書第四章を参照。

(47) 同書、巻八、封域中、風俗に

灤人習賈。在本地者十之二三。赴関東者十之六七。瀋陽・吉林・黒龍江三省之地。皆至焉。

とあり、東銭の行使地域は灤州商人の活動範囲とも概ね重なっていた。灤州を含む冀東商人の東北での活動形態については本書第八章を参照。

(48) 同治『遷安県志』巻一〇、建置、学校、書院義学、光緒『楽亭県志』巻五、建置中、義学田、光緒『臨楡県志』巻一〇、建置上、学校、郭永清文廟歳修記。

(49) 光緒『豊潤県志』巻三、倉儲、光緒『玉田県志』巻一三、賦役二、雑項、同右、巻一〇、建置三、学校、書院。
(50) 道光『万全県志』巻二、建置、学校、書院、光緒『延慶州志』巻四、学校、書院。
(51) 光緒『懐来県志』巻八、学校、沮陽書院、光緒『懐安県志』巻三、食貨、経費、書院生息・賓興生息。なお、前註(3)キング、六二頁によると、懐来では制銭三三〇枚が、張家口では三二〇枚が一串に相当した。また宣化府の西に隣接する山西省大同府陽高県でも、一串=三二〇枚であった。但し例外も見られる。民国期、大同・懐仁・左雲三県一帯の炭鉱では制銭で工賃を支給していたが、計数法は千文=制銭六六〇枚であった。『山西の石炭』南満洲鉄道株式会社東亜経済調査局、一九二七年、一二一頁。
(52) 民国『張北県志』巻五、戸籍、経済状況、貨幣、紙幣。
(53) 民国『順義県志』巻一一、金融、土票
城鎮各商自出。県西通行東銭票。多昌属高麗営鎮。毎張二吊・四吊・六吊・五吊・十吊不等。
(54) 民国『平谷県志』巻二上、恵政、留養局。
(55) 民国『文安県志』巻一二、政事、治法、学田、民国『良郷県志』巻三、賦役、田賦、雑徴、咸豊『固安県志』巻三、賦役、地糧、民国『覇県志』巻二、人民、習慣、貨幣価。
(56) 民国『安次県志』巻二、賦役、差徭。
(57) 一例のみ挙げる。民国『南皮県志』巻六、政治下、金融
全県行使銭幣。清光緒甲午以前。通用銅銭。……以制銭四百九十枚為一吊。謂之九八京銭。泊鎮則以四百八十枚為一吊。謂之九六。
(58) 拙書『清代の市場構造と経済政策』第八章「清代山東の棉業と華北沿海部の食糧政策」および第九章「清代直隷の棉業と李鴻章の直隷統治」、本書第九章などを参照。
(59) 加藤繁「満洲に於ける大豆豆餅生産の由来について」「康熙乾隆時代に於ける満洲と支那本土との通商について」(加藤『支那経済史考証』下巻、東洋文庫、一九五三年所収)。なお大豆移出と金融制度については、本書第六章参照。
(60) 岩井茂樹「十六・十七世紀の中国辺境社会」小野和子編『明末清初の社会と文化』京都大学人文科学研究所、一九九六年、六四〇―六四一頁。清末以降の対モンゴル交易については本書第十章を参照。
(61) 方観承『方恪敏公奏議』巻七、畿輔奏議「議覆多倫諾爾等処分別収税」(乾隆二五年一二月二日)。木材については、本書第十

章第一節参照。因みに、嘉慶『欽定大清会典事例』巻一九五、戸部、雑賦、落地牛馬猪羊等項雑税によると、古北口斗税として銭一七四四串が計上されている。この税は乾隆以前の会典には見られない。

(62) 黨武彦「乾隆初期の通貨政策――直隷省を中心として――」九州大学『東洋史論集』一八号、一九九〇年。

(63) 張国輝『晩清銭荘和票号研究』中華書局、一九八九年、四―一〇頁。

(64) 黒田明伸「二〇世紀初期太原県にみる地域経済の原基」『東洋史研究』五四巻四号、一九九六年、一二二頁。

(65) 前註（4）佐々木。そもそも乾隆期から清末まで銀銭比価は大きく変動しているにもかかわらず、東銭一〇〇文が制銭一六枚に固定され、地域間の相違も端数の換算を除いて見られないこと自体、東銭が銀ではなく制銭とリンクしていることを明瞭に物語っている。

(66) 民国『興城県志』巻七、実業、銭法暨貨幣

本邑自清初以来。市面通行。向以制銭為本位。用法以十六枚為一百。以一百六十枚為一吊。亦曰一千。後以制銭不敷周転。始由当地富商〔如公議店・当舗之属〕。印刷紙幣。通融市面。名曰憑帖。同時発行之紙幣。其通行最遠〔東至瀋陽。西至山海関〕。信用最著。当以錦帖為首屈一指。

公議店とは商人組合で振替通貨を発行する公議所のことであろう。倉橋正直「営口の公議会」『歴史学研究』四八一号、一九八〇年。

(67) 民国『岫巌県志』巻二、政治、財政、貨幣、康徳『梨樹県志』丁編人事、巻四、実業、金融。

(68) 民国『安東県志』巻四、政治、貨幣

県境水陸交通。商戸輻輳。光緒甲午以前。各項交易。除大宗用銀両外。皆使制銭。毎制銭十六文。作為一百。名曰東銭。嗣以実銭甚少。舗商交易。概使銭飛。一名飛子。輾転易換。名曰抹兌。換取実銭。折扣甚鉅。農民苦累。商販寒心。市廛因以蕭条。光緒十六年。知県盛昌華。変通銭法。酌中定章。凡舗商開使銭飛。数在十吊以内。並十吊至五十吊。各付現銭一吊。五十吊至一百吊。付現銭二吊。一百吊至二百吊。付現銭三吊。二百吊至一千吊。付現銭四吊。在舗商。不致支絀。郷民得以零用。商民称便。共頌徳放〔政〕。立碑於庁事前。以紀其事。当時貨幣艱窘。可以概見。

(69) その経緯については、前註（4）佐々木、二三七―二三八頁、前註（63）張、五―一二頁などに詳しい。なお宝興の奏摺は『大清宣宗成皇帝実録』巻三一〇、道光一八年五月丁未の条に収録されている。

(70)何れも中国第一歴史檔案館所蔵の硃批奏摺（『宮中硃批奏摺財政類』MF六三巻所収）による。

(71)『大清仁宗睿皇帝実録』巻二二五、嘉慶一五年二月壬辰
又諭。……又給事中何学林請禁奸商一摺。拠称。京城銭舗。与銭市通同一気。兌換銭文。毎千多有短少。往往換銭之人。向争不理。並有狡猾舗戸。多出銭票。陡然関舗逃匿。致民人多受欺騙等語。亦著歩軍統領衙門及順天府・五城。実力査禁。並照該御史所請。厳立章程。開張銭舗者。必令五家互出保結。遇有関舗潜逃之事。即令保結之家。照票分賠。其換出銭文。除照向例銭市与舗家。准各扣底四文外。如有任意短少。許換銭之人。扭稟地方官。随時究治。以儆奸欺。而便民業。

(72)銭差しにおける差し引き慣行も、銭票の割引兌換と同じ役割を果たしていたものと思われる。一串につき二〇枚を差し引く銭法の下では、銭差し一串は銭一〇〇〇文の価値を有するが、それを九八〇枚の現銭にばらすと銭九八〇文の価値しか持たなくなる。これにより撰銭などの目的で銭差しをばらそうとする力は減殺されるのである。

(73)次章にて詳述するが、京銭行使地域である山東省兗州府に残された孔府檔案によると、たとえば道光二一年、李学文は経紀の仲介で老牛を売却し、代価の京銭三一串を全て銭票で受領した。内訳は、曲阜の来泰銭票が八串、同じく万慶銭票が三串、鄒県の慶祥号銭票が二〇串であった（曲阜師範学院歴史系編『曲阜孔府檔案史料選編』第三編、第一四冊、斉魯書社、一九八二年、五二九頁「小甲李学文稟為経紀同謀私改銭票局騙耕牛懇恩移会追償事」）。また道光七年、李克恭は孔伝成に対し京銭二〇〇串を銭票で貸し付けている（同右、第一五冊、一九八一年、二七一二八頁「兗州府移覆為李克恭孔伝成借債互控一案已飭曲邑提究事」）。但し、これらの史料は蓋平県の事例と同様、何れも道光年間のものであり、地方銭が登場する乾隆期から銭票で取引が行われていたのかどうか不明である。現銭に比較的余裕があった過渡期には、高額取引においても現銭と銭票との混用や現銭のみによる地方銭建て決済が行われていたことも十分考えられる。なお、孔府周辺では一七六〇年代頃より、土地売買が銀建てから急激に銭建てへと移行するが、銭の内部では乾隆末年から京銭建ての割合が相当多くなるようである（岸本美緒『清代中国の物価と経済変動』研文出版、一九九七年、三五五頁）。

(74)康徳『海龍県志』巻七、財政、地方金融。

(75)それでは何故、紙幣の幣制は三種類も必要であったのか。短陌の陌数が低いほど、当該社会が準備しなくてはならない小銭は少なくて済む。それ故、まず制銭から京銭が分化し、次いで宣銭が生まれ、最後に東銭が出現した、つまり貨幣需要に較べて現銭量の少ない地域が、より低い短陌を導入したのではなかろうか。

第三章　清代の京銭と折銭納税

はじめに

明清時代の中国幣制は銀と銅銭の並行本位制であった。銀は秤量貨幣として使用されたが、銅銭は計数貨幣として使用され、基本的に銅銭千枚を一串（貫・吊・弔とも表記）と数えた。しかし地域によっては千枚未満の銅銭を一串と見なす計数習慣が存在した。これが短陌慣行である。陌とは百文に相当する銅銭の枚数のことであり、足陌（一〇〇陌）に満たないものを短陌と呼ぶ。

前章で明らかにしたように、清代華北東部・東北地方の短陌は、大別すると①直隷北東部（承徳府・永平府・遵化州）から奉天で通行し、制銭一枚を六文と数える（一六陌の）東銭、②直隷北西部（宣化府）で通行し、制銭一枚を三文と数える（三三陌の）宣銭、③直隷中南部・山東・吉林・黒龍江で通行し、制銭一枚を二文と数える（五〇陌の）京銭の三種類であった。北京は東銭と京銭がともに通行していた。このような地方銭は雍正・乾隆期頃から史料に登場し、一九世紀に普及した。国家財政は銀または制銭を基準として執行されていたが、差徭銭の徴収や書院維持経費の支出など、州県で完結する財政収支は地方銭建てでも行われた。本章が分析の対象とするのは③の京銭、特に直隷・山東で使用された京銭である。

租税を銅銭で徴収していた唐宋時代には、民間流通のみならず国家財政においても短陌が用いられていたが[1]、銀納化が徹底した清代においては、短陌と財政との関係は州県収支の一部を除き、原則として断ち切られた。但し例外が一つ存在する。それは一九世紀に山東省で行われた銭糧の京銭での折納（振替納税）である。銭糧は本来糧戸が銀で納めるべきものであるが、本論で詳述するように、税額が微少な小戸や銀の入手が困難な地方については銭での代納が容認されていた。それにしても、正規の計数単位である足陌ではなく、民間の商習慣に過ぎない短陌を基準に折銭を許したのは何故だろうか。

京銭が選択された理由としてまず最初に考えられるのは、銀との互換性である[2]。折銭納税の場合、州県は納付された銭を銀に換え、更にそれを元宝銀（庫平銀）に傾銷（改鋳）して布政司庫に起解しなければならなかったから、もし京銭が銀と常に一定の比率で交換できるならば、銀価変動の影響を回避できるという利点が生まれるであろう。しかし結論から言えば、京銭は宣銭や東銭、あるいは江南の七折銭[3]と同じく、銀とはリンクしていなかった。一八世紀末から一九世紀にかけての銀銭相場の長期変動や銭価騰貴の季節性にもかかわらず、京銭と現銭との比価は常に一対二（京銭二文＝制銭一文）に保たれていたのである。

次に考えられるのは、京銭が宋代の省陌のような国家公定の短陌であった可能性である。だが、上述の四省以外で京銭を単位とした財政収支の事例が見いだせないことから、京銭はこの地域特有の商慣行であったことは疑問の余地がない。

第三に考えられるのは、「京銭」表記が現物の銅銭とは異なる貨幣形態での支払いを含意しているのではないかということである。前章で考察した通り、奉天の蓋平県で通用していた東銭は、銭票（商人が発行する銭為替）の貨幣単位であった。京銭も東銭と同様、銭票との関係が深い貨幣単位であるとすれば、山東における京銭での折価納税は、現銭での納付を排除しないものの、銭票での納付が可能であることを意味するのではないだろうか。そして国家もまた、銭票納税がもたらす何らかの副次的効果を期待していたのではないだろうか。

この仮説を検証するため、まず第一節では、山東における銭糧の京銭折価の実態を明らかにする。続いて第二節では、折価額が京銭で規定されている意味、つまり国家や社会が京銭折価によって得られる利点を、銭票との関係から考察する。

ところで、従来の財政史研究では、明代における税や役の銀納化については、これを商品経済の発展に伴う現物納から貨幣納への進化として位置づけ、深い関心を寄せてきた。しかし清代の折銭については、表面上貨幣形態が銀から銭へ変更されただけに過ぎないため、折価額に含まれる浮収の問題を除き、ほとんど注目してこなかった。私もこれまで清代後期の財政基調を、州県による浮収の拡大と人民の負担増が太平天国の乱によって限界に達し、これが洋務派地方官僚による財政改革（陋規需索・規礼饋送体系の大幅な整理と、省レベルでの財政集権化）を引き起こしたという文脈で捉えてきた。(4)

税が現銭で徴収されていたのであれば、折銭問題は浮収に限定されるであろう。しかし山東の京銭折価は銭票形態での納税と密接な関係があったものと考えられる。実際、道光末より政府は官銭票の発行に乗り出すのである。折銭納税は単なる貨幣形態の変更にとどまらず、税財政と通貨政策を結びつける役割も担わされていた。すなわち国家が銭票を振り出し、徴税を通してそれを回収することによって、はじめて現銀や現銭の移動を伴わない、身軽で安定的な税体系が完成するのである。そこで第三節では、咸豊期の紙幣政策とその挫折、および光緒期の幣制改革がもたらした京銭折価の新展開について論じる。

一　折銭納税の展開

　周知の通り、清代の銭糧は原則として銀で徴収された。清代前期には、州県官は銀匠（銀舗・銀号・銀店などとも呼ばれる両替商）に命じて重量や純度の異なる雑多な銀塊を元宝銀に傾銷させ、これを布政司庫に起解し、銀匠のいない僻小の州県では、省城の官銀匠や銀舗に傾銷を委託していた。(5) しかし乾隆三五年（一七七〇）、直隷省で省都保定の銀舗何彪年が布政司の書吏と結託し、傾銷のために預かった銀を使い込むという事件が発覚した。これを契機に乾隆帝は、州県より起解された税銀はまず布政使が純度を検査し、傾銷を必要とするものだけを銀舗に送り、布政使の選んだ委員・差役と州県が派遣した差役との立ち会いの下で吹き直させるとともに、今後布政使は毎年末に不正の有無を報告するよう命じた。(6) この後しばらく銀舗の弊害は見られなくなるが、乾隆六〇年には、福建布政司の庫吏であった周経が銀店を開業し、州県から送られてきた地丁銀を傾銷して、銀四万両を着服していたことが露見し、乾隆帝は周経と彼を任用した巳革閩浙総督伍拉納（乾隆五〇年七月―乾隆五三年七月布政使在任）の取り調べを命じた。(7)

　銀舗の不正行為は布政司にとどまらず、州県にも及んでいた。たとえば乾隆五四年（一七八九）には、湖南省沅陵県の県民李茂才が「本県の銀匠周岐山が乾隆四六年より櫃書と結託し、銭糧一両につき火耗とは別に一銭九分の割り増し徴収を行っている」と訴えている。(8) また乾隆五〇年には、山西省高平県の郷紳陳銑が「本県の戸書宋廷彦らが銀匠中嘉錫らと結託し、銭糧を銀一銭につき制銭一二七文という高率の折価額で包攬（請負徴税）した」と訴えている。(9) 銀舗は市中に通行する低潮銀（純度の低い銀）や制銭を元宝銀に換えて納税しなければならない。銀舗はここに付け入り、両替や傾銷に際して高額の割増料金を請求したり、銭糧自体を包攬したりして利益を得ていたのである。人民にとっては、州県の銀舗こそが需索の元凶であった。

乾隆帝の死後、親政を開始した嘉慶帝は、銀舗による包攬を禁止する一方、折銭納税を容認する政策を採った。嘉慶四年（一七九九）一二月の上諭によると、「各省の州県官の多くは、銭糧の徴収に際して浮収を行っている。たとえば江蘇省では、官が銀店を設置し、銭糧一両につき銀三―四銭を割り増し徴収しており、銭で納税する者からは一両当たり制銭一四〇〇―一五〇〇文も徴収している。州県官が浮収を行う一方、胥吏も需索を働いている。……銭糧については、本来民間の自封投櫃に委ねるべきものであり、久しく官店の私設を厳禁し、浮収を防止してきた。しかし郷民の中でこれまで銭で折納してきた者は、銀の品位が見分けられないので、折銭を禁止するとかえって胥吏につけ込まれるであろう。そこで各督撫は徴税開始に先立ち、銀の時価に照らして振替納税すべき銭数を定め、一両につき制銭何文を徴収するかを告示して、人民に銀納・銭納のどちらかを選択させ、僅かでも浮収を行ってはいけない」とあり[10]、浮収の禁止と引き替えに、従来慣行として行われていた折銭納税をはじめて公認した。

この上諭により銭糧の包攬が全廃されたとは思えないが、浮収は概ね沈静化したようである。しかし山東省だけは折銭による浮収が続いた。そもそも山東では、乾隆初より税額一銭未満の小戸についてのみ、折銭納税が認められていた[11]。そこで嘉慶七年（一八〇二）五月、御史王寧焯が「萊州府の高密・昌邑両県では全ての銭糧を毎両それぞれ制銭一四五〇文・一六五〇文で折価納税させており、他にも折銭を実施している所が少なくない」と上奏したのに対し、嘉慶帝も「銀で公定された銭糧を銭で折価すると、州県官は銭での定額がないことに付け入り、勝手に折価額を引き上げて人民を需索するであろう」と判断して（一銭以上の）折銭納税を厳禁するよう命じている[12]。ところが翌嘉慶八年四月、山東巡撫鉄保が「大都市や客商が集まる交通の要衝では銀を手に入れ易いので、通例通り一銭以上は銀で納税させるべきであるが、山僻の小邑でこれまで銀舗のなかった地方では、人民の都合に委ね、州県が旬報する銀価に準じて折価すべし」と上奏し、折銭対象の拡大を願い出たのに対し、嘉慶帝は大筋でこれを許した。但し、州県の報告する銀価は信頼できないと判断し、「巡撫が司道を督率して随時銀価格を調査し、折価額を決定せよ」と命じた[13]。

これにより、高密・昌邑など山東半島の「山僻の小邑」では、納税額の多寡を問わない全数折銭が公認されたのである。なお、正項銭糧に始まった山東の折銭納税は、やがて漕米にも拡大されるようになった。嘉慶一四年、済南府平原県では原額一斗につき本色二斗か京銭一二六〇文を徴収している。[14] そしてこの頃から折価額の表記が京銭に統一される。

では折銭納税により、州県官や糧戸は如何なる影響を受けたのであろうか。州県官は銀納・銭納を問わず、布政司庫に銀で税を送付する義務を負っているから、折銭納税の場合、当該地方に銀舗がないのであれば、徴収した銭を省城か大都市まで運び、銀舗にて銀を買い入れねばならず、銀納より手間がかかる。しかし折価額が市価より相当高めに設定されていれば、負担を相殺して余りが出るだろう。折銭納税は、いわば州県官自身による銭糧・漕米の包攬なのである。従って彼らは折銭を歓迎した。逆に糧戸にとっては、納税が容易になるどころか浮収の一方的増大を招き寄せかねないので、後述するように、彼らは折銭納税に強く反対した。

一方、折銭納税が許されない地方でも銀舗や郷紳・書吏による銭糧の包攬は広く見られ、糧戸にとって相当の重荷となっていた。嘉慶一一年（一八〇六）、直隷省河間府粛寧県では、生員路景和が戸書王大成と結託して銭糧を包攬し、毎両京銭三一〇〇文を徴収していたとして、県民郭素安に告発されているが、[15] 京銭三一〇〇文は制銭に換算すると一五五〇文であり、高密・昌邑の折価額と遜色ない。また道光二年（一八二二）、同府阜城県では、公定の折価額が毎両京銭二千数百文程度であったのに、知県賈懋功が勝手に三〇〇〇文に増額して彼の兄に包攬させ、住民の恨みを買っていた。[16] この他嘉慶一七年、泰安府東阿県では、前年袁知県の下で櫃書の張沛と劉桐が銭糧を折銭して包攬し、董文明の銀舗で銀を買って代理納税しており、[17] また銭糧とは若干性格を異にするが、曹州府鄆城県では、李錦亭と張清玉の銭荘が孔府の田租を包攬し、孔府の屯官が両店より未納分を追徴しているように、[18] 包攬の事例には事欠かない。嘉慶二三年には、御史盛唐が直省州県における折銭納税に便乗した浮収を厳禁し、今後は督撫・布政使・道府に命じて厳しく監督させるよう奏請して裁可されたが、[19]折銭の弊害は止まなかった。

道光年間に入ると、銀貴銭賤を背景に折価額は漸次引き上げられ、糧戸との緊張も強まった。道光八年（一八二八）には、某人が「登州府黄県では従来折価額が毎両京銭三四〇〇文であったが、今年三月、知県が三六〇〇文に値上げしようとしたため、県民は旧額の据え置きを求めて県衙門へ請願に来た。しかし知県は彼らを厳しく責め立てた。この日はちょうど市の立つ日であったので、彼らは人を集めて役所に押し入り、扉や門を打ち壊した。そこで登萊青道は軍隊を率いて暴動を鎮圧し、数人を召し捕ったが、その後も差役を遣わして住民を詮議し、逮捕者の一部は府城で責め殺された」「山東の銭糧は、嘉慶年間には毎両三一〇〇―三二〇〇文であったが、現在では四〇〇〇文に達する地域もあり、銀の市価二六〇〇文と較べると、折価額はほとんど二倍に近い」などの事例を挙げ、折銭により山東が疲弊している状況を上奏し、[20]調査を命じられた巡撫琦善も、黄県の知県であった李肇敏が銀価昂貴を口実に勝手に折価額を引き上げ、不当な需索を働いていたことを確認した。[21]同年一二月には、御史王兆琛が「近年山東では、銭糧の折価額が日ごとに増大している。たとえば寧海州では、銀一両につき京銭四二〇〇文を折徴し、諸城県では京銭四二六〇文を折徴している。本年黄県で起きた騒動は、銀価昂貴を口実にした銭糧の増徴に起因するものであり、現在他州県でも銀貴を理由に折価額を引き上げている。しかし近年来、本省の銀価は庫平一両につき京銭二五〇〇―二七〇〇文前後で、時として増減はあるが、大きな変動はなく、今年だけ特に高いわけでもない。それにもし銀価が高騰しているのなら、何故定例に従い銀で納付させせないのか。あくまで銀での納税を拒むのであれば、旧来の額に従って折銭すれば何の問題も起きないであろう。にもかかわらず折価額は日ごとに高まり、とどまる所を知らない。官は不足をきたすと民から収奪するが、民は不足をきたしても誰から収奪できようか」と述べ、折価額の高騰が銀価の上昇を遙かに上回っていることを訴えており、道光帝も「各州県の銭糧徴収には自ずから一定の規則があり、任意の増徴が日一日と激化することをどうして放置できようか。偏僻の地方や畸零の小戸で、銀で納税することが困難な者については、従来通り銀納か折銭かを民の選択に委ね、おしなべて折銭を強制することは許されない」と判断し、再度琦善に命じて、州県による折銭強制と折価額の引き上げを厳禁した[22]。

同様の現象は河南省や江蘇省でも見られる。道光九年、河南では銀価が制銭一四〇〇文程度であったが、新鄭・禹州・許州・霊宝等の州県では折価額が毎両二〇〇〇―二三〇〇文に達し、前年と較べても二〇〇文程度増やされていた。この値は山東より高い。同じ頃江南でも銭糧や漕米の高額な折価が深刻な問題となっていた[23]。

しかし、度重なる折価額の吊り上げ禁止命令にもかかわらず、山東の折銭浮収問題は沈静しなかった。道光一〇年正月には御史王瑋慶が、琦善の処置以降も事態が全く改善されていないことを上奏し、道光帝は巡撫訥爾経額に折価額の引き上げを規制するよう命じている[24]。そして道光一一年、黄県の南の登州府莱陽県で再び暴動が発生した。

山東巡撫訥爾経額から事件の報告を受けた道光帝は、同年七月、次のように命じている。「山東省莱陽県で銭糧を徴収した時、同県の民人孫相聖らは（知県が）銀価高騰を口実として折銭を強要し（たとして）暴動を起こした。知県の鄧肇嘉は、同県では以前より銭舗が（糧戸より）銀を受け取り銭に折価して（銭糧を）代納していた実態を報告せず、自封投櫃は舗戸や書吏が結託して需索するのを防止し難いとだけ言う。知県は明らかに弊害の存在を知りながら、ことさらに事態を粉飾している。そこでまず鄧肇嘉を罷免して巡撫に引き渡し、証人を取り調べて事件を究明し、律を按じて処断せよ」と。調査を終えた訥爾経額は、「鄧肇嘉は旧章を遵守して徴税を行っていたが、ただ銭舗が書吏や銀匠と結託して銀価を吊り上げたことに対する監督不行き届きと、同県では大戸が自封投櫃で小戸が銭舗による代納であった事実をはっきりと具奏しなかったことにより、吏部に送り処分すべし」と上奏し、受理された[25]。

この事件から読み取れることは、折銭納税の弊害は、州県官が折価額を任意に吊り上げ浮収を行うという単純な図式では理解できないことである。訥爾経額の報告によると、鄧知県は暴動の原因を、糧戸が自封投櫃のため銭舗より銀を入手しようとした時、銭舗が書吏や銀匠と結託して銀価を吊り上げたことに求め、咎を銭舗・書吏・銀匠に帰した。しかし知県は、同県では本来大戸が銀納で自封投櫃、小戸が折銭納で銭舗による包攬であったこと、更に銀納であるべき大戸にも銭舗を通じた折銭包攬を強要していたことを隠蔽していたのである。つまり孫相聖の暴動は、知県の関知しない所で銭舗らが折価額を吊り上げていたからではなく、より有利な銀での納税が認められており、また銀の取得も可能であるにもかかわらず、折銭納税（具体的には、銭舗が糧戸の銭糧を一旦割高な折価額で銭に換算し、これを再度市場価格で銀に換算して、銀で徴収すること）を強要されたことに反発して起こされたのである。換言すると、鄧の罪は、大戸・小戸を問わず銭舗による包攬を強制していたことなのである。

一方、御史王瑋慶はこの件について「山東の各州県では銭糧の徴収に当たり、皆銭で徴収して銀に振り替えている。前の山東巡撫琦善は、黄県では従来毎両（京銭）三四〇〇文に折価していたのに、知県李肇敏が二〇〇文を加えたとして、李を罷免し、今後は皆、今回奏明した章程（後述）に照らして、均一の折価額で徴収するよう処置した。ところが各州県はこれに従わず、折価額をどんどん引き上げており、弊害が頻出している。たとえ上司が調査しても、州県官は互いに口裏を合わせ、多く取って少なく報告し、不正を隠蔽するのである。たとえば萊陽県は、これまで銀の代わりに銭を徴収してきたのであり、自封投櫃（を行っている）という説はない。その隣の黄県では毎両三四〇〇文に、招遠県では毎両三六〇〇文に折価しているにもかかわらず、同県は突然折価額を四〇〇〇文に引き上げたので、県民が激怒して県衙門に集まり、めいめい（その不当性を）訴えた。しかし知県は彼らを逮捕監禁し、数え切れない程打ち据え、（上司には）事実を隠蔽して具稟したのである。今彼は既に解任されており、厳しく取り調べて懲戒すべきであるが、山東の州県で（このような不正を行っているの）は、おそらく萊陽一県にとどまらないであろう」と上奏し、道光帝も「州県は旧章に従って銭糧を正しく徴収し、任意に増額してはならない。山東省は既に（琦善によって）毎両三四〇〇文の定数を奏明しているにもかかわらず、どうして該御史が言うように、四〇〇〇文に引き上げるという暴挙を行ったのか」と応え、訥爾経額に事実確認と浮収を働いた者の処罰を命じた。(26) 王瑋慶によれば、黄県の暴動の後、琦善は銭糧折価額画一章程を制定し、毎両京銭三四〇〇文に固定したが、萊陽知県の鄧肇嘉は「同県では自封投櫃に委ねている」と虚偽の報告をする一方、糧戸に毎両京銭四〇〇〇文の折価額を強制し、撤回を求めた県民を捕らえて陵辱したらしい。これを訥爾経額の上奏と重ねると、鄧肇嘉は上司には銭舗・書吏・銀匠が自封投櫃に便乗して不正を働いたと報告し、実際には大戸にまで折銭納税と銭舗による包攬を強制し、銭舗が毎両京銭四〇〇〇文で折価徴収することを容認した（あるいは鄧自ら四〇〇〇文の値を公定した）ことになるであろう。

萊陽県の事例から、州県の浮収は高率折価額の強制と銭舗による銭糧包攬の強制を通して行われていたことが明らかとなった。折銭納税は本来、銀の取得が困難な階層や地域、すなわち正額一銭以下の小戸と両替商がいない「山僻の小邑」に対して、恩恵的に適用されるべきものであった。しかし実際には、銀を所有する大戸や銭舗・銀匠のいる県に対しても一律に適用され、浮収の手段として悪用されていた。先の高密・昌邑も今回の黄県・萊陽も山東半島の流通が盛んでない地域に属するが、王瑋慶が危惧するように、折銭納税の弊害は省内の他地域にも広まっていたであろう。そして彼らの収奪は銀貴銭賤の進行に伴って次第に激しさを増し、かえって虧空（財政の穴あき）の傷口を広める結果をもたらしたのである[27]。

そして結論を先取りすると、萊陽県の事件は、折銭納税という官の行為において何故民間の商習慣に過ぎない短陌が用いられたのかという冒頭の疑問に対して、若干の手掛かりを提供している。もし州県官が実際に銭で銭糧を徴収し、これを省城や大都市の両替商に持ち込んで銀と交換していたのであれば、換言すれば銭の収支がたとえ一時的であれ州県の財政帳簿に記録されたのであれば、当然それは官の計数方式である足陌（制銭・大銭）で表記されていたであろう。しかし実際には、銭を受領するのは銭糧を包攬する銭舗であり、彼らは州県には銀で税を納付していたのである。従って官にとっては折価額を足陌で表記する必要はなく、糧戸や銭舗が日常的に用いている京銭建てで表記しても構わないのである。

ただ、銭糧が包攬されていたことは折価額の短陌表記を可能にするが、それを必要とはしない。たとえ制銭建てで表記されていても、銭舗はそれに見合う京銭数を糧戸に提示すればよいだけである。京銭は制銭の半分の五〇陌であるから、計算の便を考慮したとも思えない。それでは、折価額を敢えて京銭で表記しているのは、どのような意味があるのだろうか。次に京銭の実態について検証しよう。

二　京銭と銭票

清代の華北東部から東北地方には、東銭・宣銭・京銭という三種の短陌が存在した。この内東銭は、現銭の蓄積が乏しいにもかかわらず、雑糧や豆貨の移出を契機として一八世紀後期より貨幣経済が次第に浸透した奉天一帯で通行した。それ故東銭の使われ方は、小額取引では現銭を用いるものの、高額取引では銭票が広く用いられた。東銭はいわば、現銭決済を排除しないものの、銭票決済を受け付ける貨幣制度であった。それでは、京銭もまた東銭と同じく銭票での決済が可能であることを含意する短陌なのであろうか。

まず山東省における京銭の普及について見よう。清代の孔府檔案に見られる土地売買の取引形態を分析した岸本美緒によると、孔府が置かれた兗州府とその周辺では、一七六〇年代を境に銀建てから銭建てへの急激な転換が見られ、銭の内部では乾隆末年から京銭建てが相当多くなるようである。[28] 金銭貸借関係では、乾隆四五年（一七八〇）の京銭建て借銭事例を嚆矢として、乾隆四九年、乾隆五一年と続く。[29] 嘉慶一三年（一八〇八）八月には、汶上県の孔府荘田の頭目（管理人）趙広玉が小作料の麦を協興銭号に京銭一六九串五〇〇文で売却し、債務を清算した残り京銭一三四串六〇文を翌年二月に受け取る契約を交わしている。[30] 租佃関係でも、孔府への租銀を京銭で折納している事例が多数見受けられる。[31]

国家との関係で言えば、既に見たように、銭漕の折価は嘉慶一〇年代頃から京銭建てに転換した。道光元年には、済南府長山県で官が米二一〇石を毎石京銭六五〇〇文で買い入れており、[32]京銭建てでの支出も行われた。ただ差徭の京銭折価は、直隷では散見されるが、[33]山東では見られない。

京銭建て契約が具体的に如何なる貨幣形態で決済されていたのかを示す史料は少ない。ただ道光一八年（一八三八）、四川総督宝興が蓋平の不換銭票の弊害を指摘し、道光帝が各省の督撫に銭票の行使状況を調べさせた時、山西巡撫申啓賢は「民間における房地の購入、米粟の売買、貨物の貿易については、銀を用いる所が少なく、銭を用いる所が多い。値段が千文のものは、なお現銭にて取引するが、数十千・数百千以上のものは、現銭の運搬が困難なだけでなく、銭数の検査や小銭の排除にも手間がかかり、短時間では手続きが完了しない。そこで江蘇・浙江・福建・広東等省では洋銭を使用し、直隷・河南・山東・山西等省では銭票を用いるのである」と回答しており、[34]道光中期の華北では、比較的高額の取引には現銭ではなく銭票が遍く利用されていたようである。それでは、銭票と京銭との関係はどうであろうか。孔府檔案に見えるものでは、道光七年（一八二七）、李克恭が孔伝成に対し京銭二〇〇串を銭票で貸し付けている。[35]また道光二一年、小甲李学文が経紀の仲介で老牛を売却し、代価の京銭三一串を全て銭票で受領したが、その内訳は、曲阜の来泰銭票が八串、同じく万慶銭票が三串、鄒県の慶祥号銭票が二〇串であった。李は直ちに慶祥号へ赴き、現銭への兌換を申し込んだが、慶祥号はこれを私改（変造された銭票）だとして支払いを拒んだ。[36]申啓賢の観察や孔府檔案の事例から、山東では遅くとも道光年間のあたりから、京銭建て契約の多くが銭票によって決済されるようになったものと判断される。

嘉慶から道光にかけて、山東では商品流通の発達などを背景として銭使用が増大し、現銭の不足をきたすようになった。そこで道光初、署山東巡撫・布政使楊健（道光二年一二月―道光三年三月巡撫兼任）は牙行・経紀に命じて、銀に換算して二〇両以上の民間交易における銭決済を禁止し、銀での決済を強制させた。これに違反する者は、毎両銀六分の罰金を科し、使用した銭を銀一両＝制銭一〇〇〇文の公定換算率で銀と強制交換させた。[37]とは言え、山東は銀使用がさほど普及しておらず、それどころか乾隆後期に銀建てから銭建てへと転換した地域であった。従って実際には銀ではなく、銭票が代替手段として用いられたものと考えられる。銭票も銭の一種のはずであるが、その使用を制限した形跡はない。なお、楊の布告文は光緒一四年（一八八八）の牙帖給付文書にも転載されており、[38]高額取引における現銭使用禁止令は清末まで継続された。

銭票とは現銭の軽齎手段として銭舗が振り出す一覧払い手形のことであり、各種の舗戸が発行するものもある。黒田明伸は銭票が県を越えて通用することは一般にないと言うが、[39]前章で考察した道光中期の蓋平銭票は省都盛京でも通行する事実上の不換紙幣であったし、前出の李学文は老牛の売価を曲阜と鄒県の銭票で受領していたように、清代の銭票は県境を越えた広い範囲で通行し得た。ただ民国期の夏津県では、全省規模で流通する銀行鈔票の他、富裕な商号が振り出し集鎮規模でしか通行しない銭帖が存在し、[40]また登州府寧海州・萊陽県では、咸豊年間（一八五一—一八六二）より額面一串から二串程度の竹籤（竹製銭票）が用いられたように、[41]広域で流通する一般銭票と並行して局地的な銭票も使用されたようである。

銭票は乾隆年間より北京から広まったと言われているが、当初は兌換のための準備率が一〇〇パーセントで、額面価格にて振り出されていた。つまり一定の銀と両替される銭は、現銭でも銭票でも同額であった。ところが銭舗は受領した銀を他者に貸し付けて利息を得ていたので、銭票との両替を促進するため、銭票を割引価格で（プレミアムを付けて）発行するようになった。また現銭への兌換請求が集中して取り付け騒ぎが起きることを防ぐため、券面には「外兌」「換外票」の文字が記され、他舗の銭票とも交換できることが約束されていた。[42]こうして銭票は次第に信用貨幣への道を歩み始めた。

貸付金が円滑に回収され続ける限り、不換銭票は信用を拡大し、流通を促進するであろう。しかし債権が焦げ付き、資金循環が目詰まりを起こすと、急激な信用収縮が発生する。京師における最初の金融不安は嘉慶一五年（一八一〇）二月に起きた。給事中何学林から銭舗の偽装倒産について報告を受けた嘉慶帝は、銭舗開業者に対して五家の連帯保証人を立てさせ、倒産の予防を図った。また銭票の発行や兌換における割引率を一〇〇〇文につき四文に公定して、銭票の過剰発行を抑制すると同時に、払い戻し請求者に対する不当な割引兌換を禁止した。[43] 但し既存の銭舗にも連帯保証人を求めると信用不安が加速するので、同年五月には、保証人制度を新規開業者のみに適用するよう変更された。[44] 続いて嘉慶二一年には、御史王維鈺の奏請を受け、京師における銭票の割引兌換が禁止された。[45] 割引発行に対する禁止措置は執られていないが、プレミアムを付ける余裕はなくなったであろう。

しかし一連の措置が実施された後も、京師の金融不安はくすぶり続けた。道光二年（一八二二）一一月には署北城御史薩斌らが銭舗の偽装倒産を厳禁するよう奏請し、[46] 翌一二月には御史楊騰達が私鋳銭混入率の急上昇を指摘した。[47] これらを前触れとして、道光五年三月には大規模な銭舗の倒産が発生し、政府は新開・旧設を問わず、全ての銭舗に五家の連帯保証人を立てさせることで金融秩序の再建を図った。恐慌は一旦終息したかに見えたが、道光一〇年一二月には銭舗の連鎖倒産が再発し、政府は大興・宛平両県の知県に銭舗開設希望者の資産状況を調査して富裕であることを確認させ、今後新開銭舗が倒産した場合には保証人となった当該知県を処罰するという荒療治を行った。[48] この間の道光八年には蓋平の五家銭舗が不換銭票の発行を開始し、道光一五年に覚羅宜鉅が彼らを告発したため、盛京将軍奕経は翌一六年、その発行を禁止した。[49] この事件が発端となり、道光一八年、宝興が銭票の禁止を奏請したのである。

道光帝の諮問に対し、京外各官は次のように回答した。まず京師の治安を預かる歩軍統領奕経は、前述の通り、不換銭票の存在を認め、不換券のみを回収させるよう提案した。一方、外省督撫は口を揃えて当該地方では不換銭票が出回っていないと報告し、銭票禁止案の非現実性を訴えている。京銭の流通圏である直隷および山東についてみると、直隷総督琦善は「直隷所属の州県は、農民が八―九割を占め、富商大賈はいない。天津や鄭州のような商業の盛んな都市では、外省の商人が商品を携えて往来するが、銭票は場所を換えると使用できなくなるので、住民と客民が交換する銭票もさほど多くない」と答え、[50]また山東巡撫経額布は「東省の各銭舗は銀を両替する際に、現銭・銭票いずれにも兌換しており、銀を銭票だけと替えてはいない。振り出した銭票は発行元で現銭と随時兌換されており、券面に外兌・換外票などの文字は書かれていない」と述べており、[51]両省の銭票は蓋平や京師のそれとは異なり、現銭との兌換が随時可能であり、また域外で発行された銭票との交換はされていないことが確認される。

以上のように、乾隆後期より山東で広まった京銭は、東銭と同様、銭票での決済を可能とする通貨制度であった。道光年間には高額取引における現銭決済が禁止されたことも追い風となり、銭票決済の割合はより高まったであろう。一般に銭票を発行するのは銭舗であるが、汶上県の頭目趙広玉が小作料の麦を協興銭号に販売していたように、彼らは一方で農産物の買い入れも行っていた。銭舗は農産物の代金として農民に銭票を支払い、農民から銭票で銭糧を受け取る。銭票は農民と銭舗との間を循環し、現銭の使用を節約するのである。従って、山東で銭糧の折価額が京銭で表記されたのは、在地社会に対して銭票の使用を促すことにより、糧戸層が納税のために備蓄・退蔵する現銭を市場に吐き出させ、これを通行させることを目的としていたと言えよう。

これに対し、京師の銭票は金融業者が市中より現銀を集めるために発行する投機性の高い紙幣で、貸付金の焦げ付きによる銭舗の倒産や不換銭票の横溢により金融不安をしばしば起こしていた。道光二〇年（一八四〇）三月、御史祥璋が「京城内外に銭舗は一〇〇〇軒以上あるが、近年来その二、三割が倒産し、無価値となった銭票は数百万吊に達する」「去年の冬、西四牌楼の福盛銭舗が計画倒産した時には、狡猾な吏役や無頼の棍徒がこれを幇助し、京銭帖一吊につき京銭三、四〇〇文しか返金しなかった」と上奏し、破産者の資産隠しを厳しく調査せよと力説しているように、[52]宝興の問題提起以降も京師の金融秩序は糜爛の度合いを増しつつあった。政府は抜本的な金融政策の見直しを迫られていた。

三　官銀号の設置

道光二〇年の深刻な金融不安を重く見た政府は、翌二一年一二月、内務府大臣敬徴の献策を受け入れ、官営の銭舗を設置した。敬徴によれば、銀を対価として振り出される銭票は不換紙幣である鈔とは異なり、長年にわたり高い信用を得ているが、銭舗が倒産すれば無価値となる。そこで彼は、内務府がかつて設けた官当舗一四座に倣い、広儲司が封貯する銀五〇万両を原資として京師の内城・外城に官銀号二三座を設置し、官銀号が振り出す銀票を軍隊の俸給、官員の公費、営繕費に支出して、これを民間に流通せしめよと上奏し、裁可されたのである[53]。次いで道光二五年には、内務府が天元・天亨・天利・天貞・西天元の五天官号を京師に設置した[54]。しかしこれらの成果については史料が残されておらず、大きな影響を及ぼすことはなかったものと見られる[55]。

ところが咸豊初年に太平天国の乱が勃発すると、政府は急増する軍餉需要に対応するため、①銀票や銭鈔など不換紙幣の発行、②銅大銭や鉄銭の鋳造、③官銀銭号を通した京銭票の発行を通して当座の財源を確保しようとした。先行研究によってその経緯を略述すれば[56]、咸豊元年（一八五一）九月に御史王茂蔭が鈔法十条を擬呈し、翌二年九月には左都御史花沙納が鈔法の実施を奏請したが、戸部の反対によりいずれも受理されなかった。しかし大学士管理戸部祁寯藻、江蘇巡撫楊文定、福建巡撫王懿徳らも相継いで鈔法の試行を願い出たため、咸豊帝は翌三年二月、戸部官票（銀票）と大清宝鈔（銭鈔）の発行を許した。また同年から当十・当五十などの銅大銭を、翌四年から鉄銭・鉛銭を鋳造させた。

銀票・銭鈔の発行により民間銀銭票の現銀や現銭との兌換が行き詰まることは明白であり、噂の流れ始めた咸豊三年正月より、京師では銀価が高騰し、銀号や銭舗の夜逃げや取り付け騒ぎが続出した。二月一五日には、一昼夜で数十から二百余家の銭舗が閉店し、典当や糧店にも店をたたむ者が出始めるなど、市場は金融恐慌に陥った。銭舗の閉店や典当の貸し渋りにより、現銭価格も高騰した。(57) そこで政府は同年四月に、宝泉・宝源二局が鋳造した制銭や大銭を原資として乾豫・乾恒・乾豊・乾益の四乾官号を設置し、京銭票を発行させ、八旗の兵餉を管理させた。続いて翌四年一〇月には、鉄銭局が鋳造した鉄銭を原資として宇升・宇恒・宇謙・宇豊・宇泰の五宇官号を設置し、京銭票の発行と票鈔の兌換を行わせた。こうして北京の官銀銭号は合計一四舗に達した。また外省でも省城や重要都市に官銭総局・分局が設置された。

官銀銭号が京銭票を発行したことにより、京師の金融恐慌は一旦終息した。しかし政府は兵餉確保のため銭票の過剰発行を官号に強要し、また京銭票は市中ではほとんど受け入れられない銅大銭や鉄銭のみと兌換されたため、たちまちその価値を下落させた。咸豊七年には宇升号が行き詰まり、翌八年には五宇官号の全てが営業を停止した。咸豊九年には京師の民銭舗が相継いで破産し、(58) 一〇年には九官号の京銭票の価値が暴落したことにより、官銀銭号は破綻した。そして咸豊一一年、官銭票は全て整理された。

それでは、鈔法を起点とした咸豊期の通貨政策は税制に如何なる影響を及ぼしたのであろうか。政府は鈔法を定着させるため、咸豊四年より銭糧・関税・塩課などの納税に際して半数を官票・宝鈔で支払うことを許可した。(59) また直隷・山東・河南三省では、咸豊六年より銭糧の紙幣納分を全て銭鈔で支払うことを認めている。(60) しかし地方官は人民より全額現銀で徴収し、布政司庫へは価値の下がった票鈔を交えて起解して、差益を私物化した。(61) 彼らはまた大銭での銭糧納付も拒否したので、大銭は京師の近郊でしか通行しなかった。(62) 包攬についても同様である。大名府南楽県の生員李彦彩は櫃書段倫と銀号を開き、銭糧を包攬していたが、現銀でしか納税を認めず、鈔票を現銀に兌換する際の割引率も市価より高かった[63]。河間府景州でも監生張鳳儀が官銀匠を名乗り、戸書石大成と結託して銭舗を開き、銭糧を包攬していたが、彼らも銀で徴収して鈔で納税し、不当な利益を得ていた[64]。地方官も銭舗も紙幣や大銭の受領を拒み、現銀との価格差を利用して私腹を肥やしたため、新通貨は政府と人民との間を循環せず、社会に壅滞した。

そこで咸豊一一年正月、山東巡撫譚廷襄は銭糧徴収を半数銭鈔納から銀納に戻し、御史任兆堅は偏僻州県で折銭納税を許す場合でも、折価額を固定制から銀価の増減に合わせた変動制に転換した[65]。譚はまた漕糧についても、額徴一石につき正米・耗米合わせて京銭一三串八〇〇文に折価し、従来現物で徴収してきた地域もこれを超えない額で折銭させた[66]。そして同治二年（一八六三）、紙幣を交えた納税は最終的に放棄された[67]。

譚廷襄の措置により、鈔法を媒介とした州県官や銭舗の浮収は止んだ。しかし銭鈔や京銭票の大量発行により銀価は騰貴したため、変動制の下で折価額は道光期より高騰した。咸豊九年にいち早く折銭納税に移行した済南府斉河県では、折価額は京銭五〇〇〇文に達し、同治五年の歉収によりはじめて四八〇〇文に引き下げられた[68]。同治八年・九年には銀貴が進み、山東の折価額は毎両京銭五六〇〇―五九〇〇文に上昇した[69]。登州府寧海州では、同治年間の折価額が大銭二八五四文であった[70]。沂州府莒州では、光緒初頭まで折価額が京銭五八〇〇文であったが、光緒三年、郷紳の請願により五七〇〇文に減額された[71]。東昌府茌平県では光緒四年、知県が折銭徴収に移行したが、折価額を京銭五一〇〇文に定めたため、数年にわたり減額を求める訴訟が絶えなかった[72]。このように銀価変動制を建前としながら、実際には州県官が銀価を勘案しながら折価額を定めていたようである。

道光後期より京師で試行された官銀号の設置と官銭票の流通は、咸豊期に入り軍事費対策として利用されたため、市場の信用を失い、同治から光緒前期には道光以前の状態に逆戻りした。山東の糧戸は道光期より一層重い折価額を強制された。山東で再び改革が動き出すのは光緒二〇年代のことである。

光緒二二年（一八九六）、萊州府の掖県・平度州では銭糧の折価額が毎両京銭五六〇〇文に、膠州・高密・即墨では五八〇〇―五九〇〇文に高騰した。前年、掖県知県楊徳成が折価額引き上げの責任を問われたのを契機に、山東巡撫李秉衡は布政使に覈減章程の策定を命じ、二二年下忙（下半期分）より折銭州県の折価額を一律京銭四八〇〇文に下げることを奏請して裁可された。銀納地域や四八〇〇文を超えない地域は従来通りとした。[73]同年、李は済南に通済官銭局を設置し（後に官銀号と改称）、民間の銀号・銭舗と同様、銀銭兌換、銀銭票発行、資金貸付などの業務を行わせた。銀銭票の中では京銭票の発行が最も早かったが、当初の大板銭票はあまり流通しなかった。そこで官銭局は光緒二四年にこれを回収し、新たに銭糧や漕米の納税に使用できる角板銭票を発行した。これにより京銭票は遍く通行するようになった。[74]更に光緒二七年（一九〇一）、山東巡撫袁世凱は京銭四八〇〇文での折銭納税を省内全ての州県に拡げた。[75]

李・袁の幣制・税制改革を通して、山東の地丁や漕米は完全に京銭票納税となり、銭舗による包攬の余地はなくなった。官銀号の発行する京銭票は国家による受け取りが保証されたことにより、はじめて信任を得ることができた。[76]官銭票による信用供給と徴税制度の一元化により、長らく続いた折価納税に伴う浮収はようやく止んだのである。

おわりに

清朝は自封投櫃を納税の基本原則としていたが、その完全実施は極めて困難であり、実際には櫃書が銀匠や銭舗と結託して徴税を包攬し、市価より高率の折価額で糧戸から銭を徴収することがしばしば見られた。折銭納税を容認する嘉慶四年の上諭により、この弊害はますます強まった。特に山東省では「山僻の小邑」での全面的な折銭が認められ、州県官が折価額を公定した。そして銀貴銭賤を背景に、折価額は次第に引き上げられた。

嘉慶中葉以降、山東の折価額は京銭で表記された。京銭とは制銭五〇枚を一〇〇文と数える直隷・山東特有の短陌であり、道光年間までに京銭建て契約の多くは銭票で決済されるようになった模様である。道光初頭、高額取引における現銭使用が禁止されたことも、銭票使用を促進したものと思われる。従って山東の州県が京銭建てで折価額を定めたのは、銭舗が銭糧を包攬している実態に制度を適合させ、更に農民の銭票納税を促して現銭の退蔵を抑止するためであった。

同じ頃京師では、銀銭舗が市中の銀を吸い上げるために発行する投機性の高い京銭票が大量に流通していた。政府は金融不安を解消するため官銀銭号を設置したが、咸豊期に軍事費確保の要請から票鈔や京銭票を濫発したことで、かえって信用制度を混乱させた。この影響により山東の折価額は一層高騰したが、光緒二〇年代、巡撫李秉衡と袁世凱が折価額を全省一律京銭四八〇〇文に下げ、官銀号が発行した京銭票で直接納税させたため、銭舗による包攬の弊害はようやく終息した。以上が本章の結論である。

官銀号は全国各省に設置され、銭舗を包攬から排除するとともに、銭舗では到底担いきれない信用供与を行うことで、信用不安を抑制した。清末民初、山東では銭舗が衰退し[77]、民銭票は銀行券に圧迫されて集鎮規模の範囲でしか通行しなくなった[78]。更に棉作が盛んな地域では、棉花移出が活況を呈したため、銀貨が通貨の主流となる[79]。銭舗が流動性を供給する時代は終わったのである。

註

(1) 井上泰也「短陌慣行の再検討 —— 唐末五代時期における貨幣使用の動向と国家 ——」『立命館文学』四七五・四七六・四七七号、一九八五年、宮澤知之「唐宋時代の短陌と貨幣経済の特質」『史林』七一巻二号、一九八八年（宮澤『宋代中国の国家と経済』創文社、一九九八年所収）。
(2) たとえば佐々木正哉は、地方銭の一つである東銭が元来銀を基準として定められたのではないかと疑う。佐々木「宮口商人の研究」『近代中国研究』第一輯、東京大学出版会、一九五八年、二三九頁。しかし前章で述べた通り、東銭は制銭を基準とした計数の慣行であり、銀との互換性は見られなかった。
(3) 七折銭については、岸本美緒「清代の『七折銭』慣行について」『お茶の水史学』三〇号、一九八七年（岸本『清代中国の物価と経済変動』研文出版、一九九七年所収）。
(4) 拙書『清代財政史研究』参照。特に第一章「清代後期湖広における財政改革」では、湖北省の漕糧折価問題を扱っている。
(5) 安部健夫『清代史の研究』創文社、一九七一年、五五七―五五八頁。
(6)『大清高宗純皇帝実録』巻八六五、乾隆三五年七月辛酉・壬戌。
(7) 同右、巻一四八二、乾隆六〇年七月甲寅。
(8) 同右、巻一三三九、乾隆五四年五月甲戌。
(9) 同右、巻一二四四、乾隆五〇年一二月己卯。
(10)『大清仁宗睿皇帝実録』（以下『仁宗実録』と略記）巻五五、嘉慶四年一一月辛未。因みに、嘉慶三年、東昌府清平県の呈報によると、同県の折価額は毎両制銭一二五〇文に設定されていた。嘉慶『清平県志』戸書。
(11) 民国『山東通志』巻八一、田賦五、田賦後序
乾隆六年。……是時東省銭糧。一銭以上。例徴銀。不足一銭。準以制銭。折銀完賦。
(12)『仁宗実録』巻九八、嘉慶七年五月丙申。
(13) 同右、巻一一一、嘉慶八年四月戊寅。
(14) 中国第一歴史檔案館編『嘉慶道光両朝上諭檔』広西師範大学出版社、二〇〇〇年、第一四冊、嘉慶一四年三月一〇日。
(15) 同右、第一一冊、嘉慶一一年一一月二五日。
(16)『大清宣宗成皇帝実録』（以下『宣宗実録』と略記）巻四五、道光二年一一月是月。
(17) 曲阜師範学院歴史系編『曲阜孔府檔案史料選編』第三編（以下『孔府檔案』と略記）、第一五冊、斉魯書社、一九八一年、九五一―九六一頁「知印官董文明稟為櫃書頼債捏控懇恩移究事」（嘉慶一七年一〇月一六日）。

(18)『孔府檔案』第一三冊、一九八四年、二四頁「鄆城屯官許允中詳為伝斉火甲算清租銀事」(嘉慶一七年一二月)。
(19)『嘉慶道光両朝上諭檔』第二三冊、嘉慶二三年一一月一五日。
(20)『宣宗実録』巻一三九、道光八年七月辛酉。
(21)同右、巻一四二、道光八年九月辛亥。
(22)同右、巻一四九、道光八年一二月癸未。
(23)同右、巻一六三、道光九年一二月丁丑、諭軍機大臣等・又諭。
(24)同右、巻一六四、道光一〇年正月乙卯。
(25)同右、巻一九三、道光一一年七月丁卯
又諭。訥爾経額奏。県民交納銭糧。恃衆喧鬧。請将知県撤任等語。所見是。山東萊陽県。徴収銭糧。該県民人孫相聖等。藉口銀価昂貴。挟制折銭。逞刁喧鬧。該県鄧肇嘉。並不将向由銭舗収銀易銭代納之処。据実稟出。輒謂自封投櫃。難保無舗戸・書吏。勾通多索。該県明知有弊。故為掩飾情事。鄧肇嘉著先行撤任。交該撫。提集応訊人証。秉公確審。按律定擬具奏。断不可被人欺飾。尋奏。鄧肇嘉徴収銭糧。査係按照旧章辦理。惟失察銭舗勾通書吏・銀匠。高擡銀価。而於大戸自封投櫃・小戸由銭舗代納之処。又未分晰具稟。請交部議処。従之。
(26)同右、巻一九三、道光一一年七月乙亥
諭軍機大臣等。御史王瑋慶奏。州県徴収銭糧。任意増加。請飭令明定章程。以帰画一。据称。山東州県。徴収銭糧。皆令以銭折銀。前経升任巡撫琦善。因黄県向来毎両折銭三千四百文。知県李肇敏加銭二百文。奏参革職。以後自応悉照此次奏明章程。画一辦理。乃各州県仍不遵辦。有加無已。弊端百出。若上司訪問。則私嘱同官。以多報少。掩飾朦蔽。即如萊陽県。向係収銭折銀。従無自封投櫃之説。其隣邑黄県毎両折銭三千四百文。招遠県毎両折銭三千六百文。而該県驟加至四千之多。以致愚民情急。群赴県堂分訴。該県鎖拏監禁。板責無算。乃捏飾具稟。現已奏明撤任。自応厳訊懲処。且恐山東州県。不独萊陽一県為然等語。州県徴収銭糧。自応遵照旧章。妥協辦理。不得任意増加。山東省既有奏明三千四百文定数。何以該御史奏称。仍有加至四千文之事。著訥爾経額。督同藩司。確切査明。是否属実。務須厳飭各州県。遵照旧章。画一妥辦。如有於定数之外。私自増加。即行厳参懲処。勿稍徇隠。将此諭令訥爾経額。並伝諭劉斯嵋知之。
(27)嘉慶・道光期における折価額の上昇を虧欠から捉えた研究として、鈴木中正「清末の財政と官僚の性格」『近代中国研究』第

二輯、東京大学出版会、一九五八年、がある。

(28) 前註（3）岸本、三五五頁。

(29)『孔府檔案』第一五冊、八六―八七頁「孔継正呈為孔広禧欠債未償反行捏控事」（嘉慶二年一一月）、同右、八四頁「鄆城屯庄頭稟控典当発放高利貸弁呈請鎖拿事」（乾隆五三年一〇月）、同右、八五頁「廟戸張氏稟為重利滾折子被囚押懇恩移釈措還事」（乾隆五四年一一月）。

(30) 同右、一九頁「頭目趙広玉稟為協興銭号設局誆騙銭財事」（嘉慶一五年五月一〇日）。

(31)『孔府檔案』第九冊、一九八三年。

(32)『宣宗実録』巻一三、道光元年二月戊子。

(33) 同右、巻一六、道光元年四月甲午、民国『威県志』巻七、政治中、財政、差徭之沿革、など。

(34)『中国近代貨幣史資料』中華書局、一九六四年、一二八―一三〇頁、道光一八年六月二五日、山西巡撫申啓賢

査。民間置買房地。糶糴米粟。貿易貨物。用銀之処少。用銭之処多。其価在千文者。尚係現銭交易。若至数十千数百千以上。不特転運維艱。且盤査短数。収剔小銭。尤非片時所能完竣。是以江浙閩広等省。行用洋銭。直隷・河南・山東・山西等省。則用銭票。

(35)『孔府檔案』第一五冊、二七―二八頁「兗州府移覆為李克恭孔伝成借債互控一案已飭曲邑提究事」（道光九年二月二七日）。

(36)『孔府檔案』第一四冊、一九八二年、五二九頁「小甲李学文稟為経紀同謀私改銭票局騙耕牛懇恩移会追償事」（道光二一年一〇月四日）。

(37) 同右、五二八頁「山東藩司票仰牙行経紀為設法疏通銭文以平市価事」（道光八年一二月五日）。

(38) 同右、五五二―五五四頁「山東藩司帖付侯応思為遵諭令給其牙帖事」（光緒一四年三月一八日）。

(39) 黒田明伸「二〇世紀初期太原県にみる地域経済の原基」『東洋史研究』五四巻四号、一九九六年、一一二頁。

(40) 民国『夏津県志続編』巻五、典礼、礼俗、習尚、商、銭帖。

(41) 民国『牟平県志』巻五、政治、実業、商業、金融

本県在昔金融状況。概以使用毎千扣六制銭為普通。其特殊者。惟清咸豊年間。尚有一種竹製烙印之籤票。当制銭一千或二千。便利適用。頗盛行於一時。至光緒三十年後。改用銅円。制銭漸即廃燬。此項竹票。始帰消滅。

民国『萊陽県志』巻二、政治二、財政、銭法
銭為八底。名曰市銭。市銭一千文。実九百九十二文。凡各項交易用之。惟輸税・当商・糴糧・傭工・塾師束脩。仍用足銭。……及清廃鈔不用。而境内較大商号。於中葉後。始有銭帖。亦曰票回。或用竹籤。大率以制銭一千文者居多。統係八底。民国前十余年。漸有銀票。

牟平（寧海州）では一串が現銭九九四枚、萊陽では九九二枚であったことから、竹籤は足陌で通行し、京銭とは異なる銭制度であったらしい。なお、扣六や八底は竹籤や銭差しを過高評価することで、兌換やばら銭化の抑止を図ったものと思われる。たとえば、萊陽ではばら銭九九二枚は九九二文の価値しか有しないが、これを竹籤に換えたり銭差しにしたりすると一〇〇〇文の価値を持つようになる。

(42)『中国近代貨幣史資料』一二六―一二八頁、道光一八年六月一八日、歩軍統領奕経等。
(43)『仁宗実録』巻二二五、嘉慶一五年二月壬辰。
(44)同右、巻二二九、嘉慶一五年五月丁巳。
(45)『嘉慶道光両朝上諭檔』第二一冊、嘉慶二一年五月七日。
(46)同右、第二七冊、道光二年一一月四日。
(47)『宣宗実録』巻四七、道光二年一二月壬戌。
(48)前註(42)。
(49)『中国近代貨幣史資料』一二三―一二五頁、道光一六年三月一四日、盛京将軍奕経。本書第二章第三節参照。
(50)同右、一三〇―一三一頁、道光一八年七月二日、署理直隷総督琦善。
(51)同右、一三一―一三二頁、道光一八年七月七日、山東巡撫経額布。
(52)同右、一三九―一四〇頁、道光二〇年三月二九日、御史祥璋。
(53)同右、四六七頁、道光二一年一二月六日、内務府大臣敬徴。
(54)同右、四八五頁、『内務府檔』引戸部冊、光緒『順天府志』巻五九、経政六、銭法。
(55)五天官号の発行する銭票は当初は忌避されたが、次第に信用を得たらしい。『中国近代貨幣史資料』四六八―四六九頁、咸豊三年二月一七日、副都御史和淳等。

(56) 臨時台湾旧慣調査会『清国行政法』第三巻、貨幣、李立侠「清代通貨膨脹与官銀号創設」上海社会科学院『社会科学』一九八三年一号、趙蕙蓉「咸豊朝北京地区大銭流通始末」『歴史檔案』一九八七年四号、謝杭生「清末各省官銀銭号研究（一八九四―一九一一）」『中国社会科学院経済研究所集刊』一一集、一九八八年、宋秀元「簡述嘉道年間対行鈔的議論及咸豊朝紙幣的発行」『歴史檔案』一九九三年二号、趙隆業・徐楓「咸豊戸部官票研究」『中国銭幣』一九九四年四号、唐曉輝「咸豊朝戸部鈔票舞弊案研究」『清史研究』一九九六年四号、黄亨俊「清朝咸豊戸部官票的発行」『歴史文物』九巻三号、一九九九年、黄亨俊「清朝咸豊大清宝鈔的発行」『歴史文物』九巻五号、一九九九年など。以下、基本的な事実経過は先行研究および『中国近代貨幣史資料』に拠る。

(57)『中国近代貨幣史資料』三三九―三四三頁、咸豊三年正月二六日、管理戸部事務祁寯藻、二月六日、編修陳泰初、二月一六日、礼部尚書奕湘、同日、左副都御史文瑞、同日、巡視東城給事中呉廷溥、同日、御史陳慶鏞など。

(58) 中国第一歴史檔案館編『咸豊同治両朝上諭檔』広西師範大学出版社、一九九八年、第九冊、咸豊九年七月二四日。

(59) 同右、第三冊、咸豊三年一一月二四日、同右、第四冊、咸豊四年五月九日。

(60) 同右、第五冊、咸豊五年二月一一日。

(61) 同右、第四冊、咸豊四年一〇月一八日。但し、ここで引かれているのは直隷省永済・籌備二庫の地租の事例で、宝鈔の割合は三割である。

(62) 同右、第五冊、咸豊五年一一月一七日。

(63) 同右、第五冊、咸豊五年一〇月二五日。

(64) 同右、第六冊、咸豊六年五月二八日。

(65)『山東全省財政説明書』歳入部、田賦、地丁、『大清文宗顕皇帝実録』巻三四一、咸豊一一年正月庚戌。

(66) 李秉衡『李忠節公奏議』巻一四「奏明山東減収銭糧折数及釐定収漕章程通飭立碑摺」（光緒二三年正月一〇日）。

(67) 沈葆楨『沈文粛公政書』巻二「官票礙難停止酌擬辦理情形摺」（同治二年四月二九日）。

(68) 民国『斉河県志』巻一三、賦役。

(69)『李忠節公奏議』巻一二「奏核減山東通省銭糧折収銭数摺」（光緒二二年七月二八日）。

(70) 民国『牟平県志』巻四、政治、財政、田賦、征収沿革。ここで言う大銭とは、当十銭などではなく制銭の意であろう。従って大銭二八五四文は京銭五七〇八文に相当する。

(71) 民国『重修莒志』巻二六、経制、財政、田賦。
(72) 民国元年刊『茌平県志』巻四、食貨一、田賦。
(73) 前註(69)。
(74)『山東全省財政説明書』歳入部、官業、官銀号。
(75) 同右、田賦、地丁。
(76) 黒田明伸は清末の湖北省における官銭票の成功原因を、三〇〇〇万両とも言われる漢口銭荘の信用許容能力の高さと、貿易拡大がもたらした漢口への銀集積に求めている(黒田『中華帝国の構造と世界経済』名古屋大学出版会、一九九四年、一八五頁)。しかしこのような好条件は山東にはなかったものと思われる。前出『山東全省財政説明書』によると、光緒三〇年の庫平銀票流通量は約二五万両、光緒二四年の京銭票流通量は庫平銀換算で約四二万両に過ぎない。山東の銭票は漢口のそれとは異なり、市場の力ではなく、主として財政の裏付けにより信用を維持していたと言うべきであろう。
(77) 民国『斉東県志』巻四、政治、実業、商業、民国『斉河県志』巻一七、実業、商業、民国『邱県志』巻一一、実業、商業、など。
(78) 前註(40)。
(79) 本書第九章参照。ここでは直隷中南部の西河棉区が分析の対象となるが、山東棉区でも事情は同様であったものと思われる。

第四章　清代薊糧考

はじめに

永楽帝の北京遷都以降、明清両王朝は北京に都を置いたが、現在の河北省だけでは首都の食糧確保がほとんど不可能であるため、大運河を開削し、南方諸省より現物の米穀を徴収して京師に運ばせた。これが漕運である。漕糧は江南の江蘇・浙江・安徽・江西・湖北・湖南六省および華北の豫東（河南・山東）二省より供出され、江南では稲米（コメ）が、華北では粟米（アワ）が徴収された。

京倉や通倉に収貯された漕糧は首都に常駐する軍隊や官僚へ俸給として支払われ、彼らがその一部を米舗に販売することにより、市場へも出回った。とは言え、漕運は需給関係に規定された民間の米穀流通とは異なる、国家による政策的な食糧輸送である。序論で述べた通り、私は全国市場から相対的に自立し、手工業生産地を核としてその周縁部に食糧供給地域を配したひとまとまりの空間を地域経済圏と捉え、華中南に湖広・四川・福建・広東という四つの地域経済圏を見いだした。また華北東部にも、直隷南部・山東北西部の棉業を核とする地域経済圏の萌芽を読み取った。[1] 蘇州や漢口・重慶など市場の中枢では、商品生産が周縁より食糧を吸い寄せていたのである。これに対し、漕運による京師への食糧集積は明らかに政府需要に応じたものであり、地域間分業に基づくものではない。確かに、清代には国家財政を起点とした北京周辺での制銭散布など、省規模の経済政策が実施されるが、そこから直隷「地域経済」を見通すことは困難である。(2) 漕運は本来、市場から独立した国家流通であった。

さて、本章が考察の対象とする薊糧とは、薊州に輸送し消費されるべきものと定められている漕糧のことである。北京の東郊に位置する薊州は、明代九辺鎮の一つである薊鎮の中心で、清代にも駐防八旗が置かれていたが、その兵餉は明代より豫東二省から天津に至り、海河（直沽）・薊運河を経由してもたらされる漕糧すなわち薊糧によって賄われていた。薊糧はまた東の遵化直隷州や北西の密雲県に撥運（転送）され、陵糈すなわち皇陵維持のための官兵の食糧として用いられたり、駐防八旗の兵餉に充てられたりした。(3)

薊糧は京師を防衛し皇陵（東陵）を管理するために必要不可欠な食糧であるが、はるばる豫東二省から運搬するため、多大な輸送経費を要する。また江南六省の漕糧と較べると数量が限定的であるので、市場から調達することも全く不可能ではない。そこで政府は、陵糈や駐防兵米など薊糧の転用部分をできる限り現地で確保しようとした。具体的には、官兵に銀を与えて市場の米を買わせる折銀支給方式や、政府が市場から米を買い付けて配給する採買方式が採られた。これによって漕運は、部分的にであれ市場流通との繋がりを持つようになったのである。

それでは、陵糈や兵餉に供された市場米はどこで生産されたのであろうか。また政府はどこでその米を買い付けていたのであろうか。本章では薊糧撥運を題材として、清代直隷北部の長城内外における穀物需給について検証し、併せて国家流通と民間流通との対抗関係、具体的には後者の発展による前者の必要性喪失過程について考察する。

一　清初の薊糧

薊糧とは豫東二省で徴収され薊州一帯で使用されるべき漕糧のことを指すが、実数は定かでない。明代には実際に渤海湾経由で米を薊州に送っていたようであるが[4]、兵餉の貨幣支給が進んだ清代には形骸化した[5]。康熙三年（一六六四）より薊州鎮の駐防官兵および通州・永州両鎮の兵で薊州にて皇陵守護に当たる者の兵餉は折銀支給に切り替えられている[6]。その薊糧が再び実体を持つようになったのは、康熙三四年（一六九五）に山東の漕粟米三万六〇〇石を截留（留置）し、薊州に撥運して陵糈や駐防兵米に充当されてからのことである。

この施策について、『清史稿』巻一二二、食貨三、漕運によれば、「撥運なる者は、山東・河南運ぶ所の薊州糧を截留し、陵糈及び駐防兵米に撥充せる者也」とあり、既存の薊糧の一部を割いて陵糈や兵餉に転用したものと理解する。しかし『漕運則例纂』巻一八、截留撥運、京外截撥に「薊州の官兵匠役および緑旗兵丁が毎年必要とする粟米は三万六百石零である。康熙三四年、以下の如く題准した。山東の正兌漕糧の粟米から規定の数量を截留し、山東の船が既に通り過ぎた場合には江南の稜米を截運せよ」[7]とあるように、撥運の対象となったのは「薊糧」ではなく、山東の正兌漕糧（粟米）もしくは江南の漕糧（稲米）であった。また乾隆二一年刊『直隷遵化州志』巻四、賦役、薊州漕糧には、康熙三四年より漕糧の撥運が始まり（遵化州は毎年粟米一万八八〇八石を収め、乾隆前期には三万余石に達す）、康熙三八年には薊州城内に薊倉一五座が建てられた（内遵化州の分は六座）ことが記されており、薊糧を薊州方面に運ばれ備蓄された漕糧と捉えている。これらのことから、清初より康熙三三年まで薊糧は存在せず、康熙三四年より撥運された漕糧のことを薊糧と呼ぶようになったものと考えられる。以下の叙述では、清代の薊糧を薊州方面に撥運された漕糧とする[8]。

薊糧が創設された最大の理由は陵糈の確保であった。薊州とその東に位置する遵化州・豊潤県の三州県には皇陵が置かれ、これを建設し管理するため大勢の軍隊・官僚・職人が当地に配置されていたが、彼らの食糧である陵糈は康煕三三年までは採買によって賄われていた。道光『薊州志』巻三、建置、餉糈始末に記された薊糧開始に至る経緯は次の通りである。康煕元年に孝陵の建設が始まって以来、遵化州が食米採買の任に当たっていたが、同州の負担が過重であるため、康煕一八年より薊州と豊潤県も分担するようになった。康煕二七年には道路が迂遠な豊潤県を免除し、遵薊二州が粟米三万余石を採買するようになった。しかし康煕三四年、官兵の買米により畿東の米価が騰貴したので、康煕帝は内大臣郎坦らに命じて薊州への米穀輸送が可能な河道を調査させ、水深の浅い箇所を掘削して、天津衛から新河口を経て薊州の五里橋まで漕糧を輸送することを決定した。

薊糧の総額は毎年粟米三万六〇〇〇石であり、当初は山東の漕糧を截留し、天津の紅剝船一五〇隻を用いて、毎隻一〇〇石を積載し、五里橋まで運んだ（一〇〇里につき銀一両三銭二分の輸送費を支給）が、康煕三六年からは山東と河南が一年交代で薊糧を供出し、通州などの衛所の小船を用いて輸送するよう改められた(9)。

薊糧の開始以前、遵薊豊三州県がどこから食糧を買い付けていたのかは不明である。ただ豊潤県より遵薊二州がより近いと判断されていることから、やはり薊糧と同様、天津方面からと考えるのが順当である。採買から漕糧の撥運に切り替えられたのは、需要の増大に市場が堪えられなくなり、米価が高騰したからである。

この後しばらく陵糈は薊糧によって確保されたが、やがて粟三万石では足らなくなり、康煕五〇年からは三州県が不足分を採買によって補塡するようになった。『大清世宗憲皇帝実録』巻八五、雍正七年（一七二九）八月辛亥の条に収録された上諭によると、「これまで三陵の俸工米石は漕米を截留して支給していた。ところが康煕五〇年に漕米が足らなくなったため、直隷巡撫の題請に基づき、今後不足分の粟米については、政府より米一石につき銀一両を支給し、遵化・薊州・豊潤三州県に命じて採買させるようになった。しかし採買を委ねられた州県の吏胥が兵役と結託し、米の代わりに銀を支給して賄賂を授受するので、諭旨を降してこれを厳禁したものの、弊害は完全に除かれていない。一方州県は粟米を運ぶ際にしばしば輸送経費の不足分を立て替えねばならず、また米価が騰貴すると一時に購入するのが困難となり、官員や兵役は長期にわたり待たされる。このように折銀採買は、地方官にとっても兵役にとっても不便である。そこで三陵事務大臣崇廙に命じて、三陵の官員・宦官・兵役が毎年必要とする俸工米石を白米・稜米・粟米に類別し、予め冊子を作って戸部に報告させ、戸部は倉場に命じ、申請された量の官米を截留して三州県に分貯させ、雍正八年より陵糈を現物で支給せよ」とあり、康熙五〇年から雍正七年まで採買が併用されたことが知られる。但し、上諭に先立つ同年六月四日付、直隷布政使王謩の奏摺によると、毎年の截漕米は三万七二五一石で、今年は更に一万石増やしたとあり、[10]また和碩怡親王允祥らの奏摺にも、現在の截収漕米が三万五千石、毎年の需用が四万五千石とあることから、[11]薊糧自体も弾力的に積み増されており、更に不足する分を採買していたようである。

雍正帝の採買停止令により吏胥の不正は一応改善されたであろうが、豫東二省の漕糧に占める薊糧の割合は一層大きくなったものと思われる。そもそも、この当時両省から直隷へ移出される民間の穀物は米麦雑糧合わせても山東が年間三三万石程度、河南が二六万石程度であった。[12]京倉に納められる正兌漕糧と通倉に納められる改兌漕糧の定額は、山東が二八万石と九万五六〇〇石、河南が二七万石と一一万石であったが、両省とも当初より七万石が銀で折納されており、またしばしば減免や截留が行われたため、実際京師や通州に送られる漕米は定額を下回っていた。[13]更に河南省では銀で徴収して市場米を採買する折銀採買や、銀のまま戸部に送付する折銀起解などの便法が採られていた。同省では清初より漕糧二五万余石を銀で徴収し、直隷省大名府の小灘鎮で粟米を採買していたが、康熙一五年には折銀起解に変更された。しばらくして折銀採買に戻されたが、糧価の騰貴を回避するため、康熙二二年には再び折銀起解となった。その後、康熙二九年には一年だけ本色（現物）で徴収され、康熙三二年には折銀採買から折銀起解となったが、康熙五八年以降は水運の便に応じて現物徴収と折銀を併用するようになった。[14]このように、分母である本色漕糧の供給は常に定額を大きく割り込んでいた。反対に分子である薊糧の需要は、採買停止令に加え、兵餉への転用なども随時行われたため、[15]増加傾向にあった。その結果、雍正一〇年、河東総督田文鏡が「河南・山東二省では粟米を漕運し、京倉に運び込んでいるが、数量は多くはなく、毎年陵糈を支給するとほとんど残らなくなる」と上奏しているように、[16]当番年には一省の漕糧の大部分が陵糈に充てられる有様となった。

薊糧が豫東二省の漕糧を圧迫したため、政府は現地での食糧自給を試みた。その一つが、雍正三年の水災を直接的契機として翌年より灤州・豊潤県などで実施された営田政策である。[17]営田では水稲作を行ったため、収穫された稲米は通倉に送って備蓄し、粟米に換えて薊糧に充てていたが、乾隆一九年(一七五四)より稲米を直接俸餉として支給し、その分薊糧を削減するようになった。[18]また雍正九年には熱河に官兵を派遣し、開墾を行わせている。[19]しかし新田開発は即効性に乏しく、薊糧を補塡することは不可能であった。これに加え、政府は兵馬の飼料不足に対処するため、雍正一〇年に豫東二省の漕粟米の一部を黒豆一〇万石に振り替えた。雍正一一年には二万石が加増され、乾隆二年には更に六万石分を振り替え、乾隆一六年までには粟米が三七万余石、黒豆が二〇万九千余石となったが、この年更に五万石を黒豆に転換した。[20]薊糧の原資となる豫東の漕糧が漸減したため、政府はやがて採買を再開せざるを得なくなるのである。

二　熱河米の採買

乾隆七年(一七四二)夏、江蘇・安徽両省の長江以北に位置する淮安府・揚州府・徐州府・海州直隷州・鳳陽府・潁州府で大規模な水災が発生した。[21]幸い豫東二省は被害を免れたが、漕糧や民間の穀物を江南救済に転用しなくては

図3　清代直隷省北部地図

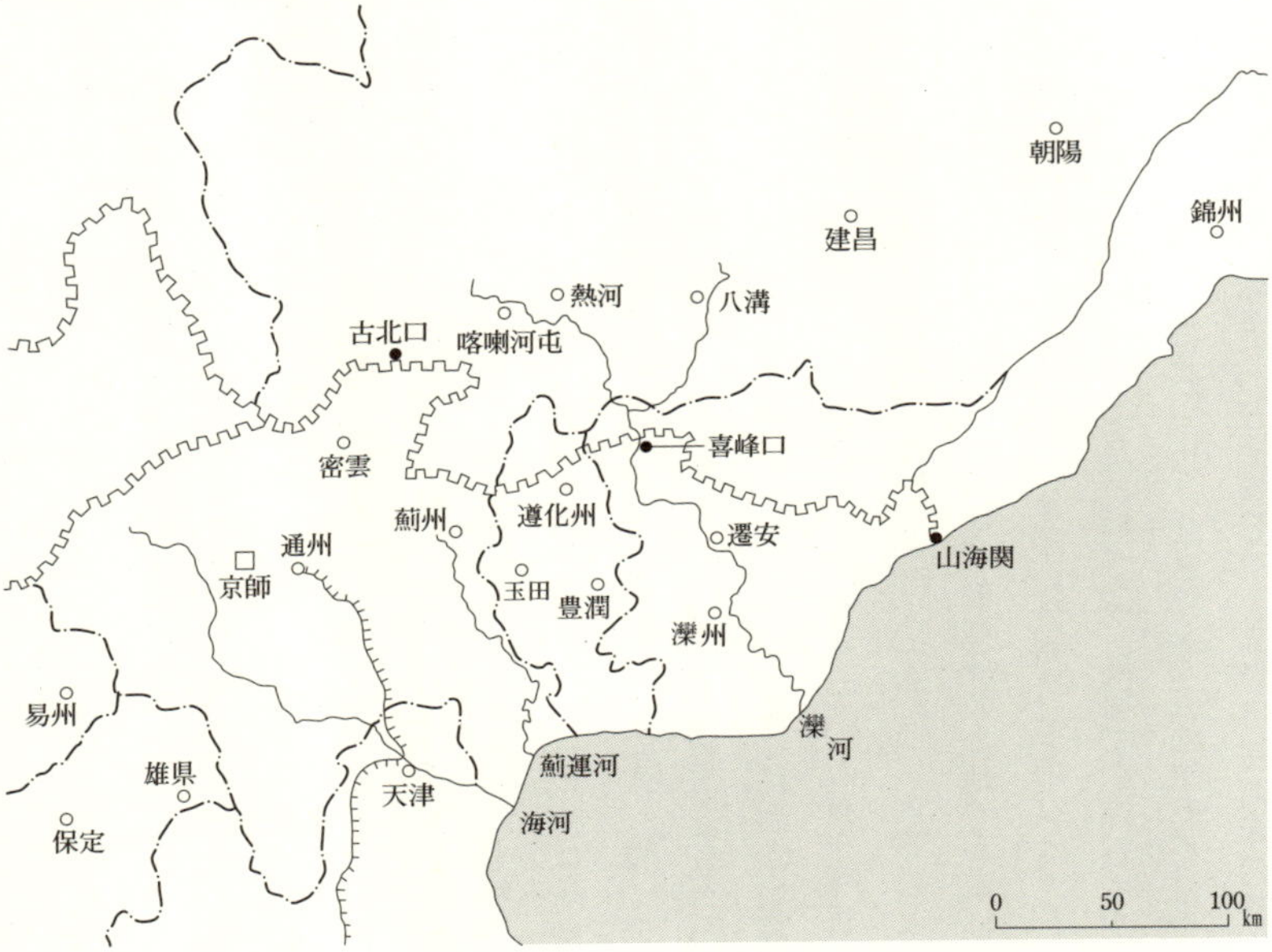

ならなくなった。そこで乾隆帝は上諭を発し、来年の河南の薊糧を停止して賑済に振り向けるよう指示した。また直隷提督塞楞額と熱河兵備道八十に命じ、古北口にて粟米四万石を採買し、遵薊豊三州県に運んで陵糈に充てさせた。[22] 一一月には残る七千余石も古北口で買補することとなり、四万七千余石の薊糧全額が採買で確保された。[23]

当初、この採買は臨時の措置として企画された。ところが、翌乾隆八年に直隷省の天津府や河間府で旱魃が発生し、賑済のための米が必要となったことをきっかけとして、採買は恒常化された。嘉慶『欽定大清会典事例』巻一六四、戸部、漕運、転輸薊易、乾隆八年の条に、「直隷省の古北口外は、日ごとに開墾が進捗し、産米が増加している。そこで豊収の年には各地で採買を行い、四万七千余石を薊遵等倉に運んで陵糈に充当せよ。残りは皆通州に運べ。山東・河南二省が運ぶべき薊糧は、旧例に照らして通倉に運び備蓄せよ。もし米価が高騰したなら、従来通り二省に陵糈を提供させよ」とあり、米価が平賤であれば陵糈は採買により確保されるようになった。

古北口とは順天府密雲県の北に位置する長城に穿たれた関所で、熱河への出入口の一つである（図3参照）。乾隆初、熱河では耕地開発が進み、多くの穀物（おそらく粟米や雑穀であろう）が古北口を通って内地へ販売されていたらしい。従って、古北口外の米とは熱河米のことを指すものと考えられる。同年七月、天津一帯の旱災救済を担当した直隷総督高斌によると、「古北口外は素より産米の地と称されていたが、近年しばしば米を採買し、内地に運んで兵や民に供給している」「八溝・鞍匠屯は蒙古産米糧の集積拠点であり、官民ともこの両所で買い付けている」などとあり、熱河米はまず八溝などに集荷され、古北口経由で内地に流入していた。そして高斌は、今年は天津平糶（低価格での穀物販売）分と併せて二、三〇万石を採買し、来年以降も熱河米の採買を継続すべしと奏請した。[24]

だが、高斌が考えるほど熱河の穀物供給能力に余裕は無かった。同年一一月、四川道監察御史馬燝はこの間の状況を振り返って「私は七月一五日に熱河に到着したが、この時熱河の米価は毎石一両二銭であった。地元民の話によると、数日前までは毎石六、七銭であったが、月初めに二、三〇隻の船が（永平府）遷安県などから灤河を遡って熱河に近い紅石口に至り、米石を採買したため、米価はにわかに高騰したらしい。私はこの話をあまり信用していなかったが、直隷総督高斌が、毎年熱河などで米二、三〇万石を採買すべしと奏請し、次いで直隷提督保祝が、現在米価は毎石一両三、四銭であるので、しばらく商人が熱河に入ることを禁止し、官の採買が終わった後に禁を緩めるべしと奏請したのを見るに及び、たとえ米糧が最も多い土地でも、ひとたび採買が行われると、たちまち米価が上昇するのだと覚った」と分析し、「今後は、毎年の陵糈は熱河などで採買し続けるが、その他の内地の米穀需要については、内地にて相互に融通すべきであり、軽々しく熱河での採買を唱えてはならない。今回官米を奉天で収買したり、八溝で買い足したりした後、古北口にてしばらく商人の来訪を禁止し、熱河一帯の各地の人民が家ごとに食糧を備蓄し得た後、再び交易を解禁せよ」と提議した。[25] 高斌は熱河米の移出余力を過大評価し、毎年数十万石の採買も可能であると考えていたが、実際には、内地が米不足になると古北口だけでなく灤河方面からも米穀が流出し、熱河はたちまち米価騰貴に陥ったのである。加えてモンゴル人も米穀の販売に慣熟しておらず、当地の米穀市場は甚だ不安定であった[26]。

果たして、一二月になると八溝での採買に反応して米価が高騰し、高斌も採買を一時中止すべしと奏請した。しかし翌九年正月、乾隆帝は「朕が思うに、関外の米は毎年春先には下落する。まして採買停止の情報が伝われば、奸商は必ず買い占めをしないであろう。もしこの時に採買を行えば、量の多少にかかわらず成功を収めるであろう」と判断し、たとえ少々価格が上がっても、内地の喫緊の需要を満たすため、できるだけ多くの米糧を確保せよと命じた[27]。また、関外への移民規制を一時的に緩め、天津・河間両府や豫東二省の被災民が八溝や奉天に流れることを容認した[28]。

そしてこの年の陵糈四万石は八溝などで採買され、薊州と遵化州に撥運された。豫東二省の薊糧は全て停止された[29]。この時、遵化州知州厳文照は直隷総督高斌に、「薊州は遵化の西一二〇里に在る。八溝の米石は喜峰口経由で薊州に運ばれるので、必ず遵化州城を通る。そこでもし旧例に従い遵化州倉に備蓄すれば、遵化—薊州間の車価五千余両が節約できる」と稟請している[30]。厳の言う喜峰口とは、灤河と長城との交点に設けられた関所であり、八溝で陵糈として買い付けられた熱河米は喜峰口経由で遵薊二州に運ばれたようである。

ところで、この当時熱河米を内地へ移入する経路には、陸路古北口を通過して京師に向かう道と、喜峰口を通って灤河を下り、渤海湾に出て天津に向かう道とが存在した。乾隆一六年、直隷総督方観承（乾隆一四年七月—乾隆三三年八月在任）の奏摺によると、「口外の産米の各庁について言えば、四旗（豊寧）は灤河の勢いが強く、また早瀬や岩礁も多いので、水運に適さないが、喀喇河屯（灤平）・熱河（承徳府治）・八溝（平泉州）の三所は、灤河による水運が可能である。但し喀喇河屯と熱河の米は、これまで採買の年には、皆古北口・密雲・通州などに運び出していた。陸運だと費用はかかるが、距離がより近いからである。今もし灤河を水運すると、渤海湾より天津に転運することにより、はじめて水路が通じる各州県に分配することができる」「私が思うに、灤河は口外に通じる糧道であり、実に便利である。現在民間が運ぶ米石は小口の販売ではあるが、永平府の各州県は食糧供給の恩恵を受けている」とあり[31]、採買には古北口経由の陸運を用いるが、民間の穀物流通には輸送経費が割安な灤河の水運が用いられていた。

灤河上流からもたらされる熱河米は、奉天の雑糧と並んで永平府や天津方面の食糧需要を大きく支えていた。嘉慶『灤州志』巻一、疆里、風俗、商には、「……その他の商人としては糧店が最も盛んである。何故なら関東や口外より余剰穀物を購入し、食糧が不足する南西の府県に販売するからである」とあり、奉天・熱河からの移入と天津方面への移出を伝えている。また、光緒『灤州志』巻八、封域中、風俗によると、「行商や坐賈の中では糧客が最も盛んである。昔は遷安県の建昌営より口外の食糧を運び入れ、陸路開平に転運し、食糧が不足する南西の府県へ販売していた。道光初年に至ってはじめて灤河経由に改められ、梭船（桴《ひ》の形をした船）を用いて八溝の食糧を運び、城内に備蓄して食糧が不足する周辺地域に販売したが、州南部の八社がこれを最も頼りとした。咸豊年間（一八五一―一八六一）以後、大荘河の民船が海を渡り、関東の食糧を運んで沿海一帯に供給したので、当地の糧価は少し下がった」とあり、以前は遷安より陸路熱河米を移入していたが、道光初より灤河の水運を利用するようになり、咸豊期には奉天産穀物の移入も始まったとされる。但し、既に述べたように、灤河水運の開始時期は乾隆初まで遡るべきであろう。なお、開平鎮は灤州の西部、豊潤県との境に位置し、清末より中国最大の炭鉱である開灤炭鉱が採炭を始めたことで知られる。民国『灤県志』巻一四、実業、商業によると、「開平には糧舗が最も多く、各家の食糧購入量も最も多い。毎年春になると当地では食糧が売れず、それ故常に他地域へ販売する。近年交通が便利になったが、糧舗はなお健在である」とあり、同鎮は清末まで穀物の集散地として栄えていた。永平府の商品流通は、同治『昌黎県志』巻一〇、志余、風俗、商に、「当地は交通の要衝でないため、富商大賈はいないが、粟米は関東・口外より移入し、綢緞は蘇杭・京師より招来される」とあり、また同治『遷安県志』巻八、輿地三、風俗に、「貿易を行う商人は常に関外へ往き来する。店舗を構える商人は棉布と米穀を重視し、他に特異な商品は無い」とあるように、奉天・熱河からの穀物と内地からの衣料との交換が中心であった。

話を陵糈に戻そう。乾隆八年・九年に続き、乾隆一〇年五月にも、前年の地丁銀を資金として八溝などより陵糈を採買する計画が立てられた。(32)しかし六月には宣化府と古北口一帯で旱災が発生し、熱河の米価騰貴が懸念されたため、乾隆帝は昨年天津北倉に截留しておいた漕糧の中から十数万石を動撥し、密雲県・宣化府・古北口に運んで救済せよと諭令した。(33)七月には、八溝で採買する予定の粟米は被災地域の賑済に振り向け、陵糈は旧例通り豫東二省の薊糧で確保せよと命ぜられた。(34)八月の時点では、漕糧一万五〇〇〇石、常平倉米と内務府倉米一万二〇〇〇石が平糶に投入された。ところが平糶が始まり、日照りも止むと、米価が下がり始めたので、直隷総督那蘇図の奏請により密雲・古北口での平糶は停止された。ただ熱河駐防八旗の兵餉が不足するため、八溝での採買は実施された模様である。(35)

乾隆一一年には凶作の記録が無く、那蘇図は陵糈および近隣州県の倉儲用として熱河米九万余石を採買している。(36)しかし乾隆一二年七月、八溝での陵糈採買を奏請した那蘇図に対し、乾隆帝は①採買と薊糧とを比較すると輸送経費がほとんど変わらない、②採買の費用として正項銭糧を酌撥（転用）しなくてはならない、という二点からこれに反対し、今後陵糈は漕米で確保し、八溝の米は現地で備蓄して熱河の救荒に充てよと諭令した。そこで那蘇図は、本年の陵糈を薊糧で賄い、酌撥した司庫銀二万五〇〇〇両は熱河道に送り、熱河各庁にて穀物を備蓄するよう手配した。(37)ところが、九月に入ると山東で水災が発生し、山東巡撫阿里衮は薊糧四万七〇〇〇石を含め同省の漕糧を全て截留して賑済に充てることを奏請した。乾隆帝はこれを裁可し、陵糈は那蘇図が八溝で採買した熱河米を用いるよう命じた。(38)

とは言え、乾隆前期は全国的に米価が騰貴し、採買に対する風当たりが強まっていたから、原則的に熱河米採買を中止し、薊糧を復活せよという乾隆一二年の諭旨は有効性を失わなかった。乾隆一六年に天津・武清などが偏災に見舞われた時、直隷総督方観承は、「思うに、遵化・薊州・豊潤の三州県が毎年提供する陵糈は、豫東二省の漕粟米を順番に撥運して確保している。以前は八溝一帯と遵薊との距離が近いため、該処の米価が安い年で、別に東豫の漕米を必要とする地域が発生した時には、上奏して財政を出動させ、八溝で採買して遵薊に運び、陵糈を供給していた」という先例を挙げ、現在八溝の米価は毎石九銭五分であり、九銭まで下がる可能性があるので、「もし来年撥運すべき陵糈五万一〇〇〇石を八溝で採買して遵化に運び、河南省の漕粟米は天津北倉に截留して各県の来春の借糶（穀物の貸付や安売り）の用に充てるなら、瞬く間に民食にとっては大変好都合となり、財政にとっても有益無害となるであろう」と提案した。[39] この案は裁可され、翌一七年四月には米五万一〇〇〇石の採買が完了している。[40]

方観承は乾隆一二年令を尊重しながら、薊糧に支障が発生した場合には積極的に熱河米採買を実施すべきだと考えていたらしい。この年七月、乾隆帝が各省の督撫に採買の停止を諮問した際にも、彼は「八溝一帯は毎年一一月になるとモンゴルの各地から米糧が集積し、これまでの動項収買（公費買付）は頗る有益であった」と返答している。[41] 彼はまた、採買の原則停止が確定した後も、「直隷地方の情勢は南方の諸省とは異なり、米穀需給が逼迫する年には、上奏を経て八溝や奉天で採買を実施しているが、民食を妨げたり米価騰貴を惹起したりしたことは無い」と上奏し、従来通り採買を継続すべしと訴えている。[42]

この後、陵糈のための熱河米採買は史料から姿を消す。乾隆二〇年には、方観承に対し八溝などで米糧を採買して熱河（承徳府治）の備蓄を強化せよとの命が下されており、[43] 採買政策より倉儲政策が優先されたことをうかがわせる。乾隆二七年、直隷が凶作となった時、方は「八溝庁の貯米は既に薊州・豊潤・玉田の三州県が借糶しているので、冬の間に四旗庁や塔子溝庁（建昌）の貯米を通州に運び出し、春になれば周辺の州県に受け取らせて平糶させよ」と奏請していることから、内地が米不足に陥った時には、熱河米の採買ではなく熱河倉儲の酌撥により対処していたらしい(44)。

以上のように、清初より乾隆前半までの陵糈確保手段は、①康熙初から康熙三三年までは内地米採買、②康熙三四年から康熙四九年までは薊糧撥運、③康熙五〇年から雍正七年までは薊糧撥運と内地米採買の併用、④雍正八年から乾隆六年までは薊糧撥運、⑤乾隆七年から乾隆一二年までは熱河米採買、⑥乾隆一三年以降は薊糧撥運へと目まぐるしく移り変わった。政府の方針は薊糧撥運と採買との間を往き来していたが、採買の対象地は天津方面から熱河へと移っている。また薊糧に戻った時でも、河南省は漕糧の一部を折銀採買しているように、国家財政を用いて市場から粟米を買い付け、現物で支給するという点では、薊糧撥運と採買とは似たような政策であったと言えよう。

三　折銀支給への転換

乾隆中期までの陵糈は、薊糧か採買かを問わず、何れも現物で支給されていた。しかしこれは乾隆三〇年（一七六五）より折銀支給に転換された。嘉慶『欽定大清会典事例』巻一六四、戸部、漕運、転輸薊易、乾隆三〇年の条に、「東豫二省が薊運する陵糈のための粟米および馬蘭鎮の官員・兵役人等が受領する粟米は、輓運が困難なため、悉く折色支給に改めよ。粟一石につき一律銀一両四銭を支給し、兵役人等に随時雑糧を購入させよ。豫東二省が徴収すべき米の代わりの銀両（米折銀両）は全て、直ちに直隷の布政司庫に送金して収貯し、布政司が実数を調べた上で、俸餉銀両と併せて遵薊豊三州県に発給し、官兵らに支給せよ。馬蘭鎮標の兵丁の米折銀両も、この例に照らして毎月支給し、随時米を買わせよ。本来運ぶべき薊糧の白米・粳米・糯米三項については、従来通り本色を徴収して支給するが、薊倉まで運んで引き渡すか否かは、倉場侍郎と協議して執り行うことを許す。薊運の漕船は直ちに停止せよ。薊運河の掘削や毎年の修繕の銀両は全て省略し、支出してはならない」とあり、この年から陵糈および馬蘭鎮の兵餉は毎石一両四銭で折銀支給されるようになった。[45]

陵糈の余米約一万二〇〇〇石はしばらく救荒用として薊倉に備蓄されていたが、毎年の更新が負担となり、また馬蘭鎮から粟米が安定的に供給されていることから、乾隆三六年、総督楊廷璋によって半数が売却され、乾隆三八年、総督周元理によって残りも常平倉に繰り入れられた。[46] これに伴い薊倉も不用となり、遵化州は薊州城内にある薊倉六座三〇間の内の二〇間を乾隆四三年に解体して売却した。[47] 但し、折銀後も豫東二省は現物での徴収を続け、これらの粟米を水運の便の良い州県に備蓄して、賑恤・平糶や兵米の補塡などに利用していた。[48] 従って、両省が直隷布政司に起解すべき米折銀両は別項より捻出されていたようである。

薊糧撥運が停止された理由は、同年一〇月の上諭に「薊州への米石漕運は海河の輓運が困難なため、豫東二省の船運を停止し、銀で徴収するよう改めた」とあるように、[49] 天津と渤海湾を結ぶ海河が通行困難になったためである。政府としては、海河や薊運河など撥運に必要な河道の浚渫経費を節約したかったのであろう。果たして、撥運停止以降、薊運河は急速に淤塞（土砂の堆積により水深が浅くなること）した。前出道光『薊州志』巻三、建置、餉糈始末によると、「乾隆三〇年に至って、河道に泥が堆積して通りにくくなり、また鉄砲水が突然発生し、軍船七隻が沈没したため、直隷総督方観承が題請して截漕撥運の例を停止し、陸運に改めた」「我が清朝が陵糈を設立し、米石の運搬が差し迫って必要となったが、倉場侍郎徳珠は心を尽くして計画を立てることができず、軽率に薊糧撥運の例を定めたため、民は掘削の徭役に煩い、官は費用の捻出に苦しみ、軍船は沈没の危険にさらされた。直隷総督方観承が奏請して薊糧を停止し、陸運に改めたことにより、官民は浚渫の苦累を免れるようになった。しかし薊運河はこれにより淤塞し、通商の利益も喪失した」とあり、撥運の停止で官民の負担は消え去ったが、天津―薊州間の水運の便も損なわれた。

州志は方観承が陸運に改めたと語るが、これは編者の誤解である。ただ、折銀支給を発議した承辦東陵事務固山・貝子・允祈らは、「今後折銀支給が実施されると、附近の郷民や舗戸は兵役が毎日必要とする物が何であるかを知り、米を買って流通させるので、欠乏をきたさないはずだ。且つ遵化と八溝との距離は三〇〇里であり、これまで八溝の米糧が喜峰口経由で遵化へ大量に移出されてきた。そこで州城の舗戸は堆房（米問屋）を開設し、米糧をまとめ買いして備蓄し、小売りもしている。今後は当該州庁に命じて、内外の商販に暁諭し、米糧販売所を増やして継続的な利益の確保を図るよう教示すべし。もし端境期や長雨に当たり、偶然市集の米糧が減少すれば、方観承が遵薊二州を督率して、まず予め計画を立て、四郷の米を市場に導入して欠乏を防ぎ、適当な頃合いに堆房の備蓄を販売させ、引き続いて居民を招致して、附近に開設される米舗の数を日ごとに漸増させるべし。（そうすれば）一、二年の間に交易は熟し、店舗は足り、心配も無くなるであろう」と述べており、[50] 薊糧停止以後は民間の米穀流通を促進し、八溝から喜峰口経由で陸路移入される熱河米に薊糧の代役を務めさせることが期待されていたらしい。おそらくこれが「改為陸運」と見なされたのであろう。

この後、嘉慶一二年（一八〇七）まで、陵糈のため薊州に運ばれる本来の薊糧は姿を消す。ただ前述の通り、豫東二省は現物徴収を続けたため、財政上の呼称としての「薊糧」は残存した。漕運全書によると、密雲の駐防官兵が必要とする食糧は、馬蘭鎮の例に倣い毎石銀一両四銭で折銀支給されていたが、乾隆四五年に市場米の購入が困難となったため、半数を現物支給することになり、豫東二省が毎年徴収する薊糧項下より本色米二万三〇〇〇石を撥運するようになったとある。[51] しかし実録に引かれた、直隷総督袁守侗の議奏に対する戸部の議覆には、「豫東二省の毎年停運せる薊州粟米五万七〇〇〇石は、前に保定・雄県二駐防兵米の此の項より撥給するを准されり。今密雲の事例相符す。需むる所の一半は本色たるべし」とあり、[52] ここで言う「薊糧」とは、かつて薊糧として撥運されていたが現在では截留され、豫東で備蓄されている粟米であることが知られる。

薊糧停止により遵薊は熱河米に頼らざるを得なくなった。逆に言えば、喜峰口から安定的に米糧が供給されることを前提として折銀が実施されたのである。そして同じ頃、古北口もまた熱河米依存を強めつつあった。乾隆三五年には、直隷総督楊廷璋が、熱河・四旗・喀喇河屯三庁の常平倉穀六万石を米三万石に碾（脱穀）して古北口に送り、既存の一万石と合わせて計四万石を備蓄せよと提案し、乾隆三七年には、総督周元理が、米倉六〇間の増設、巡検に換えて満缺同知の派遣、密雲兵餉との一体運用、熱河米による買補更新などを奏請し、ともに裁可されている[53]。更に乾隆五〇年、総督劉峩は、古北口の兵餉は倉儲では賄い切れないため、以前より財政を出動させ、承徳府の各州県にて採買していたと述べており、嘉慶一五年にも同様の上奏がなされている[54]。乾隆後半に至り、熱河の米糧供給能力はようやく遵薊豊三州県や古北口方面への陵糈・兵餉需要を満たす程度まで上昇したのである。

しかしそれでも、官民による熱河米の買い付けは熱河の米価をゆっくりと押し上げていった。嘉慶一〇年には兵餉の折価額を毎石一両四銭から一両八銭に引き上げざるを得なくなり[55]、財政負担に堪えきれなくなった政府は、嘉慶一二年、翌年より陵糈と兵餉の半数を現物支給することを決断した。こうして嘉慶一三年より薊糧撥運は部分的に復活したのである[56]。同治五年（一八六六）には、薊州・易州の兵餉を米二五パーセント、銀七五パーセントの割合で支給するようになったが、同治九年には米貴による官兵の困窮を斟酌して米銀各半数支給に戻された[57]。

陵糈や兵餉の折銀支給は米穀市場の発展を促し、投機的売買をも発生させた。道光一五年（一八三五）、奉天・錦州における奸商の空売買行為の禁止を請うた御史豫泰の奏摺に対する上諭に、「道光一二年、直隷の玉田・遵化などの州県では奸商が買空売空を行うので、諭旨を下してこれを禁止した」とあり、遵化方面で穀物の先物取引が行われていたことを伝える[58]。同じ頃、西陵の置かれた易州および京師の南西側の軍事拠点である保定・雄県の喉元に位置する白溝河鎮でも富商が大量の穀物を囤積しており[59]、国家需要の大きな地域の近辺に市場米の流通拠点が形成されたことをうかがわせる。

なお、折銀とは建値が銀であることを意味するに過ぎず、実際兵員に支払われるのは銭であったと思われる。咸豊四年、太平天国により急膨張した兵餉を賄うため銅鉄大銭の鋳造が開始されると、馬蘭鎮でも総兵慶錫が当百・当五十銭を鋳造し、永済当は東銭一万五〇〇〇吊分（制銭二五〇〇串に相当）を受け取った。永済当とは雍正七年に開設された内務府所轄の官営典当であり、乾隆五一年と道光二一年に資本を増添し、東銭一五万吊の貸付資金を有していた。その後大銭が行き詰まったので、署理馬蘭鎮総兵柏葰は永済当保有の大銭を遵化・薊州・豊潤・玉田の四州県に引き取らせ、銀に換えて同当に返還した。[60] 同じく易州でも、西陵が築かれて間もない乾隆初頃から、馬蘭鎮に倣って官営典当が開設されていた。[61] 政府は兵員を通して薊易などの軍隊集結地に銭を散布するとともに、典当を併置してその需給調整を行っていたことが、これらのことから読み取れる。

米穀の商品化が進み、また永済当のような金融業者が叢生したことにより、陵糈や兵餉を現物で支給する必要性は薄れた。薊糧撥運は嘉慶一二年より半分復活したが、その後は大きな政策転換を経ること無く、清末に至ったのである。

おわりに

清初から乾隆前半まで、京師北東方面の陵糈や兵餉は薊糧撥運もしくは採買によって、或いは両方式の併用によって確保された。採買される米は乾隆初頃より内地米から熱河米へと切り替えられた。その背景には熱河の開発と灤河水運による民間の米移出拡大があった。乾隆三〇年以降は採買に代わって折銀支給が基本となり、嘉慶一二年に半数が薊糧撥運に戻されたものの、清末まで折銀は継続された。以上が本章の結論である。

熱河や奉天が関内への食糧供給基地として組み込まれたことにより、京師とその周辺に展開する軍隊の食糧現地調達は進み、漕糧、なかんずく兵餉として用いられる豫東二省の漕粟米の役割は後退した。薊糧自体は清末まで残るものの、両省の漕糧は部分的に黒豆へと振り替えられた。一方、清代中期より直隷南部や山東北西部の粗布が関外に向けて移出されるようになり、これが熱河・奉天の穀物移出誘因の一つとなったものと思われる。湖広や四川とは比肩できないものの、同地の棉業を核として直隷・山東・奉天が緩やかな地域経済圏すなわち「環渤海交易圏」を形成するようになったことで、薊糧の使命は事実上終焉を迎えたのである。

註

(1) 拙書『清代の市場構造と経済政策』。華北東部については、同書第八章「清代山東の棉業と華北沿海部の食糧政策」および第九章「清代直隷の棉業と李鴻章の直隷統治」を参照。

(2) 黨武彦「乾隆初期の通貨政策 —— 直隷省を中心として ——」九州大学『東洋史論集』一八号、一九九〇年。しかし本書第二章で明らかにしたように、銭流通一つ取り上げて見ても、北京を基軸として北東・北西・中南部ではそれぞれ異なる計数法が行われていたのである。

(3) 星斌夫『大運河発展史』平凡社、一九八二年、一八二―一八六頁。

(4) 乾隆『天津県志』巻一一、河渠、漕運、薊運。嘉靖元年(一五二二)には渤海の風濤を避けるため、直沽河口と薊運河河口との間四〇里(約二三キロメートル)に新河が開削され、全行程が河運となった。しかし乾隆三〇年の薊糧撥運停止(後述)により、新河は淤塞した。光緒『寧河県志』巻三、建置、河渠、新河。

(5) 雍正一三年、直隷省の駐防満洲官兵・緑旗官兵の俸餉は銀一三四万余両、米三万四〇〇〇余石であった。中国第一歴史檔案館編「雍正末年撥放駐防官兵餉需史料」『歴史檔案』一九八六年三期。

(6) 雍正『大清会典』巻五五、戸部、兵餉、在外官兵俸餉。

(7) 稄米は江南から運ばれるため、稲米であることは確かである。『硃批諭旨』に「稄子糙米」「稄子米」などの用例があり、稄が梭に通じるとすると、梭子つまり杼（ひ）の形をした長粒種のうるち（いわゆる籼米 indica）と考えられる。安部健夫も稄米を「ながごめ」と捉える（安部『清代史の研究』創文社、一九七一年、四一三頁）。

(8) 康熙三四年には盛京での兵餉不足を薊州と山海関に備蓄された米で補おうとしている（『大清聖祖仁皇帝実録』巻一六八、康熙三四年九月丁丑）ように、薊州に兵米が無かったわけではない。しかしそれらは薊糧とは呼ばれていなかった。

(9) 嘉慶『欽定大清会典事例』巻一六四、戸部、漕運、転輸薊易、康熙三四年・三六年。

(10)『宮中檔雍正朝奏摺』第一三輯、雍正七年六月四日、直隷布政使王謩。同摺によれば、吏胥の不正とは、兵丁には賤価で銀を支給し、州県には貴価で採買したと報告して、差額を懐に入れるというものであったらしい。

(11) 同右、第二六輯、無年月、和碩怡親王允祥等。

(12)『康熙朝漢文硃批奏摺彙編』第七冊、康熙五六年二月二五日、直隷総督趙弘燮。

(13) 雍正『大清会典』巻四〇、戸部、漕運一、歳額・永折米・随時改折・截留。

(14)『大清聖祖仁皇帝実録』巻一〇七、康熙二二年二月乙酉、雍正『大清会典』巻四〇、戸部、漕運一、永折米、康熙二九年・三二年・五八年。

(15) 雍正七年には薊遵二州に運往すべき漕米三万石を截留して天津に備蓄し、更に毎年一万五〇〇〇石を追加して新陳代謝を行い、古米を水師営の官兵俸糧に充当している。『大清世宗憲皇帝実録』巻八〇、雍正七年四月戊寅。

(16)『宮中檔雍正朝奏摺』第一九輯、雍正一〇年二月二五日、河東総督田文鏡。

(17) 森田明「清代畿輔地域の水利営田政策」『社会文化史学』一八号、一九八〇年（森田『清代水利社会史の研究』国書刊行会、一九九〇年所収）。

(18) 嘉慶『欽定大清会典事例』巻一六四、戸部、漕運、転輸薊易、乾隆一九年。但し、光緒『豊潤県志』巻三、田賦、営田によると、乾隆一二年より始まったとある。

(19) 雍正『大清会典』巻五五、戸部、兵餉、在外官兵俸餉（雍正九年）又覆准。派往熱河等処。開墾官兵俸餉。官員作為二季。兵丁作為三季。在熱河倉内支給。

なお本章では、漢文史料で用いられる「熱河」とは後の承徳府治を指すが、地の文で「熱河」「熱河米」などと言う時には承徳府全体を意味する。

(20) 嘉慶『欽定大清会典事例』巻一六五、戸部、漕運、漕糧改折、雍正一一年・乾隆二年・乾隆一六年。また、道光『欽定戸部漕運全書』巻七、漕糧額徴、改折抵兌。何れも翌年より実施。その後黒豆折徴額は豫東両省ともに約一二万石を標準値とした。豫東漕糧の黒豆改折については次章で詳述する。

(21)『大清高宗純皇帝実録』(以下『高宗実録』と略記)巻一七三、乾隆七年八月是月、同右、巻一七四、乾隆七年九月丁巳。

(22) 同右、巻一七四、乾隆七年九月庚午、諭大学士等・又諭。

(23) 同右、巻一七八、乾隆七年一一月丁巳。これに加え、通倉を補うため、署理直隷総督史貽直により、古北口で粟米一〇万石が採買された(『宮中硃批奏摺財政類』MF五五巻、乾隆七年一〇月二日、兼管戸部尚書事務徐本等、同右、乾隆八年六月八日、直隷布政使沈起元)。

(24) 同右、巻一九六、乾隆八年七月辛卯。

(25)『清宮熱河檔案』檔案出版社、二〇〇三年、第一冊、乾隆八年一一月一〇日、協理山東道事四川道監察御史馬燝。

(26) 乾隆中期に至っても、モンゴル人の多くは斗斛を持たずに八溝や四旗に米を売りに来るので、方観承はもし官斗が無ければ彼らは内地商人に騙されるだろうと訴え、斗行の廃止に反対している(『宮中檔乾隆朝奏摺』第一七輯、乾隆二八年五月一四日、直隷総督方観承)。彼らの生計に占める粟米販売のウエイトはさほど大きなものではなく、余剰が発生した時だけ市場に出す程度であったのだろう。因みに、八溝では雍正八年一二月に斗秤・雑貨・牛馬・煙・酒の五種の牙行が設置されたが、奸牙の不当な徴税行為に悩まされ、乾隆五年までに全て廃止された。その結果、市棍や蠹役の私的仲介行為が蔓延し、市場秩序が更に乱れたので、乾隆一〇年代になると牙行の復設が相継いで奏請された(『宮中硃批奏摺財政類』MF三一巻、乾隆一三年八月一日、直隷総督那蘇図、同右、乾隆一四年八月二日、署理直隷総督陳大受)。これらの事柄から、八溝の米穀市場は雍正から乾隆中期にかけて、漸進的に整備されていったものと考えられる。

(27)『高宗実録』巻二〇八、乾隆九年正月癸巳、諭軍機大臣等。

(28) 同右、巻二〇八、乾隆九年正月癸巳、又諭、同右、巻二〇九、乾隆九年正月癸卯。なお、民国『朝陽県志』巻二五、風土に自清雍正初。始有直魯貧民。孤身北上。依於蒙古巨室。或其奴隷之家。披荊斬棘。墾荒而耕。年納其租於蒙族。……至乾隆初。復遣直魯貧民於此。借地安民。民戸始各構房屋以居。自為村落。親友時相往来。而蒙民風俗。遂各異焉。

とあり、雍正初と乾隆初に直隷・山東の貧民を当地に移住させたことが確認される。朝陽県は熱河の東部にあり、乾隆四三年に熱河が承徳府と改称される以前は三座塔庁が置かれていた（『高宗実録』巻一〇五〇、乾隆四三年二月甲午）。

(29)『高宗実録』巻二一一、乾隆九年二月乙丑。

(30)『宮中硃批奏摺財政類』ＭＦ五五巻、乾隆九年三月一七日、直隷総督高斌。

(31)『宮中檔乾隆朝奏摺』第二輯、乾隆一六年一一月二七日、直隷総督方観承。

(32)『高宗実録』巻二四一、乾隆一〇年五月己亥。

(33)同右、巻二四三、乾隆一〇年六月戊午。

(34)同右、巻二四五、乾隆一〇年七月乙未。

(35)同右、巻二四六、乾隆一〇年八月乙巳・己酉、同右、巻二四七、乾隆一〇年八月是月、同右、巻二四九、乾隆一〇年九月是月。

(36)『宮中硃批奏摺財政類』ＭＦ五六巻、乾隆一二年七月二二日、直隷総督那蘇図。

(37)同右、五六巻、乾隆一二年八月六日、直隷総督那蘇図。

(38)『高宗実録』巻二九八、乾隆一二年九月己亥。

(39)『宮中檔乾隆朝奏摺』第二輯、乾隆一六年一一月二七日、直隷総督方観承。

(40)同右、第二輯、乾隆一七年四月二四日、直隷総督方観承。

(41)『高宗実録』巻四一八、乾隆一七年七月丙寅。

(42)方観承『方恪敏公奏議』巻五、畿輔奏議「採買米石」（乾隆一七年一一月一五日）。

(43)『高宗実録』巻四八九、乾隆二〇年五月壬寅。

(44)同右、巻六七三、乾隆二七年一〇月是月。

(45)馬蘭鎮は遵化州に置かれた皇陵守護のための軍事拠点である（『高宗実録』巻一六二、乾隆七年三月辛酉、同右、巻一八五、乾隆八年二月壬子など）。なお、本文では陵稭とは別に白米・粳米（短粒種のうるち japonica）・糯米（もち）からなる「薊糧」があり、こちらは従来通り現物支給されたと言う。嘉慶『欽定大清会典事例』巻一六四、戸部、漕運、転輸薊易、雍正八年の条に「題准。撥運薊糧。増截白秈・次白・糯米三色」とあり、これらの稲米はその後新たに追加されたものらしい。因みに、註(57)に引く二史料によると、官僚の俸給には稲米や粟米が、兵士の口食には粟米のみが支給されていた。

(46)『宮中硃批奏摺財政類』MF五七巻、乾隆三六年六月二二日、直隷総督楊廷璋、同右、乾隆三八年五月二四日、直隷総督周元理。
(47)『宮中檔乾隆朝奏摺』第四三輯、乾隆四三年六月一〇日、直隷総督周元理。
(48)『宮中硃批奏摺財政類』MF一〇巻、乾隆三五年九月五日、河南巡撫覚羅永徳、同右、五七巻、乾隆四〇年一〇月九日、直隷総督周元理、同右、五八巻、嘉慶一〇年一一月二二日、署理山東巡撫全保、同右、五九巻、道光一二年閏九月一四日、河南巡撫楊国楨。
(49)『高宗実録』巻七四七、乾隆三〇年一〇月庚申。
(50)『漕運則例纂』巻一八、截留撥運、京外截撥、乾隆三〇年。
(51)道光『欽定戸部漕運全書』巻六九、截撥事例、截留撥運、乾隆四五年。
(52)『高宗実録』巻一〇九九、乾隆四五年正月壬寅。保定・雄県への転用については、『宮中檔乾隆朝奏摺』第二八輯、乾隆三二年九月九日、直隷総督方観承に見える。
(53)『高宗実録』巻八六九、乾隆三五年九月是月、同右、巻八七二、乾隆三五年一一月壬子、同右、巻九一四、乾隆三七年八月乙丑。
(54)同右、巻一二二二、乾隆五〇年正月戊午、『大清仁宗睿皇帝実録』巻二三六、嘉慶一五年一一月癸丑。なお『宮中檔乾隆朝奏摺』には、乾隆四七年から、承徳府内の採買指定地の変更を願い出る直隷総督の奏摺が出現する。
(55)嘉慶『欽定大清会典事例』巻二〇五、戸部、俸餉、各省兵餉三、嘉慶一〇年。
(56)光緒『欽定大清会典事例』巻一九八、戸部、漕運、転輸薊易、嘉慶一二年。
(57)同右、同治四年・八年。
(58)『大清宣宗成皇帝実録』巻二七六、道光一五年一二月癸未。本書第六章第一節参照。
(59)同右、巻四五、道光二年一一月庚寅、同右、巻二一五、道光一二年七月戊申、同右、巻三二四、道光一九年七月丁巳。
(60)『光緒朝硃批奏摺』第一〇二輯、光緒八年二月一七日、溥廉等。呉兆清「論清代内務府当舗之興衰」『故宮学術季刊』一九九八年二期。
(61)『高宗実録』巻八〇、乾隆三年一一月辛酉。

第五章　清代豫東漕糧考

はじめに

入関以来、清朝は国家財政の基礎を田賦に置いた。田賦は地丁と漕糧によって構成される土地税であるが、前者が内地全域を対象に銀で徴収されたのに対し、後者は江南の江蘇・浙江・安徽・江西・湖北・湖南六省および華北の河南・山東二省の特定地域を対象に穀物で徴収された。漕糧は江南では稲米（コメ）で徴収されたが、華北の漕糧は粟米（アワ）・麦・黒豆で徴収され、何れも官僚の俸給や軍隊の兵餉として支出された。彼らは受領した穀物の一部を食し、残りを換金して生活費に充てたが、ただ黒豆は食糧ではなく、専ら馬匹の飼料として費消された。

漕糧の大部分は江南六省より供出され、大運河という非常に維持経費のかかる輸送手段を用いて京師に送られていた。それ故、従来の清代漕運史研究は、主として河運の弊害や海運への転換という「輸送」の視点から議論され、従ってその対象は江南の漕糧に限定された(1)。一方華北の漕運については、並木頼寿による先駆的研究があり(2)、本章で検討する黒豆での折徴（振替徴収）についても言及しているが、議論の主題が河南省農民の税負担問題に置かれているため、需要地である京師の食糧事情や華北全体の穀物流通については検討されていない。並木の成果を発展的に継承するためには、折徴を必要とし、またそれを可能ならしめた経済構造が解明されなくてはならない。

私は前書『清代の市場構造と経済政策』にて、清代中期以降、直隷南部から山東北西部にかけての広い地域で萌芽的な移入代替棉業が発生したこと、この地の棉業が京師に運ばれた漕糧を引き寄せて京師の食糧事情を悪化させたこと、その対策として奉天や台湾からの採買や江南漕糧の海運が実施されたことを論じた(3)。また本書第四章では、豫東(河南・山東)二省の漕糧に含まれる薊糧が清代中期頃より折銀支給に転換されることの背景に、熱河米流入の増大を見出した。湖北や四川の棉業とは異なり、直隷・山東の棉業は外来棉布の流入を防遏し、強固な地域経済圏を形成するまでには至らなかったが、奉天や熱河など周縁部の開発と穀物の商品化を促進し、国家的食糧供給体制に依存していた京師とその周辺に民間の食糧市場を発生させる起爆剤の役目は果たしたのである。

それでは、京師における食糧市場の発展に応じて、漕運制度はどのように推移したのであろうか。ここで清代の漕運を概略的に述べると、大宗である江南の漕糧が清末まで一貫して稲米を運び続けたのに対し、華北の漕糧は、粟米の一部を黒豆で折徴したり、黒豆徴収を粟米徴収に戻したりを繰り返した。すなわち、食糧需要が緩んだ時期には粟米を黒豆に改折し、逆に逼迫した時期には優先順位の高い粟米の徴収に戻したのである。本章の課題は、米穀需給の調節弁である黒豆改折を手掛かりに、清代豫東漕糧の変遷を京師およびその周辺における食糧市場との関係から読み解くことである。

一　黒豆改徴以前の河南漕糧

明清時代、漕糧は官俸や兵餉に充当されていたが、主要な支出は後者であった。入関後、清朝は従来の盛京旗地に加え、直隷北部に畿輔旗地を新設し、これらを八旗の経済的基盤としたが、旗地経済は早くも順治末頃から崩れ始め、旗人の大部分は国家から支給される餉米に依存するようになった。[4]そして餉米の供給源の大宗が漕糧であった。

漕糧は一九世紀中葉まで現物の穀物を徴収し、大運河経由で京師に運ばれていた。しかし大運河が通じていない河南省では、漕糧を一旦黄河以北に集め、衛河を通って山東省の臨清倉に運び入れ、ここから再度通州に舟運せねばならず、他省と較べて輸送経費が一層重かった。そこで清初より、河南の漕糧は米価を勘案しながら随時銀で折徴された。その経緯を並木論文および雍正『河南通志』巻二五、漕運、漕運事宜の条からたどると、漕糧の折銀は康熙一三年（一六七四）に始まり、一六年に本色に戻されたが、二二年、巡撫王日藻の上奏により再度折銀に改められた。その後、二九年には本色へ、三二年には巡撫顧汧の上奏により折銀へと、改変が繰り返された。

ただ、折銀と言っても、銀をそのまま京師に運ぶのではなく、沿途の穀物集散地で現物（大部分は粟米）を買い付けて兌運（漕運による輸送）するのである。折価額は康熙八年より毎石銀八銭に固定されたが、米価安を背景として、康熙一六年より一銭五分は銀で起解（京師へ送付）され、残る六銭五分が採買に充てられた。買い付け先は康熙中葉までは衛河沿いに位置する直隷省大名府小灘鎮であったが、康熙三五年、巡撫李国亮により河南省衛輝府城に移され、三七年に小灘鎮に戻るものの、三八年には再び衛輝府城に変えられた。

漕糧が小灘鎮や衛輝府城で採買できたのは、康熙年間（一六六二—一七二二）前半の長期的趨勢として穀物価格が安かったからであろう。[5]米価安傾向の下では、作柄が良くて相場が軟調な年には、漕糧を納付する糧戸にとっても、それを京師まで輸送する官僚にとっても、また穀賤に苦しむ農民にとっても、沿途の市場で米麦を採買する方が有利であった。

ところが、康熙の穀賤は康熙年間後半から上昇に転ずる。康熙三〇年代後半に漕糧の買付地が小灘鎮から衛輝府城に移されたのは、おそらく大量の漕糧採買による穀価の一時的高騰を直隷省下で惹起させないための、河南省側の配慮であったのだろう。衛輝府城での採買は康熙五〇年代まで継続されるが、負担は重くなる一方であった。康熙四二年には、巡撫徐潮が米貴を理由に、同年の漕糧の折銀解部（銀のまま戸部に送付すること）を奏請し、認められた。続く康熙四三年・四七年・五三年にも、漕糧の截留（現地での留め置き）、折銀解部、採買延期などが実施されている。これに加え、康熙五五年に行われた調査によると、豫東二省から直隷への民間食糧移出量は総計五九万七三五五石、この内河南省は二六万四九六四石とあるように、[6] 漕糧に匹敵する大量の穀物が市場を通して省外へ流出しており、穀価上昇に拍車をかけていた。

康熙末には毎石銀八銭の折価額で漕糧を採買することはもはや困難となり、康熙五七年、河南巡撫楊宗義は漕糧二五万七〇〇〇石の買米兌運の永遠停止と、折銀解部への転換を願い出た。[7] この提案は承認されなかったが、翌康熙五八年には、河南全省の漕糧を一旦毎石銀八銭に換算し、この内節省銀一銭五分は一律銀で起解するが、残り六銭五分については、水次（船着場）に近い衛輝・承徳・懐慶三府と開封府の一部では本色を徴収、水次から離れた帰徳・河南・南陽・汝寧四府と汝州直隷州・開封府の一部では銀で納めさせ、糧儲道が採買して起運するようになった。[8] 水次に近い地域では漕糧の八一・二五パーセント、つまり原額一万石につき八一二五石が本色徴収に戻されたのである。更に雍正元年（一七二三）には、水次から離れた地域の採買を免除し、漕糧を全て折銀起解するようになった。[9] 因みに、河南巡撫石文焯の報告によると、康熙六一年一〇月から雍正元年四月までの河南省粟米価格はおよそ毎石銀一両七銭であった。[10] 非常に大まかな数値であるが、糧儲道の採買の原資となる毎石銀六銭五分あるいは農民の総負担額である毎石銀八銭と較べると相当の開きがあることが知られる。

康熙五八年令および雍正元年令は不近水次州県の負担を軽減する一方、附近水次州県の負担を増加させた。そこで雍正六年、河東総督田文鏡は漕糧を本色徴収に戻し、水次への遠近に応じて脚価銀を支給するとともに、不近水次州県の漕糧の一部を附近水次州県に付け替えることで、負担を均等化させようとした。しかしこれは長続きせず、乾隆二年（一七三七）、巡撫尹会一は不近水次州県での折銀採買を復活させている（後述）。

康熙後半から始まる穀価の漸増傾向は、採買に依存した河南省の漕運に禍したが、餉米を受領して転売する旗人を潤したはずである。しかし利益の多くは米舗や堆房（穀物買入商人）の手に落ちて旗人の窮乏化を救うことにはならず、いたずらに京師の米価を高騰させるだけであった。そこで雍正帝は、雍正六年、八旗米局を設置して餉米の売買を専管させ、商人の手から旗人を保護するとともに米価の安定を図った。[11] 彼はまた、雍正七年より民間へ典売された旗地の買い戻しを開始し、旗地経済を再建して八旗兵制の解体を抑止せんとした。[12] だが、一度貨幣経済に親しんだ旗人を自給自足経済に引き戻すことは不可能であった。

旗人は餉米により必要最低限の食糧を保障されているし、穀価の高騰は彼らにとってある程度有利に作用したかもしれない。しかし穀物価格の上昇は、米粟だけでなく黒豆にも及んだであろう。黒豆は軍馬の飼育に必要な戦略物資であり、要衝の古北口が北に控える順天府密雲県では、康熙年間より税として黒豆を徴収していたが、[13] 一般には市場より調達すべきものであった。その価格は、先の石文焯報告によると、河南省で毎石銀一両五銭であり、粟米の一両七銭と拮抗していた。単位容積当たりの黒豆価格が主穀と同程度であることは、軍事力の維持強化にとって重大な支障となるであろう。政府は抜本的な黒豆供給体制の再構築を迫られた。

二　豫東漕糧の黒豆改徴

黒豆価格の上昇に対して雍正帝が採った打開策は、豫東漕糧の一部を黒豆で納めさせ、これを八旗に支給することであった。『大清世宗憲皇帝実録』巻一二〇、雍正一〇年六月癸亥の条によると、「山東・河南両省から送られる漕糧

図4　清代河南省地図

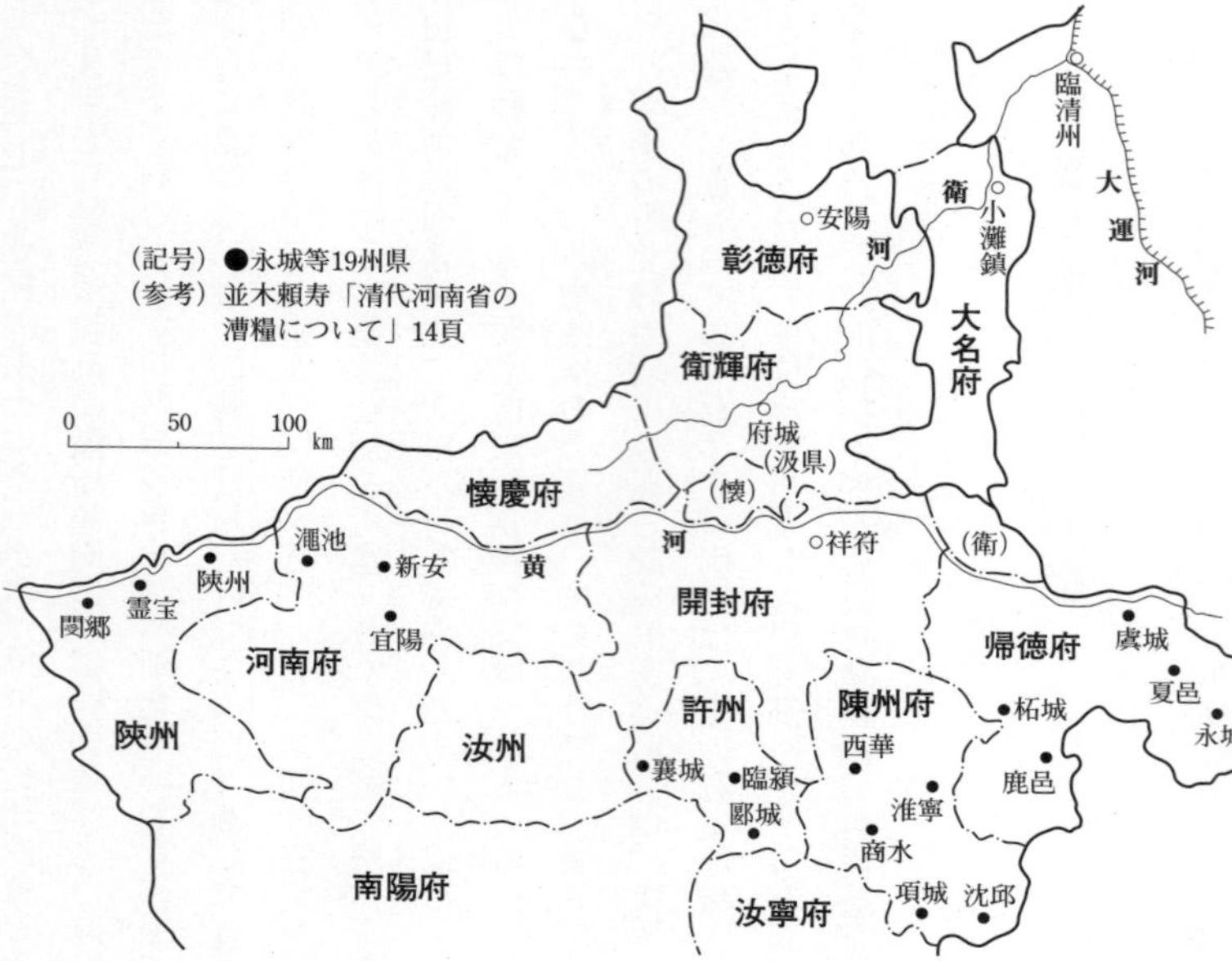

（参考）並木頼寿「清代河南省の漕糧について」14頁

の粟米は、京師の官兵に支給してもなお余裕があるので、今後両省からの粟米各々五万石を同量の豆に振り替え、八旗米局を通して養馬の官兵に低価格で販売させるべし」という軍機大臣の提案を裁可したとあり、ここに清末まで続く豫東漕糧の黒豆改徴が始まったのである。翌雍正一一年には山東の改徴額が二万石増やされ、山東七万石・河南五万石となったが、これらは軍馬の他、理藩院賓館などの牧馬にも支給された。乾隆二年には黒豆が更に不足したため、改徴額は山東一一万石・河南七万石に増やされた(14)。

黒豆は大豆の一種であり（食用に供される大豆は黄豆と呼ばれる）、奉天から華北東部にかけて広く産する。ただ、河南は直隷や山東より黒豆の生産量が少なく、採買への依存度が高かった。乾隆元年には、巡撫富徳が「黄河以北の三府では黒豆をあまり栽培せず、不作の年には直隷の黒豆を買い付けて輸納しているので、今後は黒豆と粟米を併せて折銀起解に変えて欲しい」と要請している(15)。

京師では現物が不足しているため、この提案は裁可されなかったが、粟米については、翌二年に巡撫尹会一が、「水次から四〇〇里以内の祥符等三一州県では本色徴収、水次から隔たった永城等一九州県では折銀採買兌運に変えて欲しい」と奏請し、認められた(16)。続いて乾隆五年には、巡撫雅爾図の請により、先に折銀採買とされた永城等一九州県の漕粟米を祥符等三一州県に肩代わりさせ、代わりに祥符等三一州県の漕黒豆を永城等一九州県が折銀採買兌運するよう変更された。しかし永城等一九州県は黄河以北で黒豆を採買していたので、乾隆一六年には、これを河北三府の安陽等二四州県に肩代わりさせた(17)。結局、黒豆の折銀起解は実現されなかったが、省内での負担の付け替えは行われたのである（図4参照）。また作柄が悪い年には、省外から漕運用の黒豆を買い付けることも認めている(18)。

乾隆年間（一七三六―一七九五）前期は穀物価格が更に騰貴し、雑糧の一種である黒豆も入手が一層困難になった。そこで乾隆帝は、漕糧の黒豆改徴と並行して市場黒豆の採買に着手した。乾隆三年には、八旗馬駝の飼料不足を補うため、山東より五万石、河南より三万石の黒豆が採買されている(19)。この後も豫東二省での黒豆採買は時折実施されるが、両省については基本的に漕糧の改徴によって黒豆供給量を調節していたようである。黒豆改徴は、乾隆九年には山東一一万石・河南九万九三五六石となり、乾隆一六年には山東一四万石・河南一一万九三五六石に達した。この頃から京師の黒豆がだぶつき始めたため、乾隆一八年、倉場侍郎鶴年の提案により、翌年より約半数が粟米に戻され、黒豆は山東七万石・河南六万石とされたが、乾隆二四年には、八旗の馬匹増加に対応するため、次年より豫東二省の漕粟米一二万余石を黒豆に再度改徴している(20)。

豫東二省に次ぐ黒豆の供給地となったのは奉天である。商人が奉天の穀物を海路販運することは海禁により不可能であったが、政府は①退地黒豆の撥運、②盛京戸部黒豆の撥運、③委員採買（官員を派遣して採買させること）により奉天産黒豆を確保しようと図った（図5参照）。

まず①退地黒豆の撥運について。招民開墾政策の結果、奉天では康熙末頃より雍正期にかけて内地から大勢の移民

図5　清代渤海周縁地図

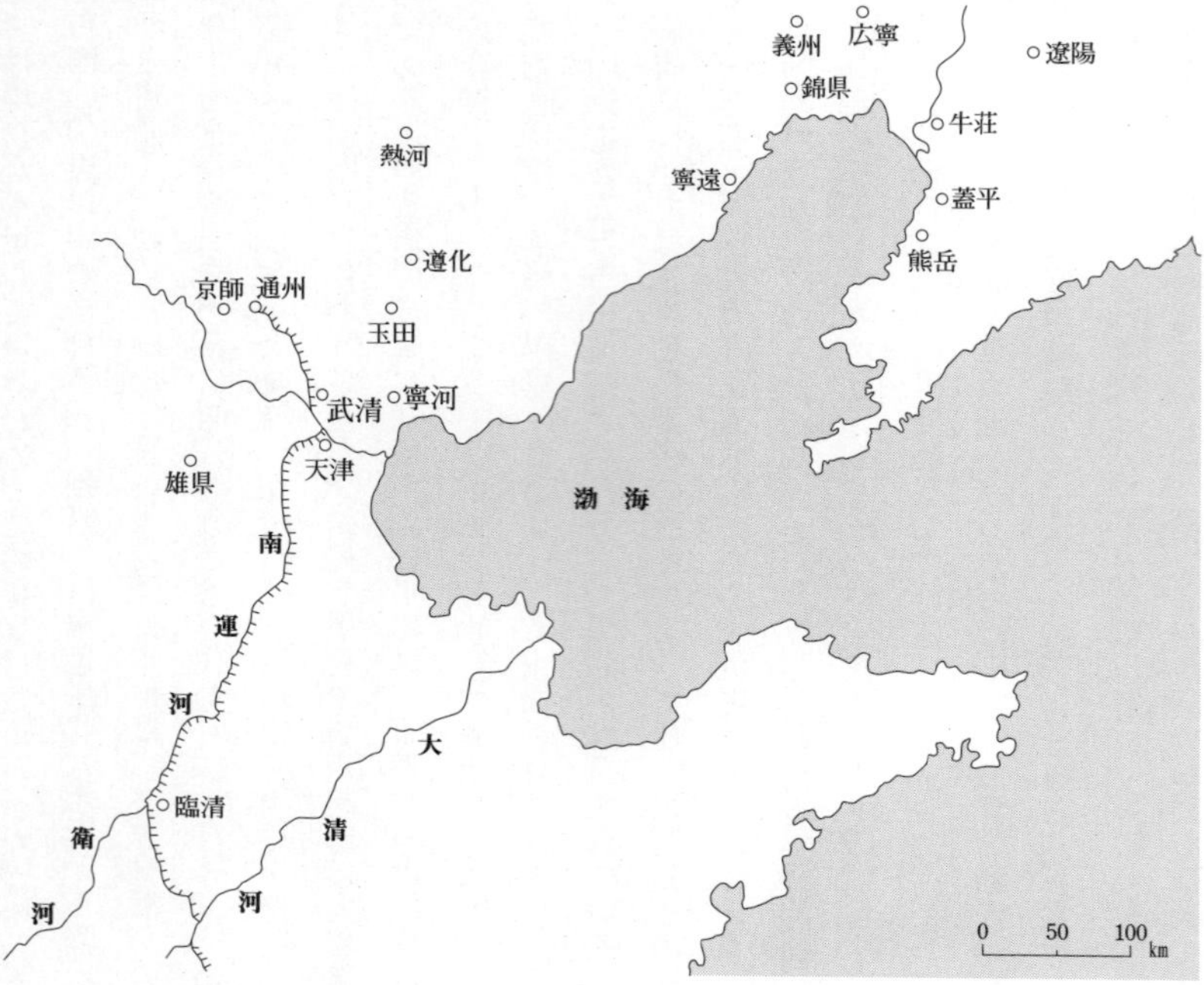

が流入し、民地が増大したが、その一方で、盛京旗地は次第に解体しつつあった。そこで政府は、雍正五年、錦州府属の錦県・寧遠州・広寧県（後に義州を追加）における圏地の余地を抜き取って退圏地（退地）を設け、民地の例に照らして銭糧を徴収した。当時奉天の民地は銀と粟米を半分ずつ徴収していたが、乾隆二年より退圏地の粟米を黒豆に改折した。折価額は粟米一石につき黒豆二石とされた[21]。これらの黒豆は現地の官倉に備蓄され、官馬の飼育に充てられたが、乾隆一〇年には臨時の措置として四千余石の黒豆を通州に撥運した[22]。乾隆一六年に至って退地余豆の撥運は恒常化され、毎年一、二万石を引き抜き、乾隆四年の海運事例（後述）に倣って通州に輸送し、京師で平糶させた[23]。但し錦州府で豆価が高騰した年には輸送を停止し、現地で平糶している[24]。これとは別に、乾隆八年には、委員採買による一時的な豆価騰貴を防ぐため、旗

倉や民倉に蓄えられた黒豆の撥運が検討され、翌年に一万余石の備蓄黒豆が京師に送られた。(25)

次に②盛京戸部黒豆の撥運について。錦州府の黒豆撥運と並行して、盛京でも毎年戸部荘頭が納める黒豆約七八〇〇石を通州に撥運するようになったが、乾隆五五年、政府は新たに牛荘・遼陽・蓋平・熊岳四城の旗丁が内倉に納める粟米を一対一の割合で黒豆に改徴し、総計二五四一石を牛荘に集め、大部分を通州に運ばせた。この税目は牛運豆地と呼ばれた。(26)乾隆後期には、毎年の①と②の撥運に対応するため、沿海の州県に五万石の黒豆が備蓄されるようになった。(27)

続いて③委員採買について。乾隆四年、豫東二省は水災に遭い、漕黒豆一八万石の供出が困難となった。そこで倉場侍郎塞爾赫らは、「臣呂耀はかつて奉天府尹に在任中、奉天の各州県では倉儲の黒豆が頗る多く、毎年の支出が甚だ少ないことを知った。そこで奉天将軍に勅を下し、奉天府尹と協同して、沿海の州県が備蓄する黒豆で使用に堪えるものを選び、委員を選抜し、盛京戸部の庫銀を動用して船隻を雇用し、海路天津に運ばせて天津道に引き渡し、通州を経由して京倉に運び入れるべきである。また、近年以来、盛京は豊作続きで産豆甚だ多く、沿海の州県が備蓄する豆石は、運用に困るほどである。そこで雍正元年の奉天採買米石の例に倣い、各州県の産豆の多寡を酌量して、委員採買し、海路京師に運んで一八万石の定額を充足させれば、馬駝の豆石は十分支給され、市価もまた高騰しないであろう」と上奏して、官倉黒豆の撥運と委員採買を請願し、裁可された。(28)また『高宗実録』巻二〇五、乾隆八年一一月庚子の条によると、「近年京師では黒豆価格が高騰し、各米局より倉豆を平糶させているが、黒豆は馬匹を飼育するための必需品であるため、備蓄を増やすべきである。今奉天は豆価が下落しているので、戸部に命じて有能な官員一名を派遣し、盛京将軍・奉天府尹と協同して、黒豆数万石を採買させよ。輸送方法については、該将軍・府尹に検討させよ」とあり、同じく巻六七四、乾隆二七年一一月庚午の条にも、奉天で黒豆五万石を採買したとある。このように、委員採買は必要に応じて随時実施されたようである。

ところで、乾隆四年には、黒豆だけでなく粟米の採買も実施された。光緒『重修天津府志』巻三〇、経政四、海運、附録奉天販運の条によると、

康熙年間、海上《ママ》の官網戸（官許の漁民）鄭世泰が、天津は土地が痩せ人口が多く、たとえ豊作でも民食が不足していることを以て、康熙帝に海船で米穀を販運し、天津を救済したいと願い出た。帝はこれを許し、官より龍票（手形）を給付して、海口の出入りに際してこれを検査させた。

乾隆四年五月、直隷の米価が騰貴したので、諭旨を下して商賈に命じ、奉天の米穀を海岸伝いに販運させ、畿輔を救済した。

乾隆四年一〇月、命を下して、今後海路米を天津などに販運する奉天の商船は、その流通を許し、一概に禁止しないこととした。

奉天の海洋販運は乾隆四年より始まるが、実は鄭世泰が許されてから販運する者が続出し、最も著名な者として鄭爾端・蔣応科・孟宗孔らが出た。乾隆四年の諭旨が下されて以降、販運する者がますます増加した。〔天津県志〕

とあり、乾隆四年（一七三九）より渤海の海禁が弛められ、粟米の招商採買（商人に許可証を与えて採買させること）が開始されたことが知られる。一方、同書、巻三三、経政七、権税には、

天津の海税は、向来奉天の米豆運船を課税の大宗とした。康熙年間より、天津は海沿いに位置するが食糧備蓄は足らず、その半数を奉天の米豆に依存し、商民運船の往来が許されていたので、これに海税を課したのである。次いで乾隆四年、官が採買新章程を制定し、裕福な海船所有者を選んで米豆を運ばせた。これを戸長と称し、初年度に牛荘の米豆七二〇〇石を運んだ。次いで錦県・寧遠・広寧・義州四州県が追加され、当初と較べて輸送量はおよそ三倍に増えた。外洋との通商が始まると、利益は汽船の手に落ち、夾板運船は日々減少した。戸長の自己負担は急速に増加し、充当した者はたちまち破産したが、免除はなされなかった。〔采訪冊〕

とあり、また

天津沿海州県の奉天に赴き食糧を運ぶ商漁船隻、および奉天各海口の食糧を運ぶ漁船は、それぞれ当該の旗民地方官に申請して、地方官が身元保証書を取り調べ、船に船団番号を烙印して、冊を造り戸部に報告し、戸部より船票と糧照を給付された後、販運を許す。〔戸部則例〕

とある。この戸部則例の記述は、道光六年（一八二六）の上諭からの引用である。[29]

乾隆四年の米禁解除については、天津県志も采訪冊も共に認めており、また『高宗実録』巻一〇二、乾隆四年一〇月戊子の条にも見える。しかし招商採買の担い手については、天津県志と戸部則例が商人や漁民の中で運糧を願い出た者とするのに対し、采訪冊は戸長という徭役に充てられた者としており、食い違いが見られる。招商採買も官穀撥運も乾隆四年に開始されたことから、采訪冊は両者を混同したのであろう。

実は采訪冊の記事は、海税の徴収と採買新章程の制定までが粟米の招商採買について述べたもので、戸長の選抜とその役困化は官米豆の撥運について述べたものなのである。[30]采訪冊は引用部分の後に、光緒一三年（一八八七）、天津道胡燏棻が直隷総督に訴えて戸長を廃止したと述べているが、同年正月二一日付、直隷総督李鴻章の奏摺に収録された天津道胡燏棻の詳によると、「奉天の牛荘および錦寧広義四州県が毎年通倉に送るべき米豆については、これまで天津・寧河両県の海船戸を輪番に戸長に充て、奉天に代わって米豆を運ばせてきた。ところが行き帰りと待機に四、五箇月も要し、本業に従事できないばかりか、各種の経費は膨大であるのに官から支給される運賃は僅少であり、これまで両県の海洋を航行する商船が費用を分担してきたが、船数の減少によりその額は僅かとなり、戸長は毎年二万数千両もの持ち出しを強いられる。こうして戸長に充てられた者は大抵破産するので、海船所有者は船を破壊したり改造したりして、この役を免れようとする。……そこで改めて天津道より汽船を雇い、米豆を輸送すべし」とあり、[31]采訪冊の認識と一致する。つまり①と②の黒豆が戸長によって通州に運ばれていたのである。なお、『漕運全書』巻

七五、採買搭運、奉豆奉米の条によると、奉天省が毎年撥運する黒豆額は（粟米改徴分を含め）四万余石とされ、また同治『欽定戸部則例』巻一九、漕運一、奉天米豆の条によると、盛京戸部と錦州府が撥運すべき米豆は三万八七四八石で、その内黒豆は二万二九八四石であった。

豫東や奉天の他、直隷省でも黒豆は栽培されており、相当量の黒豆が市場で流通していたものと思われるが、省内での官豆撥運や委員採買は見られない。ただ承徳府（熱河）については、乾隆八年、直隷総督高斌により、古北口・喜峰口で黒豆一万石を採買して京師に輸送することが企図され、実施されている。(32) しかし承徳府は軍事的要衝であることに加え、熱河離宮の官員も黒豆を消費することから、恒常的な採買は実施されなかった。

以上のように、乾隆前期の京師黒豆不足に対し、政府は恒常的施策として、豫東二省では漕粟米の黒豆への改徴を推進し、奉天では官豆の撥運を実施した。前者は二省で概ね二〇万石以上、後者は数万石程度であった。また、時として豫東や奉天で市場黒豆を採買することもあった。この他、乾隆二年には米豆額税の歉収地（凶作地方）での免除例が制定され、乾隆七年には米豆関税永免例へと拡大されたように、関税免除を通した米豆の流通促進も試みられた。(33)

乾隆一六年に頂点に達した京師の黒豆価格は、その後次第に落ち着きを取り戻した。同年には、豫東漕糧の黒豆改徴を五万石増加し、永城等一九州県が採買すべき黒豆を安陽等二四州県に付け替え、錦州府属四州県の倉儲余豆を撥運したほか、宣化府の屯豆までも撥運して平糶に供するなど、(34) 政府は黒豆の確保に追われた。しかし翌一七年には八旗米局が廃止され、一八年には豫東二省の漕黒豆が半減された。二〇年には黒豆過剰を理由に、俸米の黒豆での支給が行われている。(35) ただ倉儲については、乾隆七年に河南巡撫雅爾図が彰徳・衛輝二府で黒豆備蓄を試みているが、(36) さほど広まらなかった。けだし黒豆は長期保存に適さないので、米穀のような大規模な倉儲政策は採用できないのである。こうして乾隆中期以降の黒豆供給政策は、京師豆価・京倉備蓄量と河南・山東・奉天三省の作柄を勘案し、改徴・

撥運・採買の組み合わせで遂行されたのである。

三　黒豆過剰と粟米不足

乾隆年間、豫東漕糧中の黒豆は約二五万石を基準として、全数徴収と半数徴収（残り半数は粟米に戻す）とを概ね数年おきに繰り返した。嘉慶『欽定大清会典事例』巻一六三、戸部、漕運、額徴漕糧によると、両省の漕黒豆は山東が一三万九〇〇七石、河南が一一万九一八九石、合計二五万八一九六石であったが、既述のように、乾隆一八年に半数を粟米に変えられ、二四年に全数黒豆徴収に戻った。黒豆折徴額のその後の経過は、京倉過多のため乾隆二九年に半数化、京倉不足のため三四年に全数化、三七年に半数化、京倉不足のため四五年に全数化、京倉充実のため四九年に半数化、五四年に全数化され、それぞれ翌年より実施された[37]。ところが、五四年の改変はそれまでのものと少し趣が異なる。従前の改変では、正規の漕糧を粟米とし、その一部を黒豆で折徴するものとされた。ところが、五四年の改変以降は、約二五万石の黒豆を正規の漕糧と見なし、改徴の際にはその一部を粟米で代替徴収することになったのである。これは何を意味するのであろうか。

乾隆中後期には物価が緩やかに上昇するマイルド・インフレーションが進行したが、乾隆前期と較べると穀物の需給バランスは安定した。米豆の供給元として奉天が加わったことにより、たとえ内地で作柄が不順であっても、奉天の供給量を弾力的に増やして需給を平衡させることが可能となったからである。たとえば、乾隆二八年の直隷水災に対し、総督方観承は奉天で粟米四〇万石、豫東二省で粟米各々二〇万石を採買せんと企図し、奉天は倉米三〇万石を海運することでこれに応えている[38]。また乾隆四七年頃には、毎年奉天から通州に撥運する黒豆は四万二六五六石に達し、[39] 乾隆五二年には採買五万石と撥運三万一千余石、合計八万一千余石が奉天より運ばれた。[40]

ところが乾隆末頃から、京師では黒豆過剰と粟米不足の傾向が強まるのである。乾隆五二年四、五月、京師で米麦価格が高騰した。端境期とは言え、作柄が悪かったわけではない。政府は商販による囤積居奇（買い占め）を疑って米舗を取り調べ、隠匿米麦六万余石を摘発して、低価格での発売を命じた。[41] 更に、副都御史劉権之は八旗米局の再設置を上奏したが、この案は却下され、政府は京倉の発糶（穀物の売出し）などで対応することになった。[42] この後も食糧事情は好転せず、嘉慶五年（一八〇〇）には最初の回漕（漕糧の南方への漏出＝後述）現象が報告されている。[43]

一方、黒豆には余裕が出てきた。漕糧を通恵河から城内の京倉に運び入れる作業は、明代より大通橋の車戸が請け負っていたが、[44] 政府は乾隆五一年、新たに官車（官設の車戸）を設け、車輛二〇〇輛、牲口八〇〇頭を整えた。[45] 乾隆五三年には、豫東二省に命じて毎年黒豆を三六〇〇石ずつ採買させ、これを官車の牲口飼料に充てたが、乾隆五五年には黒豆採買を停止し、車戸が豫東漕糧より黒豆七二〇〇石を承買（買い付け）することを許した。[46] 嘉慶七年には、車戸に与えるべき脚価を官豆承買の代価で相殺するようになり、嘉慶一一年には、銭価騰貴で疲弊した車戸を救済するため、脚価の再支給と黒豆承買権の追加を実施した。[47] こうして、八旗の軍馬を飼養するために必要不可欠であった黒豆は、少数ではあれ、驢騾の餌に供されるに至った。また嘉慶六年には、倉場侍郎が今冬の八旗餉米と来春の官員俸米を黒豆で支給すべしと奏請し、認められたが、順天府の黒豆価格が米価より二、三銭から五銭程度下回ったため、豆価の更なる下落による兵丁の困窮を慮った嘉慶帝は、俸米についてのみ実施を許した。[48] 米麦の不足とは裏腹に、京師の黒豆はだぶついていたのである。従って乾隆五四年、豫東漕糧の黒豆徴収分が改折から正額に変えられたことは、これまでのようにまず粟米の原額を定め、黒豆需要の増減に合わせて随時粟米の一部を黒豆に振り替える（粟米を切り詰めて黒豆を捻出する）のではなく、今後はまず黒豆の原額を定め、粟米需要の増減に合わせて随時黒豆の一部を粟米に振り替える（黒豆を切り詰めて粟米を捻出する）という政府の方針転換を意味しているものと思われる。

この転換後、政府は黒豆徴収額を徐々に減らした。嘉慶年間（一七九六―一八二〇）には、本格的な粟米改徴は未だ見られず、山東における黒豆不足のため、嘉慶八年に山東漕黒豆二万三一六五石を粟米に改徴し、また河南の黒豆が不作であったため、嘉慶一九年に河南漕黒豆一五万五九五〇石の半分を一時的に粟米に改徴した程度であるが[49]、道光年間（一八二一―一八五〇）には改徴が進展する。すなわち、河南では道光六年（一八二六）、粟米不足と黒豆過剰により、漕黒豆一一万二二九〇石の二割を粟米に改折し、翌年も継続された。山東でも道光七年と八年、河南と同じく粟米不足と黒豆過剰を理由に、漕黒豆一三万九千余石の二割を粟米に改折し、九年以降は半数に拡大して実施された。そして道光一一年より、河南の応徴黒豆五万七一〇〇石の二割と、山東の半数が長期的に粟米に改折された[50]。因みに、道光一六年、署河南糧道の任にあった李鈞の『転漕日記』によると、この年の河南の漕黒豆は七万四八九九石だったとある。

豫東二省の漕糧が黒豆から粟米へ再転換した原因は、既に述べたように、京師における米不足とそれが惹起する米価騰貴であった。政府は米不足の原因を奸商による回漕、すなわち漕運によって京師に運ばれた米穀の城外への持ち出し行為によるものと見なし、取締りを強化した。『仁宗実録』によると、回漕現象は嘉慶五年に初出するが、嘉慶一八年には、御史辛従益が回漕防止のため、舗戸による米麦雑糧一六〇石以上の囤積行為を禁止するよう奏請し、実施されている[51]。嘉慶一九年には、天津でも回漕が疑われ、京師では嘉慶二〇年以降、毎年のように回漕禁止令が出されるようになる[52]。京師郊外の東安県や涿州に対しても、一六〇石を超える糧食の囤積禁止が命じられているが[53]、『宣宗実録』巻四五、道光二年一一月庚寅の条に「雄県の白溝河鎮は、水路が天津や山東省徳州方面に通じているので、時として奸民が米穀を囤積し、漕船の旗丁と結託して悪事を働く」とあり、また巻二七八、道光一六年二月乙丑の条に「通州の馬頭鎮や武清県の北蔡村は江南の漕糧を売買する所であり、大斗行が旗丁の余米を買い占めている」とあるように、運び出された米糧は郊外の集荷地で取引され、山東方面へ移出された。

それでは、回漕はなぜ起きたのであろうか。これをプッシュ要因とプル要因から検討しよう。まずプッシュ要因について。嘉慶一九年、御史夏国培が囤積回漕を防止するため、支放甲米章程を制定して、兵丁から奸商への餉米の横流しを阻止するよう奏請した。しかし倉場侍郎栄麟らが、「兵丁が餉米を受領した後、自分で車輛を雇って即日持ち帰ることは不可能であり、附近の米舗に暫く預けたり、或いは舗内で脱穀したりせざるを得ない」と反論したため、この案は沙汰止みとなった(54)。夏は餉米を奸商の手に渡さないため、米舗への預託を禁止せよと主張するのだが、これは机上の空論である。従来より餉米は自家消費を除いて販売され、兵丁の現金収入となっていた。雍正から乾隆前期にかけて八旗米局が設置されたのも、奸商から旗人を保護するためであった。

更にこの頃には、窮乏化した兵丁は餉米を全て換金し、雑糧を買って食いつなぐようになる。大平天国期に江南漕糧を銀で振替徴収すべしと訴えた馮桂芬の言によると、「京倉の支出は大部分が甲米（兵餉）であり、官俸は十分の一に過ぎない。八旗の兵丁は米を食することに慣れておらず、往々にして牛彔《ニル》（佐領）の章京《ジャンギン》（領催）が米を受け取って銭に替えて兵丁に支給し、兵丁は雑糧を買って食用に充てる。振替額は甲米一石につき京銭で若干串、銀にすると一両余りである。これは長年の慣行となり、兵丁はこの方法に安んじている」とあり(55)、八旗兵丁の雑糧依存は習慣となっていた。また嘉慶七年、給事中汪鏞の上奏によると、「これまで京師の食糧は、全て俸米・甲米が輾転と流通するのに頼っており、商販への依存は本より少なかった。ところが奉天・豫東の商人が雑糧を輸送し、京師内外の各地で販売するに至り、云々」とあり(56)、それらの雑糧は奉天・豫東より移入されていた。窮乏化した八旗兵丁が兵米を全部売り払うようになったこと、廉価な雑糧が京師に出回るようになったこと、これらが回漕のプッシュ要因となったのである。

次にプル要因について。京師から持ち出された米穀は天津を経由して大運河を南下したが、前書で考察したように、これらを吸引したのは清代中頃より直隷南部・山東北西部で勃興した移入代替棉業であった。時代は下るが、光緒一五年（一八八九）、山東巡撫張曜の上奏に、「山東省は耕地が少なくて山が多く、更に棉花を植える者があり、人口は多い。そこで豊作の年でも、一年の収穫は民食を満たすことができず、省東・省北の四十余州県では、これまで商人が奉天地方で買い付け、山東に運んだ高粱や粟米によって食いつないできた」とあるように[57]、山東棉業は奉天から粟米や雑糧を移入していた。また嘉慶一〇年、奉天府尹栄麟の上奏にも、「本地の旗民は農耕を生業としているが、秋の取り入れ以後、新穀が出回ると、直ちに商人と取引して布帛器用等物と交換したり、小口で海口に運び出し、船に積み込んで移出したりする」とあり[58]、嘉慶中期までに、奉天は穀物を移出して手工業製品を移入するという地域間分業関係の下に置かれるようになったことが知られる。奉天産の高粱や粟米は山東や直隷へ販運され、不作の年には一時的な移出禁止措置を講ぜねばならない程であった[59]。奉天と同様、山東粗布の移出先であった直隷中部についても、同じことが言えるであろう。

かくして、嘉慶・道光期には京師に運ばれた漕糧の一部が直隷南部・山東方面へ流出し、代わりに奉天から雑糧が京師に流入した。流出先から判断して、回漕の主体となったのは華北で食される粟米であろう。乾隆四年に海禁が弛められてから、奉天の糧食は招商採買形式で天津に販運されるようになったが、道光五年、直隷総督蔣攸銛は、「天津では海運が開かれて以来、商船五百余隻が船票と糧照を受領して奉天に赴き、糧食を採買してきたが、この他漁船が大小合わせて五百余隻ある。そこで帆柱一丈（三・二メートル）以上の漁船については、商船に準じて票照を給付して奉天糧を販運させ、帆柱一丈以下の船隻についても、航海を懼れない者には招商採買を許すべし。ただ専ら漁業に従事し、航海を敢えてせず、糧照も受領していない者が、密かに奉天へ赴き糧食を販運した場合には、調査して処罰せよ」と上奏し[60]、採買従事者を漁船に拡げて販運を促進しようと図った。この案は裁可され、更に道光六年には、奉天の漁船も販運が許された[61]。もちろん、これと並行して毎年粟米と黒豆が数万石撥運され、また委員採買も随時実施されている。

この影響により、道光年間以降、奉天の穀物市場はにわかに活況を呈するようになった。それを最も象徴的に示すのが、次章にて詳細に検討する先物取引の出現である。道光一二年、直隷の玉田県や遵化州で奸商が買空売空（空売買）を行った。これは諭旨により禁止されたが、道光一五年、御史豫泰が「奉天や錦州などでは、再び奸商らが太和・天和・恒盛などの字号を開設し、多くの人を集めて買空売空を行い、価格を懸擬（仮定）し、転々と相場を操作する。相場には銭期（銭の先物取引）と米期（米の先物取引）があり、売りと買いを互いに繰り返すが、字号はこれによって歩合を取り、価格を意のままに釣り上げるので、糧価は日々高価となり、民食はいよいよ苦しくなる。穀物生産地域では、商人が噂を聞いて来なくなり、隣省の市価もこれによって騰貴している」と訴え、先物取引の禁止を請うたので、皇帝は盛京将軍・奉天府尹および各省の督撫に対し取締りを厳命した。[62]これに先立つ道光一三年には、盛京協領奇成額が商民の買空売空を放置した廉により、失察（不注意）処分を受けている。[63]だが、政府の禁令にもかかわらず、先物取引は他地域へも普及した。咸豊三年（一八五三）には盛京の北東に位置する鉄嶺県で、穀物商により営口の過炉銀と米糧・大豆とを扱う取引所が開設された。[64]

奉天における穀物商品化の進展と招商採買の活性化により、乾隆前期に始まる倉豆の撥運は次第に形骸化した。道光三〇年、奉天省が未納する税目の一つに「未豁民欠塾買運通豆価」というものがあった。[65]これは奉天が通州に運ぶ黒豆の代価で、人民が滞納し、未だ免除措置を受けていないものの意である。一九世紀中葉には、倉豆の余りではなく、税銀を用いて市場で買い付けた黒豆を撥運していたのである。

四　黒豆徴収の終焉

咸豊元年（一八五一）に始まる太平天国の大反乱は、豫東二省の漕運に大きな変化をもたらした。咸豊三年、両省は漕糧を折銀徴収したが、翌年、山東は折漕銀の半数を戸部に起解して残りを軍営で使用し、河南は折価銀九万両・銀票一万両を全数起解した[66]。その後穀物の兌運は復活したようであるが、咸豊七年、河南省は漕糧を毎石銀一両二銭五分で折価して、軍餉に転用した[67]。山東でも州県で漕糧の折銭徴収が進み、咸豊一一年、巡撫譚廷襄は漕糧の折価額を正米・耗米合わせて毎石京銭一三串八〇〇文と定めている[68]。これらは銀に換えて戸部に納付された。同年、両省が折銀起解した漕糧は、河南が三〇余万両、山東は一二万余両に達した[69]。

反乱終息後、政府は旧制への復帰を企図するが、豫東二省にはもはやその力も意志も無かった。まず河南省についてみると、光緒一六年（一八九〇）、護理河南巡撫廖寿豊の奏摺によると、「豫省の漕糧は改折以来既に三〇年に及び、河道は久しく淤浅し、倉庫や船隻も皆悉く壊れて、残っていない。これを旧章に復するのは新たに創設するのと同じであり、工費は莫大となり、計画は行き詰まるだろう。且つ歴年支応している嵩・毅両軍の月餉および本省の団練費や善後経費は巨額であるが、全て漕折が費用を工面しているのである」とあり[70]、咸豊末以来、国家の漕糧輸送体制が崩壊し、現物での兌運が全く行われていないこと、また現物を起解せずとも別段不都合は生じないことを告げる。

次に山東省について。山東は表向き漕糧の復活に尽力している。しかし光緒四年、巡撫文格は、麦と黒豆が不作であったため、これらを粟米に改徴したいと上奏している[71]。ところが硃批奏摺を見ると、その後もたびたび、これとほぼ同じ文面の奏摺が歴代巡撫によって作成されている。山東は麦と黒豆の不作を口実に――おそらく政府がそれを望んだのであろうが――粟米での兌運を頻繁に実施したのである。

河南が漕運から脱落し、山東が粟米供出に特化した今、政府が頼れる黒豆供給地は奉天のみとなった。既に見たように、一九世紀の奉天では、市場を通じた米豆供給能力が飛躍的に伸長した。馮桂芬も「一旦南糧が来なくなれば、米価は上がるが、これにつれて雑糧価格も上がるし、また運糧船は税を免除されるので、近畿の雑糧が水陸より京師に蝟集すること、言うを待たない。……更に玉田・豊潤などの県では稲米の産出も少なくないし、最近では牛荘の米が上海に南運されているので、米不足の心配はない」と述べ(72)、江南の漕糧を折価しても、直隷・奉天の米糧で京師の需要は十分賄えると主張する。しかし政府は、江南の漕糧も奉天の撥運も手放さなかった。

周知のように、江南の漕運は汽船による海運で息を吹き返したのであるが、既述の通り、奉天の撥運は汽船の登場により、天津の戸長が大打撃を受けたことで行き詰まった。そこで同治一二年、直隷総督李鴻章は「牛荘等処が毎年撥運する米豆は粟米二五〇〇石、黒豆四六〇〇石程度、錦州府は粟米一万三二〇〇石、黒豆一万八三〇〇石程度であり、総計三万数千石に過ぎない」「直隷省は元々粟米や黒豆を産出するし、また毎年各地の商船が米豆・雑糧を輸送し直隷で販売するものが約百万石あるので、三万余石の米豆は、代価を与えて各自購入させても民食の妨げとはならない」と奏請し、撥運を停止して奉糧を折色し、米豆は直隷省内で採買せよと主張した(73)。だが、政府はこの提案を受諾せず、光緒一三年、戸長の役を廃止し、汽船を雇用することで、撥運を続けた。日清戦争後は奉糧の折色をめぐって戸部と奉天側とのせめぎ合いが繰り返されたが、光緒三一年（一九〇五）を最後に撥運は永遠に停止され、ようやく折銀化が実現した(74)。これを以て黒豆徴収は終わりを告げたのである。

おわりに

清初より雍正中期まで、兵馬の飼料として不可欠な黒豆は、八旗兵丁が兵餉の販売代金を用いて市場より購入していた。しかし康熙後半から始まる穀物価格の上昇が八旗経済を徐々に侵蝕したので、雍正一〇年より豫東漕糧の一部を粟米から黒豆に改徴させ、これを八旗に直接給付するようになった。黒豆需給の逼迫は乾隆前期に頂点に達したが、黒豆改徴分を増額したり、新たに奉天から黒豆を撥運したり、豫東・奉天で随時採買したりしたことが奏効し、その後次第に緩和した。

乾隆末まで穀物価格は緩やかに上昇するが、京師では黒豆以上に粟米が不足し、嘉慶以降は黒豆から粟米への改徴が進んだ。粟米需要を増加させ、回漕現象を惹起したのは、直隷南部・山東北西部で勃興した棉業であった。奉直への粗布移出は、同地における穀物の商品化を刺激し、渤海沿海部の米糧交易を活性化させた。それでも政府は現物の撥運に固執したが、清末に至りようやく折銀された。

江南の漕運が京師の食糧供給の基盤的地位を占めていたのに対し、豫東の漕糧は補助的役割を担っていた。そのため、黒豆改折のように、穀物市場の動きに対応して徴収物を柔軟に切り替えることも可能であった。更に清末になると、米豆の現物調達自体が必要性を喪失し、ここに黒豆徴収は終焉を迎えた。環渤海交易圏における市場経済の展開こそが、漕糧改徴・撥運・採買といった伝統的な食糧政策を最終的に駆逐したのである。

註

（1）代表的研究として、星斌夫『明清時代交通史の研究』山川出版社、一九七一年を挙げる。倪玉平『清代漕糧海運与社会変遷』上海書店出版社、二〇〇五年は硃批奏摺や軍機処録副奏摺を用いてこの経過を再考証している。
（2）並木頼寿「清代河南省の漕糧について」東洋大学『東洋史研究報告』二号、一九八三年。
（3）拙書『清代の市場構造と経済政策』第八章「清代山東の棉業と華北沿海部の食糧政策」、第九章「清代直隷の棉業と李鴻章の直隷統治」。
（4）細谷良夫「清朝における八旗経済の一断面 ── 俸餉制度の成立をめぐって ──」一関高専『研究紀要』七号、一九七二年。
（5）岸本美緒「康熙年間の穀賤について ── 清初経済思想の一側面 ──」『東洋文化研究所紀要』八九冊、一九八二年（岸本『清代中国の物価と経済変動』研文出版、一九九七年所収）。
（6）『康熙朝漢文硃批奏摺彙編』第七冊、康熙五六年二月二五日、直隷総督趙弘燮。
（7）同右、第八冊、康熙五七年六月一六日、河南巡撫楊宗義。
（8）雍正『大清会典』巻四〇、戸部、漕運一、永折米、康熙五八年。
（9）同右、随時改折、雍正元年。
（10）『雍正朝漢文硃批奏摺彙編』第二冊、雍正二年閏四月一三日、河南巡撫石文焯。
（11）細谷良夫「八旗米局攷 ── 清朝中期の八旗経済をめぐって ──」『集刊東洋学』三一号、一九七四年。
（12）石橋秀雄「清朝中期の畿輔旗地政策（一）」『東洋学報』三九巻二号、一九五六年。
（13）『康熙朝漢文硃批奏摺彙編』第三冊、康熙五〇年九月二九日、直隷総督趙弘燮。
（14）道光『欽定戸部漕運全書』（以下『漕運全書』と略記）巻七、漕糧額徴、改折抵兌、嘉慶『欽定大清会典事例』巻一六五、戸部、漕運、漕糧改折、雍正一一年・乾隆二年。何れも翌年より実施された。
（15）『宮中硃批奏摺財政類』ＭＦ九巻、乾隆元年四月一三日、河南巡撫富徳。
（16）『大清高宗純皇帝実録』（以下『高宗実録』と略記）巻四八、乾隆二年八月乙丑。なお『宮中硃批奏摺財政類』ＭＦ九巻、乾隆二年閏九月一六日、漕運総督補煕の奏に「其黒豆。係拴養馬匹歳需。未便多為改折」とある。
（17）雅爾図『心政録』奏疏、巻二「奏明撥調漕運之米豆等事」（乾隆五年六月八日）、前註（２）並木、五頁。

(18)『高宗実録』巻九九、乾隆四年八月甲午。
(19)同右、巻七四、乾隆三年八月辛卯。
(20)『漕運全書』巻七、漕糧額徴、改折抵兌、『高宗実録』巻四四三、乾隆一八年七月壬午。
(21)周藤吉之『清代満洲土地政策の研究』河出書房、一九四四年、二一八―二一九頁、乾隆『盛京通志』巻三七、田賦一、錦州府属。
(22)『高宗実録』巻二四三、乾隆一〇年六月丁巳。
(23)同右、巻三八九、乾隆一六年五月癸亥、同右、巻三九七、乾隆一六年八月乙卯、『宮中硃批奏摺財政類』MF五六巻、乾隆一六年閏五月一五日、盛京将軍阿蘭泰等、同右、乾隆一七年三月一七日、盛京将軍阿蘭泰等。これらによると、官による穀物の海運は乾隆四年に開始されたらしい。おそらく当初は粟米や黄豆を撥運し、乾隆一六年より黒豆が追加されたのであろう。
(24)『高宗実録』巻五〇八、乾隆二一年三月癸未、『宮中硃批奏摺財政類』MF五六巻、乾隆二三年二月七日、奉天府府尹恩丕、同右、MF五七巻、乾隆二四年一二月五日、奉天府府尹通福寿。
(25)同右、MF五五巻、乾隆八年一二月七日、奉天将軍額洛図、同右、乾隆九年七月二六日、直隷総督高斌。
(26)同右、MF五八巻、乾隆五五年正月二六日、盛京戸部侍郎宜興、前註(21)周藤、二四四頁。
(27)同右、MF五七巻、乾隆五一年七月八日、盛京将軍永瑋等、同右、乾隆五一年九月二六日、盛京将軍永瑋等。
(28)同右、MF五四巻、乾隆四年八月一九日、倉場侍郎塞爾赫等、同右、乾隆四年八月二四日、協理戸部事務訥親等。
(29)『大清宣宗成皇帝実録』(以下『宣宗実録』と略記)巻一一一、道光六年一二月庚戌。
(30)拙書『清代の市場構造と経済政策』第八章では戸長の役も招商採買の一形態と捉えたが、訂正する。なお、海禁下における奉天米糧の内地移出については、周藤吉之「清代の満洲に於ける糧米の漕運に就いて」周藤『清代東アジア史研究』日本学術振興会、一九七二年、謝景芳「論清代奉天与内地間糧食海運貿易」『遼寧師範大学学報(社会科学)』一九八九年三期を参照。
(31)『光緒朝硃批奏摺』第九一輯、光緒一三年正月二二日、直隷総督李鴻章。道光一五年には、直隷総督琦善に命じて領運奉天米豆章程を策定させているが、それによると、天津県が八割を、寧河県が二割を分担していたらしい(『宣宗実録』巻二六三、道光一五年二月丙午)。また『宮中硃批奏摺財政類』MF五九巻、咸豊七年一一月七日、署理直隷総督譚廷襄の奏にも、「応に請うらくは、嗣後領運すべき奉天省の米豆は、即ち天津・寧河二県に責成し、旧章に循照して殷実の紳耆を公挙し、戸長と作為して承辦せしめ、云々」とある。

(32)『宮中硃批奏摺財政類』MF五五巻、乾隆八年一一月一日、直隷総督高斌、同右、乾隆九年三月一三日、直隷総督高斌。
(33)香坂昌紀「乾隆代前期における関税主穀税免除例について」『文化』三三巻四号、一九六九年。なお、永免例は乾隆一三年に歉収地免除に戻され、二八年に全廃された。
(34)『高宗実録』巻三八九、乾隆一六年五月己未。
(35)同右、巻五〇一、乾隆二〇年一一月戊戌。
(36)同右、巻一七九、乾隆七年一一月是月。
(37)『漕運全書』巻八、漕糧額徴、改折抵兌、乾隆三四・三七・四五・四九・五四年。
(38)『宮中檔乾隆朝奏摺』第一七輯、乾隆二八年四月二一日、直隷総督方観承、同右、乾隆二八年五月四日、盛京将軍舎図肯等。
(39)同右、第五四輯、乾隆四七年一二月一三日、盛京将軍永瑋等。
(40)『漕運全書』巻七五、採買搭運、採運麦豆、乾隆五二年。
(41)『高宗実録』巻一二七九、乾隆五二年四月己未、同右、巻一二八〇、乾隆五二年五月壬申・辛巳、同右、巻一二八一、乾隆五二年五月壬午。
(42)同右、巻一二八一、乾隆五二年五月甲申、同右、巻一二八二、乾隆五二年六月乙巳。
(43)『大清仁宗睿皇帝実録』(以下『仁宗実録』と略記)巻六一、嘉慶五年三月癸丑。
(44)田口宏二朗「明代の京・通倉」『待兼山論叢』三四号、二〇〇〇年、五二頁。
(45)『高宗実録』巻一二六九、乾隆五一年一一月丙申。
(46)嘉慶『欽定大清会典事例』巻一六五、戸部、漕運、漕糧改折、乾隆五三・五五年。但し『宮中硃批奏摺財政類』MF五八巻、乾隆五五年八月二二日、倉場侍郎蘇凌阿等の奏によると、乾隆五三年の採買黒豆も、乾隆五五年の漕黒豆と同様、毎石銀七銭二分五釐で承買させたとある。また、官価での承買が実施されたのは、黒豆の市価が騰貴したためだとある。
(47)『仁宗実録』巻九四、嘉慶七年二月癸丑、同右、巻一五七、嘉慶一一年二月壬午。なお『漕運全書』巻五三、京通糧儲、置辦官車によると、嘉慶六、七年には官車の経営が行き詰まり、新たに民間の長車一〇〇輛を雇って漕糧を運ばせるようになった。嘉慶一四年以降、車戸は支給された脚価で長車一二〇輛を常年雇用するとともに、必要に応じて数十輛を臨時に雇用し、追加費用は官豆の承買により捻出した。また『宣宗実録』には「准大通橋車戸承買黒豆二万石。津貼車価」という記事が散見される。

(48)『宣宗実録』巻八八、嘉慶六年一〇月甲寅。
(49)『漕運全書』巻八、漕糧額徴、改折抵兌、嘉慶八年、光緒『欽定大清会典事例』巻二〇一、戸部、漕運、漕糧改折、嘉慶一九年。
(50)光緒『欽定大清会典事例』巻二〇一、戸部、漕運、漕糧改折、道光六年、『宮中硃批奏摺財政類』MF一五巻、道光七年六月一三日、河南巡撫程祖洛、道光七年七月一三日、護理山東巡撫賀長齢、道光八年七月一五日、山東巡撫琦善、道光一一年四月二五日、河南巡撫楊国楨、道光一一年七月一一日、山東巡撫訥爾経額。
(51)『仁宗実録』巻二七〇、嘉慶一八年六月壬寅。
(52)同右、巻二八八、嘉慶一九年三月乙卯、同右、巻三〇八、嘉慶二〇年七月辛卯、同右、巻三三一、嘉慶二二年六月辛丑など。
(53)同右、巻三五二、嘉慶二三年一二月己卯、同右、巻三六五、嘉慶二四年一二月庚子。
(54)同右、巻二九一、嘉慶一九年五月丙午。
(55)馮桂芬『校邠廬抗議』「折南漕議」。但し、前註(11)細谷によると、牛彔単位での餉米支給は清初より行われていた。
(56)『仁宗実録』巻九九、嘉慶七年六月甲辰。
(57)『光緒朝硃批奏摺』第九一輯、光緒一五年二月七日、山東巡撫張曜。
(58)『宮中硃批奏摺財政類』MF五八巻、嘉慶一〇年一〇月二五日、奉天府尹栄麟。
(59)同右、MF五八巻、嘉慶一二年正月九日、盛京将軍富俊等。
(60)『宣宗実録』巻八七、道光五年八月癸亥。
(61)前註(29)。
(62)『宣宗実録』巻二七六、道光一五年一二月癸未。
(63)同右、巻二三五、道光一三年四月丙午。
(64)民国『鉄嶺県志』巻二、地理、市場、同右、巻八、実業、商務、期糧。
(65)『大清文宗顕皇帝実録』巻一三、道光三〇年七月丁酉。
(66)同右、巻一二九、咸豊四年五月壬寅、同右、巻一三一、咸豊四年五月壬戌。
(67)『河南全省財政説明書』歳入部、田賦、五九頁。
(68)本書第三章。

(69)『大清穆宗毅皇帝実録』巻三、咸豊一一年八月癸酉。
(70)『光緒朝硃批奏摺』第七〇輯、光緒一六年八月一六日、護理河南巡撫廖寿豊。
(71)同右、第七〇輯、光緒四年一一月二〇日、山東巡撫文格。実際には糧戸より現物を徴収したのではなく、折価した銭で市場より粟米を購入して兌運したのであろう。
(72)前註(55)。
(73)『宮中硃批奏摺財政類』MF五九巻、同治一二年一二月一九日、直隷総督李鴻章。
(74)『光緒朝硃批奏摺』第九一輯、光緒三一年、無名、同右、光緒三三年四月一〇日、前盛京将軍趙爾巽。

第六章　清末民初奉天における大豆交易

はじめに

清代奉天では山東・直隷方面からの移民により開墾が進められ、清末には穀物の一大産地に成長した。奉天は自給が不可能な棉布を江南や山東に仰ぎ、その見返りとして江南へ豆貨（大豆・豆餅・豆油）を、山東へ粟米や雑穀を、それぞれ移出した[1]。咸豊一一年（一八六一）に牛荘（営口）が開港されると大豆交易は増大し、特に広東で甘蔗栽培の肥料に用いられる豆餅の移出が盛んになるが、一九世紀末には日本からの棉製品輸入と日本向け豆餅輸出が貿易の大宗を占めるようになった。いずれにせよ、奉天は農産物の供給地、手工業・工業製品の販売地として発展したのである。

奉天を含む東三省経済の特徴は、大豆移出への依存度が極めて高いことである。中国本土について見れば、たとえば湖広や四川は、明末清初、自給自足型経済の解体により、米穀を移出し棉布を移入する江南の後背地として全国市場に組み込まれたが、その反作用として、清代前期頃より移入代替棉業を創出している[2]。だが東三省は、主として処女地の開墾により移出向け特用農産物である大豆の生産が急伸した開発前線であり、衣料生産の経験がないばかりでなく、農業労働力の多くを内地からの出稼ぎや移民に頼っていたため、自給自足へ後戻りすることも、自立した地域経済圏を形成することも不可能であった。従って東三省経済は、本土とは相当異なる、全国市場への従属性が強い性質のものであったと考えられる。このことは当該市場に以下のような影響を及ぼすであろう。

まず第一に、外部市場への依存度が非常に高いため、特産品である大豆の価格は不安定で、強い投機性を帯びていたであろう。本論で詳述するように、奉天の奥地では大豆移出が開始された当初から、大豆や銀銭の先物取引が発生している。第二に、移出入の結節点が海口である営口にほぼ集約されていたため、営口の内陸集荷地に対する金融上の影響力は強かったであろう。本土でも開港前より米穀や特産品の移出拠点は特定の港湾都市に集約されていたが、金融の集中は物流ほど進んではいなかった(3)。しかし奉天では、既に第二章で考察した通り、一九世紀前期より、現銭の絶対的欠乏を契機として、営口開港以前の移出拠点の一つである蓋平の銭票が省内で通行するなど、早くから金融の集中が見られた。営口開港後は、営口特有の通貨である過炉銀の影響力が強まったものと予測される。

過炉銀とは銀炉（銀の鋳造業者）が銀塊の預け入れに対して振り出す預金通貨のことである。過炉銀を用いれば売り手と買い手は現銀を動かすことなく、銀炉内での口座振替により決済が可能になり、貨幣が節約される。過炉銀については、既に佐々木正哉が海関報告などを用いて詳細な研究を行っている。ところが佐々木によると、過炉銀を行使できるのは大屋子と呼ばれる営口在住の「ギルド商人」に限定され、振替は原則として口頭で行われ、手形や為替の授受は見られないという(4)。また倉橋正直によると、営口以外の主要都市でも過炉銀に類似した預金通貨が用いられ、市内の有力商人によって構成される公議会が過振りの監視に当たったという(5)。しかし過炉銀は、佐々木や倉橋が言うように、果たして一都市の特定商人に限定された狭隘で閉鎖的な通行範囲しか持たず、他地域に対する影響力を持たないものであったのだろうか。より直截的に言うと、過炉銀は営口以外の地では用いられなかったのであろうか。

確かに、銀炉自身は基本的に紙券類を発行していなかった。だが、銀炉と取引のある商人が奥地に向けて手形を振り出していた可能性は否定できない。小瀬一によると、営口と本土開港場との決済には上海為替（上海で決済される上海両建て為替）が使用され、過炉銀の価値は上海為替との互換性により維持されていた。(6)そうだとすると、営口と奥地との決済に過炉銀建て為替が使用されていた可能性は十分ある。宮下忠雄も、営口は過炉銀を通して東三省各都市との金融調整の任に当たったと述べている。(7)小瀬・宮下ともに営口の奥地に対する影響力について言及しているが、奥地における過炉銀流通について実証していない。

以上の予測から導き出される本章の課題は、第一に、奉天における大豆取引の投機性について考察すること、そして第二に、過炉銀を通した営口資本の奥地に対する金融面での影響力行使について具体的に解明することである。

ところで、奉天の大豆交易に関する中国側資料は非常に少ないため、これまでの研究は外国文献に大きく依拠してきたが、それらは次の二つに大別される。第一は、海関報告を用いたもので、開港場間の流通や過炉銀制度について、多くの知見をもたらした。しかしながら、史料の性格上、海関統計に出てこない帆船交易や、営口と内陸集荷地との交易については充分に捉えられなかった。(8)第二は、日本の調査報告を用いたもので、満鉄沿線や奥地における大豆取引の実態が次第に解明されてきた。しかし史料の大部分は一九〇七年以降のものであり、日露戦争以前の状況はほとんど紹介されていない。(9)本章は営口と内陸部との関係について考察するため、日本側調査報告を中心に議論を進めるが、部分的に漢文資料を用いることにより、検討範囲の上限を一九世紀後半期以降に拡張している。また下限は概ね一九一〇年代までとする。引用の便宜上、使用した調査報告の中で主要な資料四点を本文末にまとめている。

一　奉天大豆の先物取引

およそ価格変動を起こす商品の取引は、必ず幾ばくかの投機性を帯びるものである。従って中国本土でも、米穀や銀銭の思惑売買は常に行われていた。しかし史料に現れる投機行為の大部分は「囤積居奇」すなわち値上がりを見越した穀物などの買い占めであり、取引所での定期（先物）取引のような高次の（従って投機性も強い）売買はほとんど見られない。

一九三〇年代に至っても本土の米穀交易は相対取引に依っており、取引所取引は見られなかった。売買の対象は現物で、先物取引はなかった。具体的に見ると、たとえば江西省では売買契約が成立した後に市場価格が下落すると、仲買人はあれこれ口実を設けて支払いを引き延ばすので、売り手は滞在費や営業経費がかさみ、結局安値で売り放つことを強いられていた。これは「貨物はこの地で止まり、貨物はこの地で死す」と呼ばれていた。[10] 買い手は先物市場で売り繋ぎができないから、買取価格を強引に下げて損失を回避していたのである。蕪湖・鎮江・無錫などでも、市価が下がっている時には、帆運商人は手持ちの米穀を当地の倉庫に預ける（つまり囤積する）か、または別の市場に転運した。囤積（値上がり待ち）を選択した場合、鎮江や無錫では米問屋を保証人として、預けた米穀を担保に、金融業者から融資を受けることもできた。[11] これもまた帆運商人が囤積した米穀を先物市場で売り繋げない所以の行為であり、米価が続落し担保割れが起きた場合の貸し倒れリスクは米問屋が引き受けていたのである。

ただ、棉花については、貿易港上海では棉花の先物取引が行われていたし、農村部でも河南省や湖北省の一部において「定盤交易」「期盤交易」「期花交易」「拋盤取引」などと呼ばれる先物取引が見られる。しかしこれらは取引所で行われる取引ではなく、東三省の大豆取引で「批売買」と称されるところの、代金前払いの予約売買（青田買い）で、集荷商人の棉作農民に対する高利貸しに近い性質のものであった。[12] また『中国農村慣行調査』によると、河北省欒城県寺北柴村では日中戦争前に「放花賬」と呼ばれる収穫前の棉花売買が行われていたようであり、順義県沙井村でも「売青苗」という農作物の青田売り慣行が見られた。ただ同村では「山海関以内は土地が少く食べるものがないからそういうことはしない。山海関外満洲ではそういうことがあると聞いたことがある」という証言も採取されており、農村部での先物取引はさほど盛んではなかったようである。[13]

一九世紀までの文献から定期取引を見出すのはなお一層困難である。管見の限り、先物取引に関する史料上の濫觴は、清実録に収録された道光一五年（一八三五）一二月癸未の上諭である。これによると、道光一二年、直隷省の遵化直隷州や州属玉田県で奸商が穀物の空売買を行ったので、諭旨を下してこれを禁止したが、この度御史豫泰は「奸商による買空売空の積弊を飭禁せられんことを請う」と題された奏摺にて、「奉天省の錦州府などでは、また奸商が太和・天和・恒盛などの字号を開設し、人びとを集めて先物取引を行い、銭期・米期のような空売買を繰り返して利鞘を取るので、当地の糧価は日々高騰して民食に困難を来たし、また生産地では商販の売り控えを招来して隣省の市価をも上昇させている」と報告し、その禁止を願い出たとある。[14]奸商らは空売り、すなわち手許に現物が無いにもかかわらず売り注文を出し、価格が下落した後に買い戻して利鞘を稼いでいたのである。空売買の対象は米（粟米）と銭（東銭）であり、これを米期・銭期と呼ぶのは、米や銭の定期取引という意である。建値は銀であろう。宣統元年（一九〇九）、永平府に商務分会が開設された際にも、会の規約に米価高騰時の引渡拒否や米価下落時の買取拒否を禁止し、取引不成立の場合には保証人が時価で精算することが謳われており、[15]清末の冀東地方では既に粟米の定期取引が定着していた模様である。

また、道光一三年四月丙午の上諭にも、盛京協領奇成額が商民による買空売空行為を失察した（違法行為を見逃した）ことを理由に免職処分を受けたとあり、[16]同じ頃盛京（瀋陽）でも空売買が行われており、前年の上諭によって違反者が摘発された模様である。咸豊八年にも京師で銭市における空売買の禁止が議論されているが、[17]これは官銭票の濫発による通貨混乱に起因したものであろう。以上の事例より、中国の先物取引は遵化州・錦州・盛京といった冀東から奉天にかけての穀物集散地において、概ね一八三〇年代頃から開始されたものと見られる。資料④二三七頁でも、咸豊初年より奉天で大豆の先物取引が盛んになったという言い伝えが紹介されている。

先物取引が囤積居奇より優れているのは、価格の高騰だけでなく下落にも対応できること、手許に現物や現金が無くとも空売り・空買いができることであるが、その反面、思惑が外れると損失も多大になる。そこで近代的な取引所では証拠金を納めさせることにより空売買を抑制しているが、清朝政府は先物取引自体を違法行為としたのである。そのため、清代の史料から先物取引の実例を見出すのは非常に難しい。しかし民国期の史料には、往時先物取引を行っていたと語るものが見られる。そしてその大部分は奉天の大豆交易に関するものである。

一九世紀末まで、奉天の大豆は奥地より遼河を下って営口に集積されていたが、上流の集荷地の一つに鉄嶺があった。民国二〇年刊『鉄嶺県志』巻八、実業、商務、期糧には、次のような文章が記されている。

清の咸豊三年、鉄嶺の馬蓬溝の河運が開かれてから、糧商が県城内の関帝廟内に銭行を設立し、現銀と期銀の取引を始めた。名づけて銭市と言った。また県城内の楼南路東にある商姓の茶寮内で現糧と期糧の取引を行った。名づけて茶館と言った。銭市は早朝に開かれ、茶館は正午に開かれた。……光緒一四年の春、銭行と糧行に属する商戸は皆、資金を出し合って県城内の関帝廟を修築し、規模を拡大した。そして東西の廊房内で銀と穀物の取引を行い、楼南の茶館を廃止して、銭と穀物を同じ場所で取引するようにした。名づけて銭糧公所と言った。

これによると、鉄嶺で先物取引が始まったのは、県城から西に約五里隔たった遼河の河岸に馬蓬溝という船着き場が開設された咸豊三年のことである[18]。おそらくこの年より、遼河の河運による本格的な大豆移出が開始されたのであろう。その担い手は糧商、すなわち清末民国期には糧桟と呼ばれた穀物仲買商で、糧（大豆）と銭（銀と東銭）の現物と先物が売買された。取引所は銭が関帝廟内の銭市に、糧が商姓の茶館に置かれ、時間をずらして毎日一回ずつ取引が行われていたが、光緒一四年（一八八八）に関帝廟を拡張し、両者を合体して銭糧公所となし、廟内の東西の廊房で取引を行った。

資料④に収録された期糧公認期（後述）の調査に基づいてこれを補足すると、期糧の取引所は「糧市」「茶館」と呼ばれ、組合員以外は取引に参加できなかった。組合員たる者の資格は糧桟または油房（搾油業者）を経営する中国人であるが、鉄嶺の場合、東銭三〇万吊以上の資本金を有する糧桟・油房に限られていた。組合へ加入するには組合員全員の合議が必要であり、鉄嶺の場合、更に入会金として三〇〇吊文を納付しなければならなかった。組合員は他人のために売買することもできた。立会時間は、鉄嶺の場合、午前八時から一二時までで、二月から次の収穫期までは午前と午後の二回に分けて行われたが、時間外取引は無効とされた（二五二―二五三頁）。鉄嶺では、組合員は糧市において各自欲する値段を呼び合って取引相手を求めるが、売買が成立しても代金の授受や証拠金の提供は行わず、売り手は「売糧批帖」と呼ばれる売約証書を、買い手は「買糧批帖」と呼ばれる買約証書を相手に交付した。期日までは批帖を他人に転売することも可能であった（二六九頁）。

このように道光一二年の禁例にもかかわらず、奉天の先物取引は大豆移出の増大に伴って奥地へと広まった。相場が立てられたのは移出品である大豆と、大豆の購入手段である貨幣であり、どちらも糧桟が売買したため、光緒期には両者を併せて銭糧公所を設立している。これらは二〇世紀、日本によって開設された株式会社組織の近代的取引所とは性格を異にし、証拠金を納めさせない、対人信用に基づく取引所である。とりあえずこれを「在来型取引所」と呼ぶことにする。

ここで奉天大豆の買付方法について少し触れておこう。大豆販売には、生産者である農民が集荷地に持ち込む場合と、糧桟が収穫前より農民に代金を前払いして大豆を確保する場合とがある。前者すなわち農民と糧桟との取引や糧桟相互の取引は、交易される場所に因んで河俳《たい》（河川の船着き場）・集市俳（馬車輸送の結節点で開かれる糧市）・火車俳（鉄道の駅）・囤俳（糧桟の院内）などと呼ばれるが、これらはいずれも現物取引である。これに対して、後者は青田買いと呼ばれる取引所外での先物取引であるが、空売買のような投機はできない。青田買いには一定量の大豆を予約売買するものと、特定耕地の特定面積より収穫されるべき作物を予約売買するものとの二形態が存在するが、東三省の批売買は前者であった。批売買の契約が成立すると、買い手は代金の一部（その割合は地域や市況により異なる）を前払いし、売り手は飛子と呼ばれる手形を発行した。飛子は転売することも可能であった。[19] いずれも二〇世紀以降の調査報告によるものであるが、一九世紀後半期も概ね同じ形態で集荷されていたものと思われる。

一九二〇年代に入ると、糧桟は官銀号などから買付資金を借り受けるとともに、外国銀行からも鈔票や金票の融資を受け、これを取引所や市中の両替商で奉天票に換えて農民に支払っているが、[20] 一九世紀後半から二〇世紀初頭においては、山西票号（票荘）などより銀（現銀や過炉銀＝後述）を借り、これを在来型取引所や銭荘で東銭票や小銀貨に換えて支払っていたものと思われる。[21] 大豆の収穫期に当たる一一―一二月には農民に支払う銭（東銭票）の需要が逼迫するので、鉄嶺の糧桟は銭市を開設し、銀銭価格変動のリスクを回避していたのであろう。

農村で買い集められた大豆は鉄嶺などの内陸集荷地に運ばれ、在来型取引所で特産商に販売された。ここでは現糧だけでなく期糧も取引されるので、糧桟は買い付けた大豆を売り繋ぐことも可能であった。資料④によると、光緒末には「地方の客」と鉄嶺糧桟との間、および鉄嶺糧桟と「営口等の商人」の間で空売買が行われていたとある（二八三頁）。特産商は遼河の河運によって大豆を営口へ持ち出し、移出商に販売した。かくの如く、糧桟と特産商・移出商は機能が分化していたのであり、特産商や移出商が糧桟の役割を取り込むことはなかった。三井物産が東三省各地に営業網を張りめぐらせながら、農民や糧桟からの直接買付を行わず、最下流の輸出部門に特化したのは、商慣習や金融の面で市場が分節化していたからである。[22]

さて、清朝政府は道光年間より買空売空を禁止したのであるが、鉄嶺の銭市・茶館・銭糧公所が官憲の取締りを受けたという記録はない。おそらく大豆は主穀ではないので、食糧政策に直接影響を及ぼさないから、大目に見られたのであろう。[23] 更に光緒末に至ると、財政難にあえぐ政府は、これを公式に認めて、積極的に課税しようと試みるようになった。

資料④によると、大豆の先物取引は咸豊初年より本格的に始まり、官憲の禁止にもかかわらず旺盛を極めたので、光緒二七年（一九〇一）秋、山西候補知府王文恒が期糧の公認と課税を稟請し、奉天将軍増祺もこれを支持したとある（二三七—二三八頁）。増祺は光緒二九年六月二一日に「昌図府の通江口および鉄嶺・錦州・新民・遼陽・奉化・開原・広寧・英守屯などは皆大豆の集散地であり、商戸が毎年八月から翌六月一日までの期間に期糧取引を行っている。そこで売り手と買い手の双方から、大豆一〇〇石につき各々東銭二五〇〇文の捐を徴収すべし」と議奏した[24]。この提案は裁可され、増祺は鉄嶺に期糧捐局の総局を、通江口（昌図府属）・英守屯（開原県属）・錦州・新民・遼陽・奉化（梨樹）・広寧・開原・寧遠・綏中の一〇箇所に分局を設置し、同年八月より翌三〇年八月までの約一年間に東銭二三三万吊を徴収した[25]。これについて、民国『鉄嶺県志』は前掲引用文に続いて「光緒二八《ママ》年、奉天総督増祺が委員を鉄嶺に派遣して期糧捐局を設置し、期糧百石を取引する度に東銭五千を捐納させ、売り手と買い手が折半した。捐輸（強制的寄附）提唱後、四方の客商は皆銭糧公所に集い、毎日取引される期糧は数万石から数十万石に上った。鉄嶺の商業はこの時最も栄えていた」と述べており、捐輸と引き替えに期糧が公認されたため、鉄嶺の大豆先物取引はますます盛んになったらしい。しかし光緒三〇年九月から三一年一一月までの二期目は日露戦争の影響を蒙ったため、東銭百余万吊程度しか集まらず[26]、事実上頓挫した。

　戦争の終結により大豆交易が復活すると、政府は再び期糧捐の徴収に乗り出した。光緒三二年（一九〇六）正月、奉天将軍趙爾巽は期糧を解禁して捐輸を再開した。光緒三三年には期糧取引が最も盛んになり、鉄嶺の毎日の取引高は七—八万石、錦州は一八〇囤（一囤＝二一〇石）に上り、期糧捐局の収入も毎月東銭一七万七〇〇〇吊に達した（資料④二三九頁）。しかし同年五月、某人が東三省商人の買空売空を厳禁すべしと上奏し、調査を命ぜられた御史徐世昌・唐紹儀・朱家宝・程徳全らは、「昨年は同江（通江口）と営口の商人が期糧取引をめぐって互いに争い、本年も営口の商会と鉄嶺の糧商が訴訟を起こしている」などの事例を挙げ、期糧取引が商業秩序を紊乱させているとして、その禁止を奏請したため、[27]同年九月、期糧捐局は廃止され、期糧も禁止された（資料④二三九頁。但し同書二六五頁には一〇月一日と作る。また『東三省政略』巻七、財政、奉天省、税務、税務沿革表には一二月に廃止されたとある）。

期糧の解禁と期糧捐の徴収が短期間で撤回された最大の理由は、日露戦争が予想外に早く終結し、戦争が長引くことを見越した思惑買いの失敗などで、先物取引をめぐる営口と内陸集荷地商人との紛争が激化したためであろう。資料④によると、分局が開かれたのは開原・新民府・錦州の三箇所に止まり、その他の地域では期糧取引をめぐる訴訟が紛糾して、再開の見通しが立たなかった（二六一頁）。徐世昌は通江口の状況に関する上奏で、「該処の糧桟各商は、期糧の賠累（債務超過）に因り、営口の広幇商家と渉訟したること経年、案懸未だ結せず」と報告している。[28]因みに、営口で広東商人葉亮卿の経営する東盛和が破産したのは、光緒三三年一〇月一日である。既に述べた通り、伝統的取引所での先物取引は証拠金を要しない、対人信用のみに基づくものであった。従って相場がはずれた際の精算方法は確立されておらず、一旦対人信用が崩れ出すと訴訟が頻発し、市場に深刻な打撃を与えたのである。資料④によると、清朝の高官も取引所における保証制度の必要性を認識していたらしい（二六五頁）。

光緒三三年の禁令により、期糧は史料から姿を消すが、水面下では依然として取引が続けられていたようである（資料④二三九・二五二頁）。一九一二年より、日本政府が大連を起点として満鉄沿線に近代的取引所を開設し始めると、これに対抗して中国商人も奉天・営口・鉄嶺などに交易保証所を設立し、証拠金を納付させて精算の円滑化を図った。前出『鉄嶺県志』によると、同県で銀糧保証公所が設置されたのは民国四年（一九一五）一月のことであった。[29]ところが日本側・中国側を問わず、近代的取引所はほとんど有効に機能せず、その多くが数年で廃止されている。[30]鉄嶺の保証所も民国一五年一〇月に精算された（民国県志）。いったい何故、大豆作農民や糧桟は近代的取引所を敬遠したのであろうか。

実は大豆作農民は糧桟より、糧桟は特産商より、運転資金の融通を受けていた。農民の多くが批売買によって収穫前に代金の一部を受け取っていたことは既に述べた。その担保は地券であったらしい[31]。糧桟については、『通商彙纂』明治四一年一六号「鉄嶺ニ於ケル清商破産ニ関スル報告」（明治四一年二月二九日）に、次のような記録がある。

昨年末、金融界非常ニ逼迫ヲ来シタル際、大豆、豆餅ヲ取扱フ商人ハ、一時ノ急ヲ逃レンタメニ先物売買ヲ契約シ、其前受取金ヲ以テ自己ノ債務ノ弁済ニ当テ、僅カニ凌ギ来リシニ、其後期日ニ至ルモ大豆、豆餅意ノ如ク出廻リナク、其価格ノ上騰シタルトニヨリ、大失敗ヲ招クニ至レリ。（引用文の句読点は著者。以下同じ）

すなわち一九〇七年、鉄嶺の「大豆、豆餅ヲ取扱フ商人」である糧桟は特産商に大豆を予約販売して前受金を受領していたが、豆価が高騰して期日までに商品を確保できなくなり、破産する者が続出したというのである。このように金融が常に逼迫している奥地の農民や糧桟にとっては、証拠金を納付させる取引所取引よりも、契約時点で何割かの現金が得られる批売買の方が有利であった。農民や糧桟が利用できる金融制度の未発達こそが近代的取引所の発展を妨げたのである。既述の通り、一九二〇年代には官銀号→糧桟→農民という融資経路が確立し、三井物産などの移出商も取引所を迂回し、官銀号系（官商筋）糧桟を通して満鉄沿線で大豆を仕入れるようになる[32]。

以上のように、一九世紀後半から二〇世紀初頭にかけて、奉天の大豆は現物取引および批売買と期糧という二種類の先物取引によって売買されていた。民国以降、近代的取引所での取引がこれに加わるが、ほとんど発達しなかった。

奉天で大豆の投機的取引がかくも盛況を呈した要因としてまず想起されるのは、大豆という商品の特性である。大豆は大部分が豆油や豆餅に加工される工業原料であり、市況は全国市場や世界市場の影響を強く受ける。また米穀と較べて自家消費や域内消費は少ない。大豆は販売を前提として栽培される特用農産物なのである。しかしそれでも、奉天内部に大豆の消費地があれば、需給は相対的に均衡しやすくなり、投機の余地は比較的少なくなるであろう。だが奉天の市場構造は、域内分業が脆弱で全国市場への従属性が強い、換言すれば外部依存度の高いものであった。

本土でも、内陸産米地域は江南の先進手工業地域に対し、米穀を移出して棉布を移入する従属的関係を強いられていた。しかし内陸部は、粗布を自給して食糧流出を防遏しようとする衝動を常に抱えていた。だが一九世紀後半期の奉天では、棉布の自給は絶望的であり、日露戦争後はより競争力の強い外国製棉製品と対峙しなければならなかった。大豆は砂糖やタバコのような高付加価値商品ではないが、清末より市場は急速に拡大しつつあり、東三省は粟や高粱で食糧を自給しながら特産品である大豆の生産に著しく特化し、これを移出することで日用品移入のための代価を稼ぎ出していたのである。日用品移入の多寡は大豆移出と比例していた(33)。

東三省の移入品の大宗は棉製品であり、大市場の一つが鉄嶺であった(34)。前出「鉄嶺ニ於ケル清商破産ニ関スル報告」によると、

此回ノ破産商中三分ノ一ハ雑貨店ニシテ、重ニ土布ヲ取扱フ店ニ属ス。蓋シ土布ハ明治三十七、八年日露戦争迄ハ非常ノ好況ニシテ、従テ該業ヲ営ムモノハ孰レモ巨利ヲ占メタルヨリ、昔日ノ吉夢容易ニ醒メス、平和後モ多額ノ土布ヲ仕入レタルニ、其後ノ商況ハ従前ノ如クナラス、日々下落一方ニテ、一度売レハ一度損ヲ招キ、商況大ニ悲境ニ傾キシ際ニ、銀ノ下落、東盛和ノ破産事件アリ、遂ニ引続キタル損失ハ年末ノ決算ヲ果ス事能ハサルニ至リタルモノ、如シ。

とあり、鉄嶺では雑貨店が土布を扱っていた。ところが日露戦後不況により土布の在庫が膨らみ、更に銀価下落や東盛和破産の悪影響を受け、多くの雑貨店が倒産した。このように、鉄嶺は奥地にありながら移出入依存の強い、不安定で投機的な市場であった。それ故、鉄嶺の糧商は早くから銀銭や大豆の取引所を開設し、価格変動のリスクを回避していたのである。

二　大豆取引の決済方法

鉄嶺などの内陸集荷地で取引された大豆は、営口を経由して本土や海外に販売された。大連が急成長する二〇世紀初頭までは、営口こそが奉天大豆の移出拠点であった。その営口では大屋子間の過炉銀決済がなされていたと言われているが、奥地との決済はどのような方法で行われていたのであろうか。

清代奉天では地域内貨幣としての東銭建て銭票と地域間貨幣としての銀両（元宝銀）が使用されていたが、光緒年間には両者の機能を併せた大洋銭・小洋銭（小銀貨）などの銀元が登場する。しかし元宝銀であれ大洋銭・小洋銭であれ現銀を輸送するのは不便かつ危険であり、送金手段として為替が用いられていたものと想定される。そこで日本側調査や領事報告を用いて日露戦争直後の大豆集荷地における金融状況を観察しよう。

まず鉄嶺について。資料②第三、鉄嶺によると、

為替ハ主トシテ営口間ニ行ハル。為替ノ売買ハ凡テ営口過炉銀ヲ本位トシ、此地ノ受払貨幣ハ小銀貨トス。此地商人カ営口ヨリノ仕入貨物ニ対スル代金ヲ支払フ為メ、営口ニ送金為替ヲ取組ムモノ少カラサルモ、多クハ此地ヨリ発送スル貨物ノ代金ト相殺スルヲ常トシ、為替ノ売買ハ寧ロ為替相場ヲ利用スル投機ノ目的ニ出ツルモノ多シ（三三二―三二四頁）。

とあり、営口との間に営口過炉銀建て送金為替が取り組まれていたが、鉄嶺での為替売買は小銀貨を用いており、また為替を用いずに移出と移入の代金を相殺することも多かった[35]。同資料にはまた、

匯荘。一ニ匯兌荘ト云フ。為替取組営業ニシテ、商業取引上最モ重要ナル機関ナリ。主トシテ穀物問屋及雑貨店ノ大家ニ於テ之ヲ取扱ヒ、又貸付ニ従ヒ、銀行業ノ一部ヲ営業シ、此地商界ニ於テ最モ有力ナル地位ヲ有ス。為

替取組区域ハ甚タ狭小ニシテ、主トシテ相互ノ関係密接ナルモノハ営口ニシテ、奉天、長春地方ハ少ナシ（三三頁）。

とあり、同地の票荘（匯荘・匯兌荘）が為替の取組や資金の貸付を行っていた。主たる取組先はやはり営口であった。森田元治郎・矢部仁吉編『満洲ニ於ケル通貨及金融』（満洲日日新聞社、一九一四年）にも「鉄嶺営口間ニ行ハルル為替売買ハ凡テ営口過炉銀ヲ本位トスルヲ以テ、為替ノ関係上過炉銀ノ売買行ハルルモ……」（九四頁）、「曾テ遼河貿易全盛ノ時代ニアリテハ、当地ノ貿易ハ凡テ営口ヲ経由シ、貸借ノ決済ハ過炉銀ニ拠リ、小銀貨ヲ以テ通貨トシタルガ……」（九八頁）などとあり、営口過炉銀建て為替の使用を裏付ける。

為替の売買は銭市で行われ、過炉銀相場の変動を見越した投機的取引も盛んであった。前出『鉄嶺県志』巻二、地理、市場によると、

また搗把と俗称される期糧の売買がある。名づけて期市と言う。譙楼南路東の商姓の茶寮で売買を行う。また営口の炉銀を搗把する者は、城内関帝廟の後ろで行う。（その後）大豆を搗把する期市と併せて、関帝廟に移設された。

とあり、かなり早くから過炉銀の先物取引が行われていたことを示す。為替相場が激しく変動する最大の要因は、大豆の出廻り期に現地通貨である小銀貨の需要が増大するからであるが、過炉銀の卯期（決算期）に資金が営口に還流することも影響していたものと思われる。[36] なお、鉄嶺商人相互の決済は現金でなされ、手形を用いた取引は見られなかったようである。[37]

次に遼陽について。資料②第一、遼陽によると、「遼陽ノ商業ハ営口ト密接ノ関係ヲ有シ、其取引ニハ凡テ営口過炉銀ヲ使用シ」（五一頁）ていたとあるが、票荘については、

匯銭荘又兌匯荘ト云フ。為替業務ヲ取扱フモノニシテ、聚豊恒、大徳恒、大峯鎮、福寧号ノ四家アリ。取組地ハ営口及奉天ニシテ、営口トノ取組最モ多シ。蓋シ此地ノ商業ハ凡テ営口ニ支配セラレ、該地ニ於ケル貨物ノ売買ハ過炉銀ヲ以テ取引セラルルカ故ニ、此地営口間ノ為替ハ彼此営口過炉銀ノ売買ニシテ、即チ送金者ハ営口ニ於

ケル支払ヲ小銀貨ヲ以テ此地ニテ決済シ、支払者ハ此地ニ於テスヘキモノヲ営口ニテ過炉銀ヲ以テ決算スルモノトス。此ノ如ク、一方ハ小銀貨ヲ用ヒ、一方ハ過炉銀ヲ用ウルヲ以テ、為替料ノ規定ナク、皆相場計算ナリ。サレハ商人ノ商取引ニ必要ナル為替ヲ取組ム外、投機的ニ為替ノ売買ヲ為ス者少カラス（六〇―六一頁）。

とあり、鉄嶺と同じく営口向け過炉銀建て為替の取組が活発であった。但し、過炉銀は銀炉が振り出す預金通貨であるから、銀炉が支払いを停止すると為替が無価値になる危険性も胚胎していた。[38]

続いて蓋平・安東について。蓋平は営口開港より以前は全省規模で通行する東銭票を発行する奉天随一の金融センターとして知られ、清末には抹兌銀という営口過炉銀に類似した預金通貨制度が行われていた。しかし資料②第一、蓋平に、

為替ノ取組先ハ主トシテ営口ニシテ、其他ノ各地ト取組ムコト甚タ稀ナリ。営口蓋平間ノ為替ハ多ク銭舗ニ依リテ取扱ハレ、受授ノ貨幣ハ営口過炉銀若クハ蓋平抹銀ニシテ、為替相場ハ毎朝一回銀市ニ於テ建テラル。為替ハ殆ト皆営口ニ於テ過炉銀ヲ使用スルモノニシテ、該地ヨリ此地ニ振向ケ抹銀ヲ使用スルモノ少ナシ（一六六頁）。

とあるように、営口との決済には主として過炉銀為替が用いられ、抹兌銀為替の使用は少なかった。為替を扱う商人の多くが銭舗であるというのは、蓋平票発行が盛んであった往時の名残であろう。朝鮮に近い安東でも、資料②第二、安東に、

当地ニ於ケル票号、計九家アリ。預金、貸付及ヒ為替業務ヲ取扱フ屋号、左ノ如シ。……右ノ内、大清銀行及ヒ官銀号ヲ除ケハ、多クハ山西票号ノ出張店ニシテ、其取引先ハ支那全省ニ亙ル（九九頁）。

とあるように、山西票号が出張店を開き、貸付や為替業務を行っていた。但し、為替の主たる取組先については記されていない。

この他、資料②によると、海城（第一、九九頁）や長春（第五、一一〇頁）で、少額ながら、銭舗や票荘による営口と

の為替取組が確認され、北山城子（第三、五六頁）、朝陽鎮（第三、九四頁）、法庫門（第四、一三五頁）、鴜鷺樹（第五、一七頁）、公主嶺（第五、五五頁）でも、営口や鉄嶺と取引のある商店などを介した為替の使用が見られる。また資料②第四、四五頁および『通商彙纂』明治四一年七号「新民府金融事情」によると、新民府では票銀と称する過炉銀建て為替手形が出廻っていたが、これを売買するのは票荘や銭舗ではなく、北山城子などと同様、営口の商店と為替勘定を開いた同地の油房・焼鍋（酒造業者）・糧食店であった。

それでは、奥地と営口との関係はどうだったのであろうか。営口は上海との為替取組により過炉銀の価値を維持していたが、既述の通り、奥地に対しても過炉銀建ての為替取組を行っていた。営口では上海以外の諸地方との為替を外城為替と呼んだが[39]、交易構造から考えて、その主たるものは奥地向け過炉銀建て為替であったと思われる。

先行研究によれば、過炉銀を使用できるのは銀炉に預金口座を開設できる大屋子に限定されていた。営口およびその周辺での交易について言うなら、これは正しいであろう。しかし営口と内陸集荷地との交易については当てはまらない。そもそも銀炉の背後には山西票荘がおり、彼らは為替業務に必要な現銀を銀炉に長期間預託していたことから、自然に銀炉への出資者の役割を果たすようになったのである。資料③は銀炉と票荘との関係を以下のように語る。

従来主トシテ此ノ預金者ノ地位ニ立チシモノヲ山西票荘トス。山西票荘ハ多額ノ資本金ヲ擁シ、広ク清国各地ニ支店出張所ヲ有シ、本業タル為替業務ノ外、資本ノ投下貸付ヲ営ミツツアリ。唯営口ニ於ケル山西票荘ノ銀炉ヘノ投資方法ハ稍其趣ヲ異ニシ、其始メハ営口ニ於テ為替取引ニ従事シタルモノカ、自然銀炉ニ長期ノ預金ヲナスニ至リ、恰カモ投資セル姿トナレルモノナリ。今其経過ヲ述ヘンニ、営口ニ於ケル貿易ニ於テ外地ニ対シ代金支払ヲ要スルモノハ、現銀ヲ輸送スルカ、又ハ為替ノ手段ニヨラサルヘカラス。然ルニ営口ハ前ニ述ヘタル如ク、過炉銀使用ノ結果、現銀欠乏セルヲ以テ、外地ニ対スル支払ハ多ク為替ニ由ラサルヘカラス。票荘ハ即チ営口市場ニ於テハ他地方向ノ為替ヲ売リ、支払地ニテ該地通貨ニテ支払ヒ、営口ニテ受取リタル過炉銀ハ之ヲ以テ逆為替ヲ買入レ、其為替相場ノ鞘ヲ利セントスルモノナリ。而シテ営口ハ現銀欠乏セルヲ以テ、為替相場ハ殆ント為替業者ノ意ノ儘ニ左右シ得ルト、一方過炉銀預金ニヨリ加色ヲ得ヘキヲ以テ、営口ニ於ケル彼等ノ営業ハ頗ル有利ノモノナリキ（一四—一五頁）。

このように山西票荘は銀炉にまとまった現銀を預託し、その預金通貨である過炉銀を基礎として為替売買を行っていた。彼らは送金を要する商人に本土向け上海為替や奥地向け外城為替を販売し、取組先では上海規銀や小銀貨などの現地通貨で支払いを行った。一方、彼らは受け取った過炉銀で逆為替を買い入れ、送金為替と相殺したので、現銀が動くことはほとんどなかったと思われる。彼らの収益源は為替手数料ではなく、為替相場すなわち順為替と逆為替の価格差を利用した鞘取りであった。

既に見た通り、票荘は営口を拠点として鉄嶺や遼陽など内陸集荷地に営業網を張りめぐらせていたが、資料①附録「牛荘港ニ於ケル通貨」によると、

票荘ハ匯兌荘トモ称ス。蓋シ其本業ハ全然為替業務ヲ営ムヲ以テナリ。十中ノ八九ハ殷富ナル山西銀行ノ出張店ニシテ、別段門戸ヲ構ヘズ。何レモ皆当地ノ銀炉内ニ止宿シ、其一室ヲ以テ事務所ニ当テ、店員僅カニ一二名、多キモ三名ニ過ギズ。何レモ清国ノ各通商港ハ勿論、満洲内地ニ於ケル通江子、寛城子、鉄嶺等各重要市鎮ニ至ルマデ其支店或ハ出張店若クハ連絡店ヲ有シ、貿易上必須ノ機関タリ（九四七頁）。

とあり、彼らは営口では銀炉内に寄寓して数名で営業し、また通江口・寛城子（長春）・鉄嶺などに支店や出張所を設けていた。大連にその地位を譲るまで、営口は物流面だけでなく金融面でも奥地経済を管制する東三省の中枢であった。

ところで、山西票号の歴史は比較的浅く、華北商人が蘇州に大量の為替をもたらしたのは道光七—八年（一八二七—二八）のことであった。[40] 営口は西義順油房が開設された道光二〇年頃から本格的に大豆移出を始めるが（資料②第六、

営口、七三頁)、これを受けて山西票号も積極的に奉天へ進出したようである。その一つである蔚泰厚号の蘇州分号(支店)が遺した『京都往来書稿』によると、(41)道光二四年の書簡では瀋陽分号に関する記事が散見される程度であるが、咸豊元—二年の書簡では営口との為替取組に言及したものが出現する。具体的に見ると、史料第二〇二号の京師分号向け書簡(咸豊元年一二月一四日托)には

其瀋信内。因有会過二月初十日。在営口交惇号銀1万両。至日速為転瀋。以備早為評兌。是祝。

とあるように、蔚泰厚蘇州分号は営口の惇号に向けて銀一万両の送金為替を取り組み、京師分号に瀋陽分号への早めの送金を依頼している。しかし営口で支払われるべき現銀は京師から瀋陽分号を経由して送金されており、上海為替による決済は未だ行われていない模様である。

また、史料第二三六号の京師分号からの書簡(咸豊二年二月二九日収接)には、次のような記述が見える。

又従津向山成玉開来船名一摺。今随字統去。至日査閲。内中字号。去歳在津往瀋。与咱会過者甚多。可着夥赴上海。在森盛号。詢問伊之船隻。照応収会。伊等往年従彼会兌。係交曹平9828兌足紋銀。在台交牛平現錦宝両不加色。仮如能通融。開此路交易。合算多多矣。

読み取りにくい部分が多いが、大意は「天津より出帆した船名の一覧があり、現在字ごとにとりまとめ、期日が来れば検査している。その中の字号で昨年天津と瀋陽を往来し、京師分号と為替を取り組んだ者が非常に多かったので、そちらで夥計《てだい》を上海に派遣し、森盛号で船商らの船を調べさせ、為替を買い取るべし。船商らがこれまで森盛号で取り組んだ為替は、中曹平で九八兌の二八宝足紋銀で支払われるものであったが、貴店は牛平で無加色の錦宝銀にて支払うよう約定すべし。もしうまく融通して、この方面の為替取組が盛んになれば、儲けは多いだろう」ということであろう。蔚泰厚京師分号は天津—瀋陽間の為替が急増していることに注目し、森盛号(おそらく票号であろう)が取り組んでいる天津—上海間の為替の一部を(船商への勧誘によって)自店に取り込んで、新たに瀋陽(営口)—蘇州(上海)

間の為替取組を実現するよう促しているのである。

この当時、江蘇省では奉天大豆を販運する船商に漕糧を海運させており、咸豊二年には、浙江省でも翌年より海運を実施することが決定されていた。船商には往路二割の私貨搭載が許されていたが、これだけでは大豆買付資金に足らず、また漕糧の運賃は上海で支払われるので、海運に従事する船商は上海より天津へ為替で送金していたという[42]。奉天大豆の交易は天津経由で展開し、まず上海―天津間の為替取組が確立した。天津―営口間の為替取組が急成長するのを見た京師分号は、両者を併せて上海―営口間の直接送金ルートを開こうと試みたのである。

ここで注目すべきは、京師分号が為替で送金すべき銀両の平・兌・色を、上海で通行する申曹平・九八兌・二八宝銀（後に九八規元、上海両、荳規銀などと呼ばれる上海固有の銀両制度に近い）ではなく、営口で通行する営平・兌なし・無加色錦宝銀で約定するよう、蘇州分号に注意していることである[43]。これは明らかに船商による営口での大豆買付の便を考えた措置である。このことは、当時既に天津では上海為替が取り組まれており、上海両での決済が可能であったのに対し、営口では現地での大豆交易の決済に未だ上海為替を使用しておらず、銀炉で各種の銀錠を錦宝銀に改鋳し、為替の支払いに充てていたことを示している。票荘が銀炉にまとまった現銀を預託するようになったのは、営口向け送金為替の支払いのためである。

好都合なことに、営口の貿易構造は非常に単純で、内地（江南・直隷・山東方面）より棉布や雑貨（以下、両者を併せて雑貨と総称する）を移入し、内地（江南・広東方面）に向け大豆を移出するものであったから、両者を相殺すれば錦宝銀への改鋳はほとんど不要になる。営口における為替が上海為替に置き換えられる時期は特定できないが、沿海諸都市の内国為替が上海為替に収斂されることで、はじめて為替の相殺が可能になり、ここに過炉銀制度が誕生する。因みに、過炉銀が生成したのは同治初年頃と言われる。票荘は過炉銀を基礎として、更に奥地向け過炉銀建て為替を取り組み、東三省の隅々まで金融支配の枝を広げて行くのである。

図6　営口－鉄嶺間の経済循環

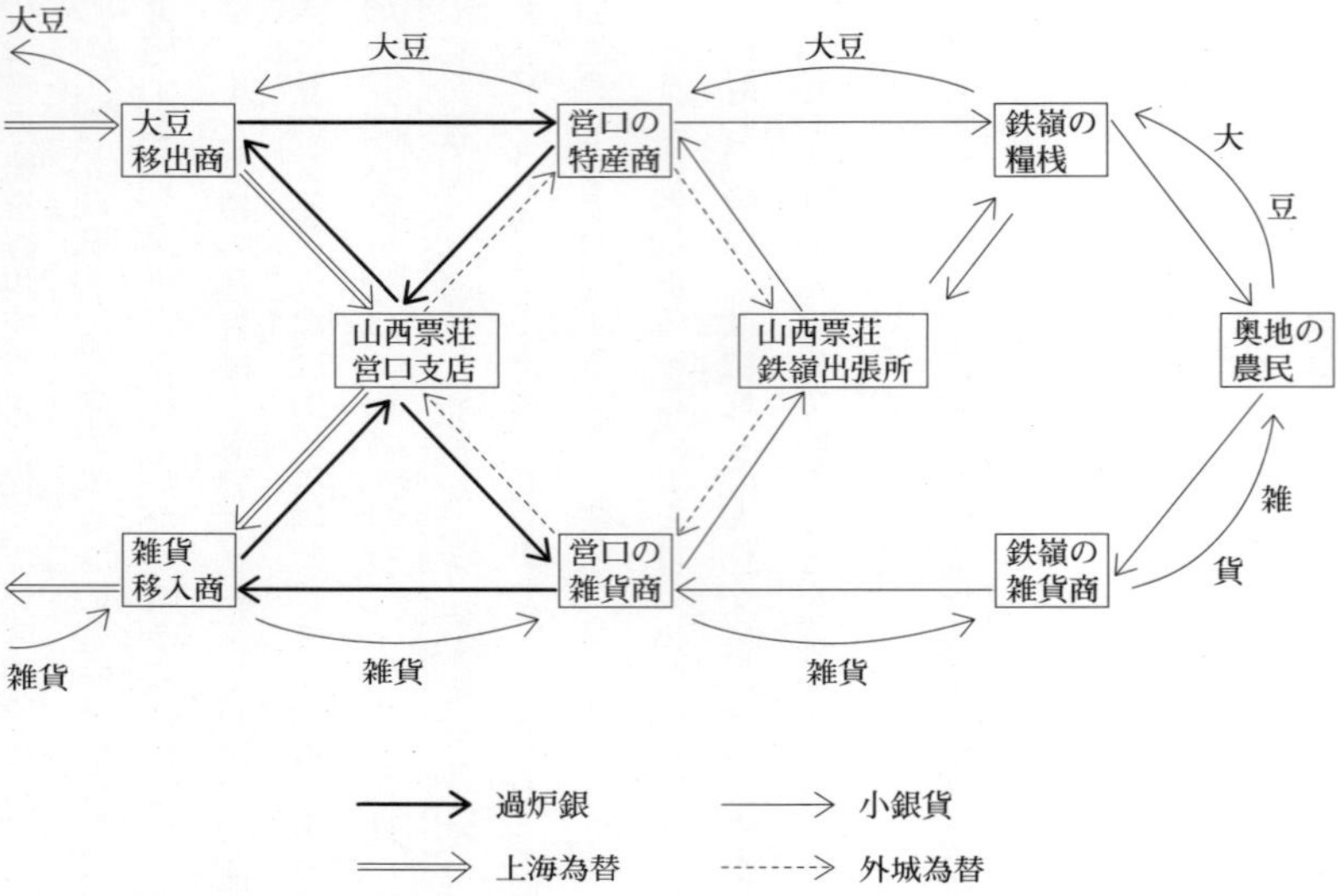

以上の考察で得られた知見に基づき、日露戦争直後頃、営口—鉄嶺間の大豆・雑貨取引における決済方法を再構成したものが図6である。同図の左上に位置する大豆移出商を起点として右回りに説明すると、以下のようになる。

（一）移出商は上海為替を銀炉内に開設された山西票荘営口支店に持ち込んで過炉銀を手に入れ、大屋子を介してこれを営口の特産商に支払い、特産商より大豆を購入して本土に持ち出す。

（二）営口の特産商はこの過炉銀を元手に山西票荘営口支店より奥地向け為替を買い、これを山西票荘鉄嶺出張所（糧桟や雑貨店を兼営していることが多い）に持ち込んで小銀貨を入手し、糧桟より大豆を買う。

（三）鉄嶺の糧桟は特産商に大豆を予約販売し、代金の一部（小銀貨）を受け取って買付資金とする。同時に奥地の農民が糧桟に大豆を予約販売し、糧桟より代金の一部（小銀貨）を受け取る。糧桟が山西票荘より買付資金の融資を受けることもある。収穫後糧桟は現物を受領して特産商に引き渡し、農民—糧桟—特産商間で残金の精算を行う。[44]

（四）一方、鉄嶺の雑貨商は営口の雑貨商より商品を仕入れ、これを奥地の農民に販売し、代金として小銀貨を受け取り、営口の雑貨商への支払いに充てる。

（五）営口の雑貨商は受け取った小銀貨を山西票荘鉄嶺出張所に持ち込んで営口向け送金為替を取り組み、営口支店で過炉銀に換金して移入商に支払う。あるいは商品を鉄嶺の雑貨商に託送して逆為替を取り組み、鉄嶺出張所が鉄嶺の雑貨商より代金を取り立てる。

（六）移入商は営口に雑貨を持ち込み、大屋子を介して営口の雑貨商に販売し、代価を過炉銀で受け取り、山西票荘営口支店で上海為替を買って本土へ送金する。大抵の場合、移入商は移出商を兼ねる。

一見して明らかなように、上海—営口間では上海為替が、営口—鉄嶺間では外城為替が、そして鉄嶺—奥地間では小銀貨が循環し、大豆移出と雑貨移入を相殺している。結節点の営口では過炉銀が循環し、（上海両建て）上海為替と（過炉銀建て）外城為替の接着剤の役割を果たしている。なお、図中の上海為替を洋銀に、過炉銀を錦宝銀に、外城為替と小銀貨を銭票に、山西票荘営口支店を銀炉にそれぞれ置き換え、山西票荘鉄嶺出張所と特産商・営口雑貨商とを結ぶ経路を消すと、一九世紀中葉の決済過程が描き出せるだろう。

かくの如く、山西票号が営口を拠点として金融網を構築したことにより、はじめて奥地の大豆は円滑に営口へ流れ込むようになった。しかし彼らの栄華は長続きしなかった。鉄嶺では義和団事件による金融逼迫を契機に露清銀行が貸付を伸ばし、山西資本の勢力を侵蝕したと言われているが（資料①三九九頁）、為替部門は安泰であった。彼らを脅かしたのは、奉天官銀号（後に東三省官銀号と改称）が奉天票の発行を通して幣制統一を進めたことであった。官銀号は不換紙幣である奉天票を大量に発行して系列下の糧桟へ買付資金を融資し、官銀号系糧桟は相対取引により大豆を特産商・移出商に販売するようになった。そして移出商は満鉄経由で大豆を輸出し、横浜正金銀行など外国銀行を通して代価を回収した。ただ、決済手段として農民—糧桟間は匯兌券（奉天票と呼ばれる東三省官銀号などの不換紙幣）が、糧桟—特産商間は金票（朝鮮銀行の金券）が、特産商—移出商間は鈔票（横浜正金銀行の銀兌換券）が、移出商—上海・日本間は鈔票・金票が用いられていることから明らかなように、[45] 大連経由の大豆交易が構築した金融構造は分節的で、三井物産など特定の商人が流通支配を貫徹させることはできなかった。しかしながら山西票号がこれに食い込める余地もまた全く残されていなかった。一九二〇年代を通して営口の過炉銀制度はかろうじて命脈を保っていたが、一九三三年から翌三四年にかけて「満洲国」の主導の下で精算されたのである。

おわりに

一九世紀中葉から二〇世紀初頭まで、営口は奉天大豆の移出拠点として繁栄した。奉天の大豆市場は本土の米穀市場などと比較して、外部市場の影響を受けやすい、不安定で投機的な性格を有していた。一方、それは本土市場と直結しているため、本土資本の支配を受けやすく、早くから上海—営口—内陸各集荷地という金融の樹枝状構造が形成されていた。以上が本章の結論である。

一九世紀前半期まで、奉天は直隷・山東との間に、粗布を移入して雑穀を移出する緩やかな分業関係を築きつつあった。しかし咸豊以降、大豆移出の急増により、奉天は江南を中心とする全国市場（本土市場）、更には世界市場と直結し、棉製品や雑貨の売り捌き地、油や肥料の供給地として従属的に位置づけられるようになった。奉天を含む東三省経済が自立を模索するのは、敢えて言えば、官銀号を通して東北の金融を支配した張作霖政権の頃からであるが、[46] その萌芽は国民政府ではなく帝国主義日本によって摘み取られたのである。

資料

①外務省編『南満洲ニ於ケル商業』金港堂書籍、一九〇七年
②『南満洲経済調査資料』南満洲鉄道株式会社調査課、一九〇九―一〇年
③『営口ノ過炉銀』南満洲鉄道株式会社調査課、一九一〇年（資料②第六所収と同文）
④『大豆ニ関スル調査』拓殖局、一九一一年

註

（1）加藤繁「康熙乾隆時代に於ける満洲と支那本土との通商について」（加藤『支那経済史考証』下巻、東洋文庫、一九五三年所収）、拙書『清代の市場構造と経済政策』第八章・第九章。なお、本章では豆貨三品を大豆と総称する。
（2）拙書『清代の市場構造と経済政策』第一章―第四章。
（3）たとえば、中国における為替制度発達の遅れについて、黒田明伸『中華帝国の構造と世界経済』名古屋大学出版会、一九九四年、一〇〇―一〇六頁、足立啓二『専制国家史論』柏書房、一九九八年、二〇九頁を参照。なお、本土では港湾都市から定期市まできめ細かな物流網が形成されていたのに対し、東北のそれは近代以降も拠点都市と県城を結んだだけの、目の粗いものであった。安冨歩「定期市と県城経済 ―― 一九三〇年前後における満洲農村市場の特徴 ――」『アジア経済』四三巻一〇号、二〇〇二年。
（4）佐々木正哉「営口商人の研究」『近代中国研究』第一輯、東京大学出版会、一九五八年。過炉銀に関連した戦後の諸研究は、ほぼ全て佐々木の著述に依拠している。
（5）倉橋正直「営口の公議会」『歴史学研究』四八一号、一九八〇年。
（6）小瀬一「一九世紀末中国開港場間流通の構造 ―― 営口を中心として ――」『社会経済史学』五四巻五号、一九八九年。
（7）宮下忠雄『中国幣制の特殊研究』日本学術振興会、一九五二年、一五〇―一五一頁。
（8）前註（4）佐々木、前註（6）小瀬など。これに対し、宮田道昭は海関報告に拠りながらも、日清戦争頃までは沙船による大豆移出が無視できないほど大きかったことを論じている。宮田「一九世紀後半期、中国沿岸部の市場構造 ――『半植民地化』に関する一視点 ――」『歴史学研究』五五〇号、一九八六年（宮田『中国の開港と沿海市場』東方書店、二〇〇六年所収）。

(9)石田興平『満洲における植民地経済の史的展開』ミネルヴァ書房、一九六四年、石田武彦「二〇世紀初頭中国東北における油坊業の展開過程」『北大史学』一三号、一九七一年、同「中国東北における糧桟の動向 —— 満州事変前における —— 」北海道大学『経済学研究』二四巻一号、一九七四年、西村成雄『中国近代東北地域史研究』法律文化社、一九八四年、雷慧児『東北的豆貨貿易』台湾師範大学歴史研究所、一九八一年、塚瀬進『中国近代東北経済史研究』東方書店、一九九三年、同「満洲事変前、大豆取引における大連取引所の機能と特徴」『東洋学報』八一巻三号、一九九九年など。

(10)『江西米穀運銷調査』江西省農業院農村経済調査科、一九三七年、八〇頁。一九三〇年代に中国政府が行ったこれらの調査の報告書は、一九四〇年に生活社より『支那経済資料』として翻訳出版された。頁数は訳書による（以下同じ）。

(11)『蕪湖米市調査』社会経済調査所、一九三五年、一九頁、『鎮江米市調査』社会経済調査所、刊行年不明、一〇頁、『無錫米市調査』社会経済調査所、一九三五年、三二・八八頁。

(12)『河南・湖北・安徽・江西四省棉産運銷』金陵大学農学院農業経済系、刊行年不明、一九六―二二七頁。

(13)『中国農村慣行調査』（岩波書店、一九五五―五八年）第三巻、三一〇頁、第一巻、五八―五九頁、第二巻、二一九頁。

(14)『大清宣宗成皇帝実録』巻二七六、道光一五年一二月癸未

又諭。御史豫泰奏。請飭禁奸商買空売空積弊一摺。各直省於毎月奏報糧価。稽査有無増減。原以防奸商市儈。罔利居奇。道光十二年間。因直隷玉田・遵化等州県。有奸商買空売空諸弊。曾経降旨通行飭禁。茲拠該御史奏称。奉天錦州等処。復有奸商開設太和・天和・恒盛各字号。邀群結夥。買空売空。懸擬価値。転相招引。空有銭期・米期。循環互易。行中藉以抽分。価随意長。以致糧価日貴。民食愈艱。産穀之区。商販聞風不前。鄰省市価。亦因之昂貴。此等悪習。於窮黎大有関礙。著盛京将軍・奉天府尹。確査厳辦。

(15)『天津商会檔案匯編（一九〇三―一九一一）』天津人民出版社、一九八九年、二四二―二四五頁「永平府正堂請于永平七属立商務分会文幷附試辦便宜章程十二条」（宣統元年五月九日）

而奸商有為壟断之登。毎当青黄不接時。若米価稍漲。売米者。毎以転運維艱。玩延不到。米価偶落。買米者。又以銷路不広。托詞不収。以致買売米豆之家。遂多糾葛。故雖定価在先。毎因米価漲落。動至興訟。本系実事。而反成空盤。其有害于民食。誠非浅鮮。今公同議定章程。限于某日到期。即行銭米兌交。然必須有殷実舗商。出条担保。如故意転運不到。至期未交。責其按現価償還。

(16)『大清宣宗成皇帝実録』巻二三五、道光一三年四月丙午。

(17)『大清文宗顕皇帝実録』巻二六六、咸豊八年一〇月庚戌。

(18)資料②第三、鉄嶺、七頁に「鉄嶺商業ノ盛衰ハ河運ト関聯スル所大ナリ。鉄道ノ開通以後河運ハ著シキ打撃ヲ受ケ、鉄嶺ノ碼頭タル螞蜂溝（市ヲ距ル五清里）ヲ経由シテノ輸入ハ逐年衰退シツ、アルハ明ニ統計ノ示ス所ナルモ……」とある。民国県志、巻二、地理、河運にも「西南流約七八里。至馬蓬溝。距城五里。本県河運要地」と見える。

(19)前註（9）石田興平、石田武彦。また資料④、『満蒙全書』（満蒙文化協会、一九二二―二三年）、『満洲に於ける油坊業』（南満洲鉄道株式会社庶務部調査課、一九二四年）、『満洲大豆』（南満洲鉄道株式会社興業部農務課、一九二八年）など。因みに、順義県沙井村の「売青苗」は後者の型であり、販売後に耕地が水害や蝗害を受けても、損失は買い手が引き受けていた。

(20)『奉天票の話』横浜正金銀行調査課、一九二六年、二四―二五頁、『奉天票に就て』三菱合資会社資料課、一九二六年、一二頁。糧桟はこの資金を農民へ青田貸ししていたようである。

(21)山西商人と糧桟の関係は緊密であった。日露戦争直後、御史徐世昌は、鉄嶺の上流に位置する大豆集散地同江（通江口）の状況について、「其の営業は糧桟を以て最大と為す。桟主は皆山西の巨富なり。向には二十二家有り。今多くは歇業し、僅かに九家を余すのみ」と述べている。徐世昌『退耕堂政書』巻五、奏議五「附考査奉天省情形単」奉省重要各地分査情形。

(22)塚瀬進「中国東北地域における大豆取引の動向と三井物産」江夏由樹等編『近代中国東北地域史研究の新視角』山川出版社、二〇〇五年。

(23)『通商彙纂』大正二年一二号「錦州ニ於ケル商慣習」によると、かつて錦州では高粱の先物取引が盛んであったが、明治三四―三五年（一九〇一―〇二）頃、一商人が投機に失敗して連鎖倒産を引き起こしたため、官憲が投機的売買を禁止し、現在では大豆粕の先物取引だけが行われているとある。食糧が絡むと、国家は神経質にならざるを得ないのである。本土で米穀の先物取引が見られないのも、やはり主食であることが大きな原因なのであろう。

(24)『光緒朝硃批奏摺』第七八輯、光緒二九年六月一一日、盛京将軍増祺。

(25)同右、光緒三一年三月一一日、盛京将軍増祺。

(26)同右、第七九輯、光緒三三年正月―三月間、盛京将軍趙爾巽。

(27)徐世昌『退耕堂政書』巻一三、奏議一三「査明東三省買空売空各弊分別裁禁摺」。

(28) 前註（21）徐世昌「附考査奉天省情形単」。
(29) 民国『鉄嶺県志』巻八、実業、商務、期糧。また『東三省経済調査録』一〇四頁には鉄嶺銀糧保証所と見える。
(30) 前註（9）石田武彦「二〇世紀初頭中国東北における油坊業の展開過程」六九—七〇頁、同「中国東北における糧桟の動向」一四六・一五一頁、塚瀬「満洲事変前、大豆取引における大連取引所の機能と特徴」。
(31) 『錫良遺稿』巻七「吉省長春府設立農産公司摺」（宣統二年正月一二日）。前註（9）西村、六八頁。但し、三井物産や横浜正金銀行が日露戦後に試みた農民金融の掌握は結局失敗に終わった。金子文夫『近代日本における対満州投資の研究』近藤出版社、一九九一年、一四四—一四七頁。
(32) 前註（9）石田武彦「中国東北における糧桟の動向」一六七—一七七頁、塚瀬「満洲事変前、大豆取引における大連取引所の機能と特徴」九四—九六頁。
(33) 前註（21）徐世昌「附考査奉天省情形単」は、通江口の状況について「出口貨。豆為大宗。雑糧次之。進口貨。洋布為大宗。洋線等次之。進口貨多寡。輒視出口糧船為比例。緣客商運糧出口。則販貨而帰」と述べる。
(34) 『奉天票と東三省の金融』南満洲鉄道株式会社庶務部調査課、一九二六年、二二一—二二三頁。
(35) 前註（33）のように、営口—奥地間交易は大豆と雑貨の交換という非常に単純な構造であったため、バーターのような決済方法が採り得たのであろう。駒井徳三『満洲大豆論』（カメラ会、一九一二年）にも「然レトモ異市場間ニ於ケル清商ノ取引、例ヘバ営口鉄嶺間ノ如キ所ニ在ツテハ、大豆ト雑貨トノ取引相殺ノ方法行ハレ、又永年信用ノ関係アル者ノ間ニ於テハ、約半年ニ渡ル延取引ノ習慣アリト云フ」（一八五—一八六頁）とある。
(36) 『通商彙纂』明治四二年一一号「鉄嶺金融概況」。
(37) 同右、明治四一年二号「東盛和破産ノ鉄嶺市場ニ及ホセル影響」。
(38) 同右、明治四一年二号「営口ニ於ケル恐慌ノ遼陽ニ及ホセル影響」。
(39) 前註（9）石田興平、三三九頁、資料③七〇頁。石田はこれを「城外為替」と呼んでいるが、誤りである。
(40) 江蘇巡撫陶澍「奏報蘇城銀価昂貴暫借銅鉛工本易換銭文以平市価摺」（道光八年四月八日）。黄鑑暉『山西票号史（修訂本）』山西経済出版社、二〇〇二年、五六頁。
(41) この資料は現在東京大学が所蔵し、その一部が浜下武志等編『山西票号資料・書簡篇（一）』（東京大学東洋文化研究所、一九九〇年）として刊行されている。引用文の史料番号は同書に付されたものであり、文中のアラビア数字は蘇州碼字を置き換えたものである。なお、同資料の文献解題については、前註（40）黄、一〇四頁を参照。

（42）『浙江海運全案重編』原案初編巻二、商船事宜「浙撫飭知寧波府稟商船請准帯貨並赴関東装帯回貨」（咸豊二年一二月一〇日）

商等船隻。向装南貨。往北出售。無論能否獲利。原為関東置貨資本。今只装二分運。本已属不敷。是以赶先会兌銀両。在北置貨。

この史料によると、当時の船商は南貨（北京で消費される絹・棉布・茶など）を天津で販売し、その代価を以て奉天で大豆を買い付け、これを江南に販運していた模様である。天津から営口への送金は、やがて直隷南部・山東北西部で生産される粗布の移出へと代替されるものと思われる。なお、拙書『清代の市場構造と経済政策』一九二頁ではこの史料を「船商が天津へ現銀を輸送した」と誤訳した。ここに訂正したい。

（43）清代の銀両制度については、前註（7）宮下を参照。なお、同書二〇八頁によると、上海銀炉が鋳造した銀錠の標準成色は二八宝ではなく二七宝であった。また二一三頁によると、山西票号が為替取組で用いた平は申曹平ではなく申公砝平であった。

（44）これは決済方法を示す模式図であり、現物取引を前提として描き出している。実際には、一部の糧桟は糧市にて相互に大豆の先物売買を行っていたであろう。彼らはまた特産商より大豆の販売代金として前渡しされた（あるいは受け取る予定の）過炉銀を銭市で売り放ち、小銀貨の現物（あるいは先物）買いを行っていたであろう。その場合、これに売り応じるのは銭舗＝両替商であろう。

（45）安冨歩『「満洲国」の金融』創文社、一九九七年、序章。

（46）近代東北経済において官銀号・官商筋糧桟の果たした「自立性」については、つとに石田武彦が指摘している。前註（9）石田武彦「中国東北における糧桟の動向」一九二―一九三頁。

第七章　清末東三省の幣制

はじめに

明清鼎革期の戦乱で荒廃した東北南部を復興させるため、順治一〇年（一六五三）清朝は遼東招民開墾令を発して漢族移民を招き入れ、積極的に開墾を推進した。また、清初よりロシアとの緊張関係が高まったため、吉林や黒龍江の要衝に駐防兵を配置し、周囲に官荘屯田を設けた。その後移民の増加によって旗地経営が次第に圧迫されたため、政府は乾隆五年（一七四〇）に封禁令を出して移住を抑制した。それでも、一八世紀を通して奉天開発の勢いは止まず、一九世紀には吉黒両省の沃野にも漢族移民による開墾の手が伸びるようになった。[1]

改めて言うまでもなく、一九世紀までの東北開発は荒地の開墾が中心であり、移民の大部分は農業を営んでいたものと思われる。但し、開発前線の経済構造が商品流通を前提としない自給自足的なものであったと考えるのは早計である。一般に、開発前線では生活必需品が自給できず、移民はその多くを後背地に依存しなければならなかった。東北について見ると、ここでは厳しい寒さを防ぐための棉製品を自給することが不可能であり、その大部分は内地から移入しなければならなかった。加えて開墾や農業経営のための資金、特に出稼ぎ労働者に支払う賃金も不足しがちであっただろう。従って辺境では、移住の進展により商品流通が次第に活性化し、商人がここに引き寄せられるのではなく、むしろ商業資本が生活必需物資や経営資金を補給する兵站の役割を果たすことで、始めて開発と定住が可能となるのである。小商品生産（販売を目的とした生産）が高度に展開した江南とはまた別の意味で、開発前線は流通に大きく依存していた。それ故、東北で活躍した商人は、市集で農産物を交易する農民的商人ではなく、遠隔地交易を営む比較的大規模な商人が中心であった。二〇世紀に至っても、東三省では市集が発達していなかった。(2)

東三省における商人の活動については不明な部分が多いが、一般的には山西商人や直隷商人が活躍していたと言われている。(3) これに対し、数の上では卓越する山東出身者は農業労働に従事する出稼ぎが中心で、商業部門での活躍は目立たない。(4) 彼らは雑貨店として内地よりもたらされた棉布や雑貨を開拓農民に販売したり、また糧桟として粟・大豆・高粱を移出したりしていたものと思われる。糧桟はまた、収買した高粱を使って焼酒を作ったが、焼鍋（酒造業者）の大多数は山西・直隷出身者であった。(5)

さて、清代東三省で使用された貨幣は銭であるが、制銭はほとんど出回っておらず、大部分が銭票（商人が発行する制銭建て手形で、私帖とも呼ばれる）として通行していた。銭の計数法は、本書第二章で検証したように、直隷北東部と奉天では制銭一枚を六文と数える東銭が用いられ、吉林と黒龍江では制銭一枚を二文と数える中銭が用いられた。銭票の発行に法的規制はなかったが、焼鍋のような有力商人や銭舗（両替商）が発行することが多かったようである。通常、紙幣は貨幣経済が相当に発達した段階で登場するものであると考えられるが、先に述べたように、東三省は開発前線として商品流通が発達しており、また紙幣の動きも基本的に棉布・雑貨移入と穀物移出に従って開拓農民と発券商人との間を往き来するだけであるから、東三省で銭票が主要な交換手段となったのも何ら不思議ではない。一般に、銭票は発券商人の営業範囲内のみで使用されるものであり、満洲事変後も県流通券という形で使われ続けるのであるが、(6) 既述のように、一九世紀前期に奉天省金融の結節点であった蓋平県で発行された銭票は、現銭との兌換が困難であるにもかかわらず、他都市でも遍く通行した。

ところが、一九世紀末に至ると通貨事情は大きく変貌する。ロシアや日本の帝国主義的経済進出を防遏するため、清朝は奉天官銀号（後の東三省官銀号）、永衡官帖局（後の吉林永衡官銀銭号）、広信公司（後の黒龍江省官銀号）を設立して官帖と呼ばれる紙幣を発行し、ロシアのルーブル紙幣や横浜正金銀行の鈔票に対抗して通貨発行権を守ろうとした。ロシア革命で前者が脱落してから満洲事変までは、金融の主導権をめぐり張作霖・学良政権と日本との間で激しい確執が繰り広げられたのである。

清末から満洲事変に到るまでの東北貨幣史は、これまで日本経済史あるいは近代中国東北史の側から、日本帝国主義の拡張と張政権の抵抗という視点で論ぜられることが多かった。[7] しかし一九世紀末までの状況についてはほとんど検討がなされておらず、事実の誤認さえ見られる。たとえば、石田興平は吉林では焼鍋の発行する私帖が納税にも使用されていたと述べているし、安冨歩らも石田説を継承する。[8] 同治以降、一部の地域で雑税の私帖納税が行われたのは事実であるが、特定業者の振り出す私帖が国家に信任され、受領されていたわけではない。本論で詳述するが、石田の言う焼鍋票とは私帖ではなく、咸豊期に政府が発行した官銭票のことである。また、安冨は私帖の盛行を東北内地に対する貿易赤字傾向から説明するが、第二章で述べたとおり、東三省では乾隆期から私帖を用いていたのであり、制銭が充実していた時代はない。総じて、従来の研究は一九世紀までの東北経済を近代との距離から捉えがちであり、その中に内発的発展の到達点を見出そうとはしてこなかった。

このような研究史上の不備を克服すべく、本章では一九世紀後半から辛亥革命前夜までの東三省、特に奉天・吉林両省の貨幣・金融史を、主として中国側（漢文）史料を用いて、中央政府および各省当局の通貨政策という視点から論じる。議論の俎上に載せるのは、第一に、咸豊初における官銭票の発行と、それが惹起した同治以降の抹兌銭帖の盛行現象について、第二に、抹兌銭帖を更に発展させた預金通貨の普及と政府の対応についてである。地域別に見れば、第一の論点は吉林を、第二の論点は奉天を、考察の対象としている。

一　咸豊票鈔の発行

咸豊三年（一八五三）二月、政府は太平天国鎮圧に対する軍事費を補塡するため、二種類の紙幣すなわち戸部官票（銀票）と大清宝鈔（銭鈔）を発行した。これらは何れも現銀や現銭の兌換券であり、建前上は納税にも使用することができたが、財政難にあえぐ官庁は受領を拒むことが多く、発行直後より価値が下落し、数年後に整理された。銀票や銭鈔は主に京師で使用されたようであるが、政府は各省にも官銭総局や分局を設置し、票鈔の通行を強制した。だが福建・陝西・山西で若干の努力が払われたものの、各省は概ね陽奉陰違の態度で臨んだ[9]。

吉林では、咸豊四年七月、将軍景淳が「吉林では俸餉や雑支などの経費が毎年およそ銀三二万両必要である。これらは本省が徴収する地丁等銀・各項地租・焼鍋票銭により確保しているが、不足する銀は京師から酌撥領運されている」と上奏しているように[10]、餉需の一部を焼鍋票銭で確保していた。景淳は翌五年一二月の奏摺でも、「昨年戸部より頒布された官票銀四万両については、雑支の項目において銀と一定の比率で支出し、また軍民に暁諭して行使させたが、商賈はこれを危険と判断し、銭を票に換えることを肯んじなかった」ので、「庫内の現存官票銀七千余両・焼鍋票銀五千余両・焼鍋票銭二万余吊」を通済字号官銭舗の兌換準備金に充て、票法の振興を図りたいと述べている[11]。この通済官銭舗こそ、東三省で最も早く設置された官銭局なのである。しかし景淳が語るように、銀票や銭鈔は建前上正貨（銀銭の兌換券）であったが、民間では戦時国債のような有価証券と見なされ、買い手はほとんど付かなかった。一方、華北や東北では、現銭の軽齎手段として銭票（私帖）が広く行使されていた。そこで政府は、銀票や銭鈔が容易に受領されないことを見越して、あらかじめ主要都市に官銭舗を設立し、これら票鈔を兌換準備金とした銭票（官帖）を流通させようとしたのである。つまり民間の私帖行使慣行に票鈔を滑り込ませ、票鈔の信頼性の低さを糊塗したのである。

ここで注目すべきは、吉林省が備蓄したり民間より徴収したりする票鈔の中に、銀建てや銭建ての焼鍋票が見られることである。前述のように、石田興平はこれを焼鍋の発行した私帖であると捉えた。だが、これは私帖ではなく票鈔のことである。それでは何故特定の票鈔が焼鍋票と呼ばれ、他の票鈔と弁別されているのであろうか。

清代東三省の焼鍋は基本的に自由営業であり、牙税や当税のような営業税は課せられておらず、従って焼鍋票銀・銭は税目ではない。政府が流通を統制していたのは、人参である。奉天・吉林両省東部から朝鮮北部にかけての山間で採取される人参は漢方薬として重宝され、政府は刨夫と呼ばれる採掘労働者に参票と呼ばれる許可証を発給して、毎年一定量の人参と税銀を納めさせていた。ところが濫掘により採取が次第に困難となったため、刨夫の生計が悪化し、参票の受領者がなくなってきた。そこで政府は奉天・吉林で経済力を増しつつあった焼鍋に目を付け、乾隆初より彼らを刨夫の保票人（保証人）としたり、更には参票の引き受け手としたりした。要するに参務の行き詰まりを焼鍋に肩代わりさせたのである。[12] 因みに、奉天では嘉慶五年（一八〇〇）より、黄酒の醸造業者にも麹の購入量に応じて参票を受領させるようになった。[13] それ故、景淳の言う焼鍋票銀・銭とは、焼鍋に引き受けさせた参票に対して課せられた税銀・税銭のことであり、この「票」は銭票すなわち紙券ではなく参票すなわち許可証を指している。但し、景淳は鈔法について論じているので、これらの税は参票を課税対象とし、焼鍋より（現銀や現銭ではなく）票鈔＝紙幣で徴収されたものである。

一方、政府は人参資源の回復を図るべく、咸豊三年より光緒六年（一八八〇）まで吉林・三姓・寧古塔《ニングタ》の産参山場を封禁した。その結果、人参の現物納は停止されたが、一方焼鍋票は純然たる焼鍋の営業税と見なされ、高額の票銭およびその津貼（付加税）が課せられるようになった。吉林庁・長春庁における嘉慶一六年の焼鍋票は一五〇張、票課は毎張中銭五〇〇吊であったが、次第に増額され、道光五年には一〇万八〇〇〇吊に、道光二九年には一八万九〇〇〇吊に達した[14]。

しかし過重な負担に堪えられなくなった焼鍋は相次いで事業を停止し、道光五年以前には一〇〇家―八〇家存在した焼鍋は、道光二九年の増額後は七〇余家に減り、咸豊三年には五一家、翌四年には四〇家にまで落ち込んだ[15]。咸豊四年、景淳は津貼を停止して税額を一〇万八〇〇〇吊に戻すよう奏請したが、それでも「近来商運通ぜず、酒觔多くは滞り、力無き者は陸続荒閉し、現設したる者も資本消磨し、特《た》だ続増の十八万九千吊、力の完《おさ》むる能わざるのみに非ず、即ち本年減交の十万八千吊も、半ば借貸より出す」という有様で、焼鍋は減額された票銭さえ自力で支払うことが困難であった[16]。俸餉の確保と穀物の円滑な売り捌きに支障が生じることを恐れた景淳は、咸豊七年、再度票銭を原額に戻してその受領を促し[17]、また奉天に倣って日捐・釐捐を導入した[18]。

話を戻すと、官票や銭鈔、そしてそれらを兌換準備として発行された官帖は数年で壅滞し、政府も鈔法の失敗を認めざるを得なくなった。第三章で見た通り、同治二年（一八六三）山東省は銀銭鈔での納税を廃止し、奉天省も戸部の咨を受けて鈔票の発行と回収を停止した。但し奉天では、従来官票で支出していた費目については、その後も半額を官票で行い、官票一両につき現銀二銭五分を支払っている[19]。支払対象者に負担を強いてはいるが、同省もまた鈔法から撤退しつつあった。

ところが、吉林省は少々事情が異なった。同治三年、ある者が「吉林では、荒地を承領した攬頭の王永祥が協領の常明・富全・明禄らに巨万の賄賂を送り、地租京銭三〇―四〇万吊の約半数を滞納している。王はまた明禄の妻の弟巴克喜と結託し、焼鍋が票課納付に要する鈔票を高値で売り付け、私腹を肥やしている。更に徴収された釐金を使い込み、普隆当舗などの店を開設し、莫大な釐捐や団練経費を私物化している。将軍景綸（景淳）も焼鍋より賄賂を受け、草市に通済銭舗を開設して、明禄の支配下に置かせている」と告発した。[20] 明禄については、他に「将軍景綸の信頼を盾に、銀庫を私物化し、各地から送られてきた銭糧を自分が開設した義誠店に運び入れ、兵丁に支払うべき給与を銀鈔で搭放（給付）して、現銀を着服した」という告発もなされた。[21] 調査に当たった給事中劉毓楠は、筆帖式巴克喜についでは、官庫の銭八万七〇〇〇吊を自分の当舗で運用した罪で免職処罰し、協領明禄については、官銭舗を管理する立場を悪用し、焼鍋の于焯堃に支払うべき官銭を欠いた（高値で鈔票を買わせた）罪で罷免するよう、また常明と景綸は無実であるが、監督不行き届きにより処分するよう、上奏している。[22]

この事件から読み取れるのは、第一に、吉林省の財政収支の相当部分が票鈔で決済されていること、第二に、票鈔の額面価格と実勢価格は相当乖離しており、官員がその威勢を盾に、人民に対し不利な貨幣使用を強制して私腹を肥やしていることである。たとえば兵丁は、給与の一部を票鈔で支払われていたが、実銀支給部分も、明禄によって票鈔支給に変えられていた。焼鍋もまた明禄により価値の下落した銭鈔を正価により近い価格で買わされていた。このように、咸豊期の鈔法は国家による収奪を強めただけでなく、官員の不正行為も惹起し、経済を大きく混乱させてしまった。そこで各省は同治初に鈔法を廃止したのだが、吉林だけは財政に深く食い込んだ票鈔制度を容易に取り除くことができなかったのである。

それでは何故、吉林省だけが鈔法の桎梏に苦しんだのであろうか。同治三年の疑獄では、巴克喜が普隆当舗を、明禄が義誠店を、景綸が通済銭舗すなわち通済官銭舗の支店を開設し、ここで公金を運用して利益を得ていたと告発されていた。それが事実であったか否かはさておき、当時の吉林に在っては当舗（質屋）や銭舗の経営が極めて有利な儲け口と観念されていたことは確かであろう。これらは何れも金融業者である。吉林ではこの頃、開発の進展によって流動性が不足し、当舗や銭舗が私帖を大量に発行しつつあった。従って銀票や銭鈔もまた現銀や現銭の補完物として一定の需要を有していたのである。

とは言え、吉林省でも票鈔は回収され、世紀末に復活するまで官帖は姿を消した。そしてその空隙を埋めたのが私帖であった。

二　抹兌銭帖の流布

現銀や現銭がもとから少なかった東三省、特に吉林や黒龍江では、私帖（銭票）が貨幣として広く行使されていた。銭票は商人の発行する一覧払い手形であり、発行元が破産すれば無価値になる危険性はあったが、現銭との間に打歩（プレミアム）が発生することはなかった。ただ、銭票は十分な兌換準備が無いまま過剰に発行される傾向があり、蓋平銭票のように現銭と兌換しないことを券面に明記したものもあった。吉林もまた、兌換準備の乏しい抹兌銭帖と呼ばれる私帖が広く通行した。

吉林で抹兌銭帖の弊害が議論されるようになるのは、光緒初期頃からである。光緒九年（一八八三）、署理吉林将軍玉亮らの上奏によると、「街市で行使される憑帖というのは、本来現銭が稀少であるため、藉《か》りて流通の助けとするものである。したがって資本の多寡に応じてこれを発行し、帖を呈示されたら直ちに現銭を支払うべきこと、各省皆同じであり、抹兌銭帖など聞いたことがない。ところが吉林省では、奸商が利を貪るためこの名前を創り出した。当初は広く通行し得なかったが、光緒五―六年以来、憑帖の多くが抹兌となった。現銭が支払われなくなったので、物価や銀価は日を追って上昇している。郷村の農民は都市に赴いて穀物や柴草を販売するのだが、終日腹を空かせて駆けずり回っても、僅かに一枚の空帖を得られるのみで、一銭たりとも兌換して飲食の代金とすることができず、住民らは非常に苦しんでいる」とあり、[23] 彼は光緒五―六年頃から吉林で抹兌銭帖が登場したと訴える。

玉亮によると、抹兌とは「現銭措不開発」すなわち兌換を渋って現銭を支払わないことを意味している。一方、抹兌の辞書的意味は割引することであり、強いて兌換しようとすると相当の割引を要求された(24)。当時の吉林では貨幣需要が極めて旺盛であったため、このような不換銭票でも取り付けを起こさずに流通させることができたが、銀や諸物産に対する価格は当然下落し、抹兌銭帖インフレとでも呼ぶべき現象が発生していた。

玉亮は抹兌銭帖の登場を光緒五―六年頃と見ていた。ところが、光緒一〇年、吉林将軍紀元らの上奏によると、「吉林では現銭が不足するため、以前から荒地の租賦の一部を憑帖で支払うことを認めていたが、同治四年、署将軍阜保が雑税・土税・焼鍋票課・釐捐についても、二割現銭・八割抹兌での納付を認めた。同治一〇年になると、市中から現銭がほぼ払底したので、将軍奕榕が焼鍋票課の全額抹兌納付を許した。光緒四年には釐捐を貨釐に再編したが、これも全額抹兌納付を許した」などとあり(25)、同治年間より既に抹兌が存在し、吉林将軍衙門も抹兌での地租・雑税・釐金支払いを許可していたことを認めている。彼はまた、抹兌の成り立ちについても、たとえば甲舗が買い物をして帖で支払い、買い手は乙舗に赴いて換金しようとするが、乙舗は現銭が無いため、また一帖を振り出すという具合に、転々と負債の付け回しをすることから発生したものと捉えている。

負債の付け回しが恒常化すると、商人は銭帖の発券さえ省略するようになり、振替勘定で自己の債権と債務を相殺するようになる。大谷彌十次『満洲ニ於ケル支那側金融機関ト通貨』（南満洲鉄道株式会社総務部調査課、一九一九年）によると、「最初ハ民間ニ於テ随意発行セシ憑帖ト称スル銭票ニシテ、初ハ之ト引換ニ現銭ヲ交付セシカ、後遂ニ振替勘定ノ方法ヲ採リ、現銭ヲ得ントセハ、多大ノ割引ヲナスノ悪弊ニ陥リタル」（六一頁）とあり、後述する過帳のように、抹兌は銭舗などが振り出す預金通貨に近づいていった。

民間の銭票がいつ頃から抹兌になったのかを史料から特定することは難しい。ただ、吉林では咸豊三年より政府が官銭舗を設立し、票鈔を兌換準備とした官帖を発行していた。これに倣い、おそらく民間でも票鈔を兌換準備とした私帖を振り出していたのだろう。票鈔は名目上は兌換券であるが、実勢価格は大幅に下落していたので、官帖や私帖を現銭に兌換する際には大幅な割引がなされていたものと推測される。すなわち、銭鈔の登場とともに抹兌銭帖が出現したのである。石田興平によると、同治四年、阜保は銀票の兌換に対し、二割を現銀、八割を不換紙幣で交付する規定を設けたが、この交換比率は他の取引でも適用され、官銀票は二八現票とも呼ばれるようになったとある。[26]もしそうだとすると、抹兌慣行はいよいよ政府が率先して始めたものということになるだろう。政府は鈔法から撤退した後も、吉林市場へ現銀や現銭を追加投入しなかったため、またこの頃吉林の貨幣需要が急膨張したため、官によって始められた抹兌慣行は民間に継承されたものと思われる。現銀や現銭の不足は東三省共通の事情であったにもかかわらず、吉林だけ抹兌銭帖が普及したのは、奉天や黒龍江では官帖があまり発行されなかったからであろう。

通貨政策における政府の不作為は、金融市場を混乱させただけでなく、めぐりめぐって省財政にも悪影響を及ぼすようになった。すなわち、現銀や現銭が市場から姿を消したため、地丁はともかく、雑税の一部ないし全部を抹兌銭帖で納付することを渋々認めざるを得なくなったのである。玉亮の上奏も希元の上奏も、意図するところは人民の苦累の除去ではなく、抹兌納税の禁止であったが、同治一一年にも吉林将軍奕榕が、市中に現銭が不足しているため、やむを得ず税課・釐捐・焼鍋票課の八割を抹兌で収納することを奏請しているように、[27]当時の吉林では現銭での税捐徴収は事実上不可能であった。

先の上奏によると、玉亮は光緒八年六月に抹兌銭帖の通行禁止命令を下したが、銭舗が猶予期間を求めたため、実施を翌九年正月にずらせて施行した。そして今後は、憑帖一〇千につき現銭二千の兌換に応ずるよう命じた。だが、翌年の希元の上奏によると、「昨年三月、将軍銘安が抹兌の名目を永遠に厳禁したが、この時本省が徴収した焼鍋票課・釐捐・斗税・雑土各税は、抹兌銭帖で四十余万吊にも達していた」とあるように、抹兌銭帖は吉林財政に深く食い込んでいた。銭舗もまた、過帳（預金通貨）を創出して現銭不足に対応していた。そこで希元は、長春庁焼鍋票銀・

釐捐・斗税は当面銭建て納税を続けるが、雑税・土税・荒地租賦については銀建て納税に変更すること、銀貨を鋳造して市場に供給することを奏請した。但し、希元は元を単位とする計数貨幣である銀円ではなく、銀両建て足色紋銀で銅銭に似せた銀銭の鋳造を構想している。吉林機器局は光緒八年には一両・半両の銀銭を、光緒一〇年には一両・七銭・半両・三銭・一銭の銀銭を鋳造した。(28)

ところが、希元の銀貨鋳造案に対し、吉林の紳商らは制銭の鋳造を請願した。希元は銅銭の鋳造経費は千文あたり三百数十文も必要であるとして難色を示したが、紳商らは現在の七釐貨捐に加え四釐貨捐の徴収を認めることで、鋳造経費を補いたいと申し出た。(29)商人層も抹兌銭帖の盛行は好ましいことではないと認識しており、彼らは多少の費用負担を甘受してでも現銭の鋳造を望んだのである。そこで希元は、光緒一二年冬に宝吉局を設置し、四釐貨捐を原資として制銭の鋳造を始めたが、やはり量産は不可能であったらしい。そこで後任の吉林将軍長順は、光緒一四年、上海にて制銭数十万串を買い付けて吉林に移入すべしと奏請した。(30)

この提案は実施に移され、費用は千文あたり二百数十文で済んだ。そこで長順は、光緒一八年、四釐貨捐を原資として、再度江蘇省から制銭を買い付けることを奏請した。(31)ところが政府は、江南でも制銭が不足しているという理由により、これを許可しなかった。このため、長順は買付先を江蘇・浙江・福建・広東に分散して再申請している。(32)しかし実施に移された形跡はない。

同じ頃、直隷や奉天でも制銭が欠乏していたが、この地方では銭建て私帖でなく、銀建て私帖が通行していた。光緒一三年、署津海道劉汝翼・天津道胡燏棻・東海関道盛宣懐・署山海関道廷彦の直隷総督李鴻章に対する報告によると、「天津の市面では現銭が甚だ少なく、ただ銭帖によって交易している。先には商舗による現銭の囤積居奇を禁じたが、釐金局は銭帖銀両によって徴税を行っている」「営口の釐金徴収も銭帖銀両を用いており、現銭が行使されていない状況は天津と同じである」などとあり、(33)渤海沿海部では銭帖銀両すなわち銀券が通行し、釐金も銀券で徴収されていた。おそらく東南諸省への大豆移出などの影響により、天津や営口は銭遣いから銀遣いへ転換したのであろう。二〇世紀に入ると、奉天は銀建ての奉天票を使用し、吉林・黒龍江は都市部を除き銭建ての官帖を通行させるが、その分岐は光緒前期に始まっていたのである。

三　過帳制度の普及

光緒二〇年（一八九四）、日清戦争が勃発すると、盛京将軍裕禄は奉天に華豊官帖局を設置し、戸部撥款八万両を準備金として東銭建て銭帖を発行した。しかし局の欠損が甚だ多かったため、光緒二二年、将軍依克唐阿は華豊官帖局を廃止して銭帖を回収するとともに、広東や湖北の例に倣って大小銀元（現大洋・現小洋）の鋳造を開始した。だが、官帖局の廃止により市場に出回る貨幣量が減少したため、依克唐阿は光緒二四年、新たに華盛官帖局を設立し、銀元を準備金として銀帖を発行した(34)。一方吉林では、濫発された私帖を整理し、併せて急増するルーブル紙幣を防遏するため、光緒二四年、将軍延茂が永衡官帖局を開設し、銀元建て官帖を発行したが、光緒二六年には中銭建て官帖に切り替えられた(35)。官帖の登場により私帖の通行は禁止されたが、二〇世紀以降も、焼鍋が私帖を発行している事例は数多く見られる(36)。

吉林官帖は政府機関である永衡官帖局が発行する一覧払い手形であり、建前上現銭との兌換が可能であったが、実際には咸豊鈔票や抹兌私帖と同じ不換紙幣であった。また、省財政を補塡するため、私帖より濫発される傾向が強かった(37)。それでも、官帖が広く通行し得たのは(38)、吉林農村部での貨幣使用形態が非常に単純だったからである。清末の吉林は開発の最前線であり、開拓農民は雑貨店より棉布などの生活資料や農具などの生産資材を購入し、糧桟に大豆・粟・高粱を販売してこれを償っていた。多くの地方では、商人は雑貨店・糧桟・焼鍋・油房などを兼営しているから、銭帖は農民と農村商人との間を往来するだけであった。『満洲に於ける私帖』（南満洲鉄道株式会社東亜経済調査局、一九二九年）によると、私帖の「多くは秋冬期間穀物其他の土産品買入に際し巨額の流通を要する場合其不足を補ふため、一時の便宜上より発行せられ後日該貨物を市場に売りて之れを回収するか、或は春季農業資金を貸付け、秋季収穫を俟て回収するを例とし、又当舗・銭舗等も同様通貨の不足を補ふ為め比較的短期間の流通を目的とし発行せらるゝもの」（一八頁）であり、官帖はこれに取って代わっただけであった。

このような単純な流通構造の下では、官帖・抹兌私帖・過帳など兌換が困難な通貨でも、発行元に一定の信用があれば容易に通行する。過帳とは抹兌とともに禁止の対象となった預金通貨であり、銭舗のような金融機関が債務者の預金を債権者の口座に振り替えることで、帳簿だけで決済を処理する制度である。農村部での過帳は史料を見出せなかったが、都市部では蓋平の抹銀、盛京の過碼銀、長春の抹銭などが有名である。

蓋平の抹銀とは営口の過炉銀に酷似した取引手形であり、銭舗を介して帳簿上の振替決算を行うものである。抹銀の決算期は年三回あり、本来銅銭で決済されるが、日露戦争後は小銀貨（現小洋）が使用されていたらしい。抹銀には公定相場があるが、過炉銀と同様、毎日の相場は決算期までの金利を控除して決まる。つまり決算期が近づくほど抹銀の価格は上昇し、当日に同一価格となる。但し景気の変動で価格が高下することもある。決算期が来ても現銀を引き出さず、過卯銀のように打歩を加えて次の卯期に繰り越すことを過賬（過帳）という。抹銀は常時現銀との兌換が可能であるので、銭舗を介した抹銀の投機的売買が頻繁に行われた(39)。

盛京（奉天）の過碼銀も営口の過炉銀と同じ性質のもので、銭舗の帳簿上における過賬（過帳）すなわち振替勘定により現金の授受に代用するものである。日露戦争後までに過碼銀が禁止されたので、代わって票銀が使用された。票銀とは商家が相互に発行する約束手形で、紅飛子と呼ばれる一覧払い手形と期飛子と呼ばれる定期払い手形とがあった。[40] 光緒三四年、盛京将軍趙爾巽によって過碼銭は禁止されたが、東三省総督徐世昌によると、この措置に不満を持った商人が遼陽で虚帖を発行したとある。[41] これが票銀なのであろう。民国『遼陽県志』巻二七、実業、銭幣の項によると、この票銀は遼帖と呼ばれる東銭建て銭票で、七吊で銀一円と交換できる便利なものであったが、濫発により価値が下落し、官によって禁止されたという。なお宮下忠雄は、奉天省における過炉銀と似た預金通貨として、奉天の瀋平抹兌銀（票銀）、錦州の錦平抹兌銀、蓋平の抹銀を挙げ、蓋平抹銀は一九三〇年代にも存在していたと述べている。[42]

長春の抹銭もまた営口の過炉銀と同じ預金通貨で、帳簿上の振替決算により貨幣を節約するものである。抹銭は制銭建ての債権で、自由に転売できるが、蓋平の抹銀と異なり、決算日が三・六・九の付く日であり、精算が頻繁に行われる。決算は銀市によって行われ、現金の授受は商務総会の発給する銭牌子という木牌によってなされる。抹銭の売買は全て銭舗によって行われるが、銭舗は振替決算をするだけで、手形を発行することはない。決算期に支払われる現金と抹銭との間に開きが生じると、三日ないし四日後の次回決算期までの利息を付けて延期する。これを官帖利と呼ぶ。官帖利の騰落は決算期の如何によらず、むしろ市場における官帖の多寡によって生起する。[43]

ここで注目されるのは、長春抹銭が営口過炉銀や蓋平抹銀そしておそらく盛京過碼銀と異なり、卯期が三、四日と極端に短いことである。本来、預金通貨制度には卯期を設定する必要はなく、過炉銀にも光緒九年（一八八三）まで卯期はなかった。年数回程度の卯期が設けられたのは、銀炉の過振りを抑制するためである。従って長春抹銭に数日の卯期が設けられているのは、過振り防止のためではない。それは兌換の対象となる官帖の価格が常に乱高下し、官帖利を求めて抹銭が投機的に売買されるからである。官帖価格が下がっている時に抹銭で官帖を買い入れ、官帖価格が反騰した時に官帖を売れば、瞬時に多額の官帖利が得られるであろう。長春抹銭は預金通貨としての機能より、むしろ官帖の投機的売買手段としての機能を担っていたと言えよう。そしてその決算＝売買を行っていたのが銀市である。

長春の銀市は西四道街の財神廟内で午前中に開かれ、銀銭相場、抹銭の決算、為替の売買が行われ、毎日百名以上が銀市に集った(44)。第六章で考察したように、清末民国期の奉天省では営口過炉銀為替を売買するため、集散地で銀市や銭市が開かれていた。このように、銀市は日々価格が変動する現銀・預金通貨・銀券・銅貨・銭帖を投機的に売買する（現物・先物）貨幣取引所として東三省で急成長を遂げていた。

これに対し、政府は銀円や官帖の価格安定を図ろうとした。光緒二五年（一八九九）、護理盛京将軍文興らの上奏によると(45)、某人が「奉天官銭局が鋳造した銀円の価格は、省城内では高いが城外では安い。これは官銭局の作為によるものではないか」と訴え、善処を命じられた将軍依克唐阿は、省城の承徳県で銀円価値を下げるよう告示を出すとともに、上海に委員を派遣して銅を買い付けさせ、銅銭の鋳造を始めた。事情を調査した後任将軍の文興は、省城では糧価も銀価も高騰し、流通を阻害していること、誠に原奏の言う通りであったが、しかしその原因は現銭の不足と銭帖の壅滞によるものであり、銀円の公定価格が高いせいとばかりは言えないと反論する。その理由は、依克唐阿の原案では、官銭局鋳造の銀円は各県の市平銀価格に連動させるもので、もし市平銀一両の価格が東銭一〇千であれば、銀円一円＝市平銀七千四分三釐＝東銭七三〇〇―七四〇〇文と定め、毎月一日と一五日に、銀相場に照らして地方官が公定価格を布告するというものであり、銀価は官定とは言え、実際は商定に他ならないからである。銀価が省城で高く城外で安いのは自然の理であり、また目下省城では銀価高騰につられて外国円や外省円の流通量が本省円の数倍に達しているが、これらは本省円と同価格で通行しており、官銭局の公定価格は実勢価格に近いというのが、文興の見解である。

では、省城の異常な銀不足を文興は如何にして解決しようと言うのか。文興が駅巡道各司・協領・承徳県知県・各局所の委員を召集して意見を述べさせたところ、署承徳県知県増韞が提案した銀価固定相場制と通貨先物取引弛禁の二案が最も適切であったと言う。増韞が文興に具申した内容は、「奉天では現物の銀銭が異常に欠乏するため、従来商民が官の許可の下に期行を設置して交易の助けとしており、今日まで弊害は無かった。軍興（日清戦争）以後、現銭の不足により商帖が発行されなくなり、市中では期行の銀銭で決済されるようになった。ところが奸商が現銀・現銭の不足を口実に期銀・期銭の買空売空を行ったので、訴訟が起こり、期行は遂に禁止された。銀円が鋳造された現在でも、流通範囲が狭隘であるため、商民は雑種の銀貨に不便を強いられ、また銀価格の乱高下に苦しんでいる。また各都市の銀行も遠近が一定でないので、銀円は遍く流通することができない。思うに、商帖と鈔票の比価はどこでも一律であり、銀価変動の影響を受けずに済んでいる。そこで吉林の章程に倣い、盛京の官司が本省鋳造銀円の対銭価格を固定して銭帖・鈔票と等しくし、遠近の別なく、これを全省で行使させるとともに、租税や釐金の納付にもその適用を認めて信用を保証すべし。期銀・期銭については従来通り許可し、卯期に本省の銀円か元宝銀で決済させて空売買を防止すべし」というものであった。文興は増韞の提案を採用し、奉天銀円一元を東銭六六〇〇文、制銭換算で一一〇〇文に固定するとともに、空売買の厳禁を条件に期銀・期銭の禁を弛めよと上奏したのである。

増韞の第一提案は、銀銭比価の公定である。当時の奉天では、商人が発行する銭票と華盛官帖局が発行する銀票との比価の方が現銭と現銀との比価より安定していた。現銀価値が乱高下するのは基本的に銀円も制銭も流通量が乏しかったからである。現物貨幣の追加供給が当面困難なため、紙幣を通貨の中心に据えようというのが増韞の狙いであった。但し、銭票も銀票も兌換券であり、銀銭相場の影響を受ける。そこで銀銭相場を固定せよと彼は主張する。

第二提案は、期行および期銀・期銭の解禁である。康徳『盛京通志』巻一四七、財政三、幣制は、文興の上奏に対し、「期銀・期銭は商の旧に照らして開行するを聴す。但し期に到らば、専ら本省の銀元或いは市面の実銀を以て、数を按じて開付せしめ、憑空売買するを准さず」との注釈を加えている。このことから明らかなように、期銀・期銭とは蓋平の抹銀や長春の抹銭と同じ預金通貨であり、おそらく過碼銀のことを指しているものと思われる。

では期行とは何か。文興の上奏の末尾には、「期行禁有りて、商賈前まざれば、則ち銀円の銷路暢《の》び難し。銀円通ぜず、銀銭両《とも》に欠すれば、則ち期行の過帳仍虚し。二者は相輔いて行い、偏廃す可からず」とあり、期行は預金通貨による振替決済を行う金融機関であると見られる。過碼銭を扱う者は銭舗であった。ただ、増韞は「奉天では現物の銀銭が異常に欠乏するため、従来商民が官の許可の下に期行を設置して交易の助けとしており（奉天現銀・現銭。異常欠乏。従前官吏。均聴商民開設期行。以資週転）」と述べており、期行は自然発生的に生起したのではなく、官民が約して特定の場所に開設したもののように読み取れる。彼はまた「各都市の銀行も遠近が一定でない（而各城銀行。遠近不一）」とも言うが、この銀行も期行に似た機関のようである。

ところで、長春の抹銭は銀市と呼ばれる貨幣取引所で売買されていた。増韞の言う期行や銀行も、個別の金融機関ではなく、取引所のことと考えると平仄が合う。彼は期行における期銀・期銭の売買を認めよと主張するのであるが、期銀や期銭は一種の先物であるから、その売買を許すことは通貨の投機的取引を解禁することに他ならない。空売買の禁止は謳われてはいるが、証拠金制度などの提言はなされていない。増韞や文興は政府が禁止する過帳制度を黙許してでも、奉天市場に流動性を追加供給する必要性に迫られていたのである。

過帳制度は奉天・錦州・蓋平・長春だけでなく、清末、環渤海交易圏の各都市で見られた。佐々木正哉は東三省以外の預金通貨として張家口の撥兌銀、周村の撥帳銀、龍口の抹帳銭、芝罘の撥兌銀などを挙げるが、(46)光緒末の天津でも、貨幣不足に対処するため、資金力のある銀号数十家が合同で銀市を開設し、期票を発行していた。期票の卯期は二・三・四箇月で、利息は五釐から八釐までであるが、これは単なる預金通貨に止まらず、北京や上海でも兌換できる為替手形のようなものに発展していたらしい。(47)また民国期の河北省宝坻県でも、銭行（銭舗）が連合して銀市を組織し、これを金融の中枢にするとともに、天津―宝坻間交易は天津為替による互相抹兌（相殺決済）制度を用いていた。(48)このように、銀市の過帳制度は当地の貨幣不足を補塡するだけでなく、都市間の為替決済制度にも発展していった。

そして銀市を運営したのが銭舗であった。

文興が提案した固定相場制導入と過帳制度解禁が中央政府でどのように取り扱われたのかを確かめることはできない。ただ、その後の東三省の金融政策は、明らかに文興の提案とは背馳するものであった。銀銭の固定相場制は実施された形跡が全く見当たらない。過帳については既述の通り、光緒三四年、将軍趙爾巽により過碼銀が禁止された。この措置がどの程度の実効性を有していたのかはさておき、政府は抹兌銭帖や預金通貨に頼らず、正貨の増発により流動性の不足に対処しようとしたようである。光緒二八年には吉林将軍長順が銀円の鋳造を開始し、光緒三〇年には盛京将軍増祺も銅元や大小銀元を鋳造したが(49)、その後、光緒三一年に奉天官銀号が、光緒三四年に黒龍江官銀号が設立され、光緒二四年設置の吉林の永衡官帖局とともに銀円票を発行した。一方、吉林や黒龍江の抹兌銭帖は永衡官帖局と広信公司が発行する官帖によって回収された。このように、清末東三省の幣制は、奉天および吉黒都市部が銀円(現小洋)とその兌換券に、吉黒農村部が銭建て官帖に収斂しつつあった。

省政府による銀貨・官銀号銀券・官帖の投入は、外国貨幣や私帖を完全に駆逐できなかったものの、東三省の金融を緩和し、貨幣主権を守る上で一定の役割を果たした。何よりも、私帖を官帖に置き換えたことは、通貨の信用性向上に大きく貢献したであろう。特に奉天では、地方官や「地方公共財団」「商業儲蓄会」などの民間団体が私帖や過帳の整理に当たったが(50)、短期間の回収が不可能な地域でも、公議会による私帖の連環保証や、信用度のより高い私帖への交換という形で整理が進められた(51)。商務会や地方衙門の認可を受けた私帖の発行は、吉林や黒龍江でも見られた(52)。

しかし清末の政治的分権化に影響され、清朝は東三省での幣制統一を果たせず、むしろ省政府が各自の思惑で通貨制度を操作する傾向が強まった。その結果として、よく言われるように、各省が財政補塡のため奉天票や官帖を濫発するようになった。また、各種の貨幣が併存するため、貨幣の投機的売買が一層激しくなった。二〇世紀になると、銀市は預金通貨の発行機関というより、銭舗による貨幣投機の場となった。前掲『満洲ニ於ケル支那側金融機関ト通貨』によると、「凡ソ一市ノ銭荘ハ、毎日銭行（銀市）ニ会合シ、其地ニ存在スル各種銀元、銅元、金票、羌帖、鈔票ノ投機的売買ヲナシ、各貨幣ノ相場変動ニヨリ利スルアルハ、恰モ我国ニ於ケル有価証券売買ト同シ」（三四頁）とあり、また「銭舗モ従来私票ヲ発行シ、票荘ト商人トノ中間ニ立チ、有力ナル金融機関ナリシモ、新式各銀行設立セラレ、紙幣発行権ヲ有スルニ至リシヲ以テ、営業漸次不振トナリ、昔日ノ盛況ヲ見ニ至ラス。今ヤ僅カニ中流以下ノ金融機関トシテ、貸付及外国貨幣（金票、鈔票、羌帖）ノ投機的売買ヲナスニ過キス」（七四頁）とあるように、民国以降、私帖発行機能を喪失して零落した銭舗は、銀市にて外国貨幣を含む通貨の投機的売買に活路を見出すようになったのである。

おわりに

一九世紀後期から二〇世紀初頭にかけて、東三省では農業開発が急速に進展したが、通貨供給が経済成長に追い付かず、商人の発行する私帖が流動性を補塡した。吉林では、咸豊期に政府が銀票・銭鈔を通行させたことを契機として、同治以降、民間による抹兌私帖の流通が盛んになった。一方奉天では、光緒年間より過帳と呼ばれる預金通貨による振替決算制度が普及し、現銀不足を補うようになった。吉林の抹兌も部分的に過帳に発展した。抹兌や過帳のような民間が創造した信用貨幣に対し、政府は銀貨・銅貨・銀票・銭帖を発行することでその駆逐を図り、相当の成果を上げた。以上が本章の結論である。

民国以降、東三省は紆余曲折を経ながらも幣制統一を模索し、満洲事変直前には現大洋票による通貨統合を目前にしていた。私帖や預金通貨もしぶとく生き残っていたが、一九世紀末の面影は失われていた。総じて、抹兌と過帳は、銀と制銭による伝統的通貨制度の衰退と銀行券による管理通貨制度の未発達との狭間に生まれた、過渡的な金融制度であると言えるだろう。

註

(1) 周藤吉之『清代満洲土地政策の研究』河出書房、一九四四年、石田興平『満洲における植民地経済の史的展開』ミネルヴァ書房、一九六四年。
(2) 安冨歩「定期市と県城経済——一九三〇年前後における満洲農村市場の特徴——」『アジア経済』四三巻一〇号、二〇〇二年。
(3) 楊合義「清代活躍於東北的漢族商人」『食貨月刊』五巻三号、一九七五年。
(4) 路遇『清代和民国山東移民東北史略』上海社会科学院出版社、一九八七年、荒武達朗「清代乾隆年間における山東省登州府・東北地方間の人の移動と血縁組織」『史学雑誌』一〇八編二号、一九九九年など。東三省における商人の出身別構成については、本書第八章で詳述する。
(5) 川久保悌郎「清代における焼酒の盛行について」『集刊東洋学』四号、一九六〇年、同「清代満洲における焼鍋の簇生について」『和田博士古稀記念東洋史論叢』講談社、一九六一年。
(6) 安冨歩・福井千衣「満洲の県流通券——県城中心の支払共同体の満洲事変への対応——」『アジア経済』四四巻一号、二〇〇三年。
(7) 代表的成果として、前註(1)石田、金子文夫『近代日本における対満州投資の研究』近藤出版社、一九九一年、安冨歩『「満洲国」の金融』創文社、一九九七年、西村成雄「張学良政権下の幣制改革——『現大洋票』の政治的含意——」『東洋史研究』五〇巻四号、一九九二年などがある。
(8) 前註(1)石田、二七八頁、前註(6)安冨・福井、一〇頁。
(9) 謝杭生「清末各省官銀銭号研究(一八九四—一九一一)」『中国社会科学院経済研究所集刊』一一集、一九八八年。

(10) 光緒『吉林通志』巻三八、経制三、禄餉。
(11) 同右、巻四〇、経制五、銭法。
(12) 鈴木中正「清代の満洲人蔘について」愛知大学『文学論叢』開学十周年記念特輯、一九五七年、川久保悌郎「清代人参採取制度についての一考察」『鈴木俊教授還暦記念東洋史論叢』大安、一九六四年。
(13) 遼寧省檔案館編訳『盛京参務檔案史料』遼海出版社、二〇〇三年、二四七—二四八頁「盛京将軍衙門為知会議准之黄酒舗戸自行踩造麯塊幷応領参票之章程事咨盛京内務府衙門」(嘉慶五年七月一一日)。
(14)『吉林省の財政』南満洲鉄道株式会社庶務部調査課、一九二八年、三四五頁。
(15)『宮中硃批奏摺財政類』MF三一巻、咸豊四年五月一六日、吉林将軍景淳。
(16) 同右、咸豊四年九月一八日、吉林将軍景淳。
(17) 中国第一歴史檔案館編『咸豊同治両朝上諭檔』広西師範大学出版社、一九九八年、第七冊、咸豊七年四月八日。
(18)『宮中硃批奏摺財政類』MF三一巻、咸豊七年三月二四日、吉林将軍景淳、同右、咸豊七年一〇月二四日、吉林将軍景淳。
(19)『宮中硃批奏摺財政類』MF六三巻、同治二年八月二五日、盛京戸部侍郎和潤等。
(20)『咸豊同治両朝上諭檔』第一四冊、同治三年九月一七日。
(21) 同右、同治三年一一月一六日。
(22) 同右、同治三年一一月二二日。
(23)『光緒朝硃批奏摺』第九一輯、光緒九年五月二三日、署理吉林将軍玉亮等。
(24)『北満洲特殊通貨としての官帖に就て』横浜正金銀行調査課、一九二五年、七頁。
(25)『光緒朝硃批奏摺』第九一輯、光緒一〇年一一月二四日、吉林将軍希元等。
(26) 前註（1）石田、二七八—二七九頁。
(27)『宮中硃批奏摺財政類』MF三一巻、同治一一年一〇月二五日、吉林将軍奕榕。
(28) 加藤繁「道光咸豊中支那にて鋳造せられたる洋式銀貨に就いて」(加藤『支那経済史考証』下巻、東洋文庫、一九五三年所収)四五〇頁。
(29)『光緒朝硃批奏摺』第九一輯、光緒一三年閏四月一〇日、吉林将軍希元等。

(30) 同右、第九一輯、光緒一四年四月―一二月、吉林将軍長順等。
(31) 同右、第九一輯、光緒一八年四月一八日、吉林将軍長順等。
(32) 同右、第九一輯、光緒一八年一一月一八日、吉林将軍長順等。
(33) 同右、第九一輯、光緒一三年一〇月二五日、直隷総督李鴻章。
(34) 同右、第九二輯、光緒二一年一二月一八日、盛京将軍依克唐阿、同右、光緒二四年閏三月二八日、盛京将軍依克唐阿、康徳『奉天通志』巻一四七、財政三、幣制。
(35) 『光緒朝硃批奏摺』第九二輯、光緒二五年七月一三日、吉林将軍延茂等、『北満洲特殊通貨としての官帖に就て』一八―一九頁。
(36) たとえば『北満洲経済調査資料』南満洲鉄道株式会社庶務部調査課、一九一〇―一一年、正編、六六―六七頁など。
(37) 前註(1)石田、五四〇―五四二頁。
(38) 『北満洲経済調査資料』正編、一六三頁。
(39) 『南満洲経済調査資料』南満洲鉄道株式会社調査課、一九〇九―一〇年、第一、蓋平、一四三―一四四頁。但し、決済を次の卯期に繰り越すことは過卯であり、当資料は過帳の意味を正確に捉えていない。
(40) 同右、第四、奉天、一一〇頁。なお『満洲日日新聞』明治四二年三月二六日付「満洲金融状況」によると、光緒三一年、奉天将軍が過碼すなわち抹兌銀による振替と銭舗の銭票発行を禁止したとある。
(41) 徐世昌『退耕堂政書』巻五、奏議五「密陳考査東三省情形摺」、同右「附考査奉天省情形単」財政、康徳『奉天通志』巻一四七、財政三、幣制。
(42) 宮下忠雄『中国幣制の特殊研究』日本学術振興会、一九五二年、五一二頁。
(43) 『南満洲経済調査資料』第五、長春、一一六―一一七頁。
(44) 同右、一一七頁。
(45) 『光緒朝硃批奏摺』第九二輯、光緒二五年四月二日、護理盛京将軍文興等。
(46) 佐々木正哉「営口商人の研究」『近代中国研究』第一輯、東京大学出版会、一九五八年、二六二―二六三頁。原文は「撲兌」「撲帳」となっているが、「撥兌」「撥帳」の誤記と思われる。
(47) 『天津商会檔案匯編(一九〇三―一九一一)』天津人民出版社、一九八九年、六五三―六五四頁「津商務公所為溝通南北金融往

来必倡行期票事致函上海商会并附章程四条」（光緒二九年末と推定）

但紙幣未通。周転仍滞。屢与各行商。周咨博訪。多以倡行期票為言。敝所詳加考核。亦以南北関鍵。非此法。不足以資流通。而化滞塞。儗［擬］仿外埠鏢期之法。而変通之。由商董。公挙殷実銀号数十家。連環互保。准其出写期票。五釐起息。至多不得過八釐。或二月為限。或三月為限。或四月為限。到期如有不便。可以推緩一期。須于期票上。注明北京・上海・天津。准其互相兌付。聯絡一気。

また天津『大公報』光緒二九年一一月九日付「清平津郡市面」も、現銀不足に対処するため、銭舗が三・六・九・臘月を決算期とする過賬抹兌銀を振り出すことを主張しており、一一月一六日付「疏通市面」によると、紳董寧世福・卞煜光・王賢賓・么聯元が中心となって、資本金二〇万両を募り、商務公所より銀銭帖を発行したとある。なお天津銀号の銀両振替制度については、前註（42）宮下、四九五―四九九頁も参照。

（48）畢相輝「河北省宝坻県金融流通之方式」方顕廷編『中国経済研究』下、商務印書館、一九三八年。

（49）『光緒朝硃批奏摺』第九二輯、光緒二八年四月二二日、吉林将軍長順、康徳『奉天通志』巻一四七、財政三、幣制。

（50）宣統『新民府志』貨幣、民国『岫巌県志』巻二、政治、財政、貨幣、民国『安東県志』巻六、人事、商業、安東銭法木料糸業斗盪之改革。

（51）康徳『梨樹県志』丁編人事、巻四、実業、金融、民国『錦西県志』巻二、人事、商業、幣制。なお、公議会の信用創造については、倉橋正直「営口の公議会」『歴史学研究』四八一号、一九八〇年を参照。

（52）『北満洲経済調査資料』正編、一七八頁。

第八章　清末民国期東三省における冀東商人

はじめに

概ね一九世紀前半期（嘉慶・道光年間）頃より、奉天では大豆生産が急成長した。一八世紀までの奉天は、内地から漢族移民が流入して開墾を推進し、粟や高粱などの雑穀を直隷や山東に移出し、奉天では自給できない棉布や雑貨を移入していた。しかし大豆（豆貨三品と呼ばれる大豆・豆油・豆餅）の移出が急伸したことにより、奉天経済は雑穀生産地であった時代とは大きく変化した。その特徴は以下の三点に要約される。第一に、大豆の移出先と棉布・雑貨の移入元が江南方面、更には海外となったことで、江南を中心とする全国市場や海外市場との結び付きが強まった。華北沿岸部との雑穀—棉布交易は依然として継続されたが、その割合は対江南交易と較べて相対的に低下した。第二に、大豆移出が活況を呈し、奉天一省だけでは供給不足を来たしたため、奥地である吉林省や黒龍江省の開墾にも拍車がかかった。奥地での大豆生産を輸送面から支援したのが東清鉄道（日露戦争後、ハルビン—大連線の長春以南が南満洲鉄道となる）の敷設であったことは言うまでもない。第三に、東三省は人口が希薄で、もちろん機械化もなされていなかったため、域外より多くの農業労働者を導入しなければならなかった。本章で検討するのは、第三点に関連する、東三省における出稼ぎ者の動態である。

従来の東三省移民史研究によると、移民や出稼ぎ者の出身地の中心は山東省、特に山東半島沿岸地域であった。この地域には可耕地が少なく、絶えず相対的過剰人口に圧迫されてきたこと、また地理的に遼東半島と近接していることから、清朝の移民制限政策にもかかわらず、海路による出稼ぎ者が多かったことが知られている。彼らは農繁期に農業労働者として雇用され、大豆の収穫後山東に帰省していた(1)。大豆移出の活況により清末の東三省は全体的に出超傾向にあったが、中国本土に対しては入超傾向にあり、更に大豆が稼ぎ出した資金の相当部分は出稼ぎ者によって山東方面に還流していた。官銀号が東三省に投下した大小洋銭（銀貨）の内、大洋銭は山東からの出稼ぎ労働者によって持ち出されたと言われている(2)。

今日の東三省経済を築いたのが主として山東方面からの農業移民および農業出稼ぎ者であったことは改めて言うまでもないであろう。しかし他地域からの商業移民や商業出稼ぎ者の存在も忘れてはいけない。彼らは地域の小売買から糧桟・油房・焼鍋の経営、更には票荘などの金融業者として、東三省の流通経済に不可欠の存在であった。だが、従来の東北地域研究は商人に対してあまり関心を払ってこなかった。

東三省における商人研究に先鞭を付けた楊合義によると、東北で活動する商人は地理的に近い直隷・山東・山西三省の出身者が多かったが、数は少ないものの資金力で卓越していたのは山西商人であった(3)。また、佐伯富も清代の塞外や東北で山西商人が活躍していたことを検証している(4)。彼らは生産・流通部門でも並々ならぬ力量を発揮したが、特に金融部門では独占的地位を構築した。一九世紀後半以降の東三省では、上海を中心とする全国市場、営口のような開港場、鉄嶺のような大豆集散地の相互で、通用する通貨がそれぞれ異なっており、近代的銀行業が未発達の段階では両替・為替業者が必要不可欠であった。そしてそれを担い得る者は、当時にあっては華北を主要拠点としつつ全国に支店網を構築していた山西票号を置いて他にいなかった(5)。

ただ、山西商人は海上交易には疎かった。既述の如く、東三省の主要産品は大豆と雑穀であり、大連の登場以前は営口が最大の移出港であったが、一九〇五年における営口の公議会役員一五名の中で、山西商人は僅か一名（油房経営者）に過ぎなかった。[6] また一九一〇年代のある報告も、東三省では一般に山東と広東の商人が有力で、直隷と山西の商人がこれに次ぐと述べている。[7] これらの事実を総合すると、東三省の穀物交易において、山西商人は金融部門に特化しており、加工や輸送の諸部門は直隷・山東・広東など沿海諸省の商人が担っていたものと思われる。[8]

山西商人が東北で卓越した地位を築いていたことは間違いではないだろう。しかし金融や遠隔地交易を行うのは資本力に勝った少数の者に限られる。東北開発の進展に伴って来訪した農業移民や農業出稼ぎ者に対し、棉布をはじめとする日用雑貨を供給していたであろう小商人の姿は、先行研究からは見出せない。本章の課題は、大商人と労働者の中間に位置する小商人層の実態を解明することである。

清末から民国にかけての東北で小売業に従事していたのは、山東人と直隷人であった。直隷では特に北東部の冀東地方と呼ばれる地域から、多数の商人と商業的出稼ぎ者（以下、併せて冀東商人と総称する）を輩出していた。冀東地方は山海関に隣接しているため、山東省登州府と並んで東三省へ最も進出しやすく、清代中期より関東へ商業活動に赴くものが多かった。しかし結論を先取りすると、同じ出稼ぎ者でも山東人と直隷人との間には相違点も多い。第一に、山東人の出身地が半島部を中心としながらも広範囲に及んでいるのに対し、直隷人の出身地は冀東地方に集中する傾向がより強い。また、冀東地方内部でも出稼ぎ者の多い地区と少ない地区が存在する。総じて、東三省の直隷商人・商業出稼ぎ者には出身地の偏倚性が強いのである。第二に、山東出身者の大部分が農業出稼ぎで、商人の割合が低いのに対し、冀東出身者の少なからぬ者が商業活動に従事していることである。絶対数では山東商人の方が冀東商人よりも多いのであるが、商業部門への志向は冀東人ほど顕著に見られないのである。もちろん、移民・出稼ぎ者全体から見れば商業部門従事者の割合は低いのであるが、冀東人の商業への志向性は他の直隷人や山東人より相対的に高い。それでは、冀東人は何故商業部門へより積極的に進出し得たのだろうか。また、直隷出身者の中で何故冀東人に商業従事者が集中するのであろうか。本章では二〇世紀の各種調査報告資料と清末民国期の地方志を手掛かりとして、東三省における冀東商人について考察する。

一　清末民国期の冀東商人

周知のように、東三省は満洲族の故地であったが、開発の担い手となったのは山東や直隷からの漢族移民や出稼ぎ者であった。ただ清末民国期の東北は政情が不安定であり、清朝も張作霖政権も移民や出稼ぎ者の調査を行っていない。この時期に人口移動を含む実態調査を積極的に行ったのは、東三省や華北の経済支配を企図する日本、就中その尖兵である南満洲鉄道であった。そこでまず、二〇世紀初頭から一九三〇年代にかけての商人の動向を日本側調査資料から観察しよう。

清末の東三省において最も盛んに活動していた中国系商人は、やはり山西商人であった。特に金融部門では、山西票号は清朝財政との緊密な繋がりを武器として独占的地位を築き上げていた。彼らの得意先は大豆移出や雑貨移入を担う交易商であったが、日本が「北満」と呼んでいた吉林省（長春や吉林など南西部を除く）および黒龍江省では、交易商に交じって冀東商人による為替取組が見られた。『北満洲経済調査資料』（南満洲鉄道株式会社庶務部調査課、一九一〇―一一年）正編は「北満」における票荘について、

匯荘ハ一ニ票荘ト称ス。南満地方ニ於ケル票荘ハ、多クハ其資本豊富ニシテ、為替両替ノ外、広ク多額ノ貸付ニ従事シ、又銭舗ノ後援者トシテ有力ナル地位ヲ占ムルモ、北満ニ在リテハ、殆ト為替ノミヲ取扱ヒ、多クハ山西

地方ニ本店ヲ有スルモノノ出張員カ商家ニ寄寓シテ之ヲ取扱フモノニシテ、別ニ門戸ヲ張ルモノナシ。但シ豊富ナル資本ヲ有スルコトハ、南満地方ニ異ラスシテ、多額ノ為替ヲ托スルモ何等ノ不安ナキモ、営口ノ如キ対外市場トハ土地余リニ遠隔ニシテ、直接取引関係ヲ有スルモノ少ナク、雙城堡、阿什河、呼蘭等ノ大市場ヲ除ケハ、殆ト匯荘ニ托シテ為替ヲ取組ム程度ノ必要ヲ見サルヲ以テ、多クハ兌換券若クハ現銀ノ儘、随時携行スルヲ常トシ、偶直隷省ノ商人カ該省楽亭方面ニ為替ヲ取組ムモノアルニ過キスシテ、其営業状態甚タ閑散ナリ（一七二頁）。

と概観する。日露戦争直後の吉黒両省は奉天省と較べて為替需要が少なく、山西票号も商店に出張員を置く程度であったことが読み取れるが、僅かな得意先の中では直隷商人による永平府楽亭県への為替取組が大きな地位を占めていたことが目を引く。

　総論に続いて各地の金融事情が詳細に述べられているが、票荘の存在が確認できるのは阿什河・北団林子・呼蘭・雙城堡の四箇所に過ぎない。この内、阿什河については、

為替業務ヲ取扱フモノ、和順号、功成玉ノ二家アリ。為替取組先ハ多ク哈爾賓、営口及直隷省楽亭ノ三箇所ナレトモ、大抵哈爾賓営口ニ現送シ、匯荘ノ手ヲ経ルモノ少ナク、殊ニ哈爾賓向為替ハ最モ僅少ニシテ、就中較ヤ多キヲ楽亭トス。蓋シ楽亭向為替ノ多キハ、此地商家ノ多数カ関裡幇ニ係ルカ故ナリ（一八五頁）。

とあり、北団林子については、

為替ハ官銀分号ニテ取扱フ外、一二三外来商家ノ寄寓シテ匯荘ノ業務ヲ取扱フモノアリ。仕向地ハ多クハ呼蘭、哈爾賓、営口、長春、関裡、等ナレトモ、商家ノ随時帯送スルモノ多ク、偶々関裡、営口等ノ遠地ニ取組ヲ見ルノ外、概シテ其額少シ（二九〇頁）。

とあり、雙城堡については、

為替ハ匯荘トシテ、阿什河ヨリ和順昌、吉林ヨリ功成玉ノ各出張所アレトモ、若干関裡、楽亭向為替ノ取組マル

ル外、其他ノ各地へ取替［組］マルルモノ極メテ稀ナリ（三一一頁）。

とある。ハルビン・営口・長春など大豆集散地との取組だけでなく、関裡・楽亭との取組も少なくなかったことが明白に記されている。関裡とは山海関以西の中国本土の意であるが、阿什河の項で楽亭商人が関裡幇を結成していたと述べられていることから、ここでは楽亭を含む冀東地方を指していると考えられる。楽亭県出身者を中心とする冀東商人は吉黒方面で商業活動に従事し、少なからぬ資金を故郷に為替送金していたことが、この資料から読み取れる。

同時期の別の調査でも、冀東商人の活動が確認される。『吉林東南部経済調査資料』（南満洲鉄道株式会社調査課、一九一一年）によると、延吉府局子街では、主な商店一六戸の内、山西資本が四戸、直隷資本が三戸、直隷資本と他省資本との合股（共同出資）が二戸（山東と吉林）、山東資本が一戸であった（一五一―一六頁）。頭道溝では、山東資本が優勢であったが（二三頁）、琿春では山東資本が八戸、関裡資本が六戸、山西資本が四戸、営口・奉天・回回が各一戸であり（六〇頁）、直隷商人とりわけ冀東商人は山西商人や山東商人と互角の勢力を有していた。

一方「南満」と呼ばれた奉天省でも、山東商人と並んで直隷商人が進出していた。『南満洲経済調査資料』（南満洲鉄道株式会社調査課、一九〇九―一〇年）は日露戦争後の「南満」の状況を詳細に観察した調査報告書であるが、同書に

満洲東南部地方ノ住民ハ概ネ山東省ノ移住民ニシテ、移住以来遠キハ三世・四世ニ及ヒ、普通二世ノモノ最モ多シ。彼等ハ殆ト凡テ農業ニ従事シ、商人ハ懐仁・寛甸・鳳凰城・岫巌等ニ若干アルヲ除ケハ、多クハ直隷省人ナリトス（第二、総論、一四頁）。

とあるように、移住者の絶対数では山東出身者が卓越するものの、移民総数に占める商人の割合では直隷出身者が勝っていた。もちろん、主要都市では山東商人の総数は直隷商人を凌駕していた。奉天の省都瀋陽では、

奉天ニ於ケル商店ノ種類ハ、凡テ七十六行アリ。商人ノ原籍ヲ重ナル商店ニ就キテ分別スルトキハ、票行・銭行ハ山西人多ク、桟行・粮行ハ山東人及本地人、山貨店ハ山東人、焼鍋行ハ本地人、雑貨店ハ山東人及関裡人、殊

ニ雑貨店中糸房（主トシテ布疋類ヲ販売スルモノ）ハ山東人多シ。要スルニ山東人ハ奉天商人ノ最モ大部分ヲ占ムト知ルヘシ（第四、奉天、七一頁）。

とあり、また開港場営口でも、

牛荘ノ繁栄カ流下シテ田庄台ニ移リ、更ニ営口ノ地ニ遷移スルヤ、機ヲ見ルニ敏ナル山東商賈ハ率先シテ此地ニ来リ、商業ヲ経営シ、油房ヲ開設セリ。今日ニ於テモ、営口商人ノ大部分ヲ占ムル者ハ、実ニ山東商人ナリトス（第六、営口、七三頁）。

とあるように、数の上では山東商人の方が勝っていたようである。

奉天省における直隷商人の特徴は、吉黒両省と同様、冀東出身者の割合が高いことであった。瀋陽の場合、奉天商業会議所の調査による清国大商店二〇店の中で支配人または資本主の原籍が直隷であるのは六戸あるが、この内益和店（桟房）と広成店（店行）は永平府人の出資・経営に係わり、萃豊店（店行）は出資者が奉天人で経営者が永平府人であった（第四、奉天、七二―七三頁）。営口の場合、出身地が判別できる直隷系商店は楽亭県人劉履貞の厚発合、北京の永成銀号が営む盛記、天津人義昌元の謙昌号、天津人鄭均の永遠興（何れも雑貨布行）だけであるのに対し、山東人の商店は二〇戸以上存在する（第六、営口、七五―七七頁）。ただ、華北や東北から営口に来る客商の数を見ると、

新民府：四三　瀋陽：四二　吉林：三五　寛城子：三〇　遼陽：二六
関　裡：一九　牛荘：一八　蓋平：一七　雙城堡：一七　鉄嶺：一七

であり、地元商人が圧倒的優勢である中で、冀東商人の健闘が目立つ。因みに、山東商人は一三名、天津商人は五名、北京商人は二名に止まる（第六、営口、八三頁）。

この傾向は別の資料でも再確認できる。外務省編『南満洲ニ於ケル商業』（金港堂書籍、一九〇七年）によると、鉄嶺では、資本主の原籍地が直隷である商店七戸の内、臨楡一戸、灤州一戸、昌黎二戸、天津一戸、不明二戸であった

（三六九―三七二頁）。七戸の中の四戸が冀東資本だったのである。また通江口では、有力商店二〇戸の内「山西人ノ開キタルモノハ計十一戸ニシテ、即チ全数ノ半以上ヲ占」めており、直隷資本は華発合・仁発合・徳興広の僅か三店であったが、彼らは皆楽亭県出身者であったと言う（四七三―四七四頁）。この他、奉天省中部での調査報告書『本渓湖城廠間経済調査資料』（南満洲鉄道株式会社総務部事務局調査課、一九一五年）によると、同地では「中流以上商舗ノ資本主ハ地方ノ者僅々四割ヲ占ムルニ過キス、残部ノ六割ハ直隷永平、山東蓬萊、興京、奉天、山西等ノ者ナリ」（五八頁）とある。本渓湖一帯でもやはり冀東商人や登州商人の活躍が目立っている。

　清朝の崩壊と近代的銀行の簇生により、山西商人は東三省における影響力を次第に失っていくが、冀東商人や山東商人の地位は不動であった。たとえば一九一〇年代中頃、長春の満鉄付属地における銭舗の総数は二一戸であったが、出資者の出身地は楽亭九戸、臨楡五戸、撫寧三戸、哈爾賓《ハルビン》・四川・賓州（吉林）・安徽が各一戸であり、二一戸の中の一七戸が冀東資本であった[9]。また谷村武編『奉天に於ける商工業の現勢』（南満洲鉄道株式会社興業部商工課、一九二七年）二六〇―二七〇頁には、奉天（瀋陽）における主要店舗の店名、職種、財東（資本主）の氏名、財東の出生地、執事人（支配人）の氏名、執事人の出生地などを列挙した一覧表が収録されているが、同表によると、執事人の出身地は、直隷省旧永平府が四五人（内訳は昌黎一六人、撫寧一〇人、臨楡八人、山海関二人、楽亭六人、灤県二人、盧龍一人）、直隷省旧永平府以外が九人（天津四人、豊潤・寧河・保定・束鹿・深州各一人）、山東省旧登州府・萊州府が三六人（黄県三二人、招遠二人、掖県二人、煙台一人）、その他の山東省が二人、奉天省が一四人、山西省が九人、河南省武安県が二人である。これらの数値から、商店の経営者は直隷人と山東人が拮抗していること、前者は冀東商人が、後者は黄県商人が卓越していることが読み取れる。一方、財東は一店舗につき一出資者とは限らないので、単純な数量比較が困難であるが、概ね直隷省・山東省・奉天省出身者が多く、山西省出身者は彼らの半分程度である。また直隷省と山東省では冀東人と黄県人が他府県出身者を圧倒している。このように、一九二〇年代中頃の奉天でも、冀東商人の活躍は瞠目すべきものであった。山東商人の数も冀東商人に次いで多く、また黄県という特定地域への出身地偏倚現象も見られるが[10]、ある調査によると、この時期の両省から東三省への出稼ぎ者は山東が約三七万二〇〇〇人（この内、半島部分が二〇万人前後）、直隷が約二万六〇〇〇人であったとあり[11]、出稼ぎ者総数に占める商人の割合は直隷人の方が高かった。

執事人の業種別内訳を見ると、直隷商人は雑貨行で圧倒的優勢を誇り、銭舗や匯兌荘など金融部門でも相当の浸透を果たしている。山西商人は財東・執事人とも金融業が約半数を占めているが、他業種へはほとんど進出していない。山東商人は糸房経営に偏倚しており[12]、糸房（他業種との兼営を含む）三六戸の内、二八人（黄県二五人）を占める。

ただ、一口に商人と言っても、大店舗では資本主、支配人、被用者が分化していた。冀東商人や山東商人の中には出資者や支配人も数多くいたが、より特徴的なのは被用者すなわち出稼ぎ型の商人が多いことである。まず山東商人から見ると、『満洲日日新聞』明治四三年（一九一〇）一〇月八日付「出稼山東人」に次のような記述がある。

> 出稼人の種類は商業、農業、労役の三種に過ぎず、其他職工、奴僕等ありと雖も極めて少数なり。尚別に娼婦、馬賊等あるべきも是れは論外とす。商業出稼人は目的地に於ける山東出身若しくは山東に縁由ある商店に番頭たる者或は各地を行商する者とす。別に長期の出稼とも謂ふ可き店主なる者あり。（中略）山東出稼人特有の長所は各出稼の系統を有するに在り。彼の満洲に於いて最とも多数なる山東商人の如き、自家の資本を以つて営業するもの甚だ稀に、多くは山東内地の資本を利用せり。故に強大なる根拠を満洲に構ふるが如きも、其実単純なる営業主にして、資本主は山東内地奥深き辺に在りて満洲の営業より生ずる相応なる利分を収めつゝあり。資本主が足郷関を出でず、遙かに満洲の営業振りを明かにし以て放資の緩急を籌るを得るもの、営業主も店員も共に資本主と系統を同ふする出稼人にして、其時々の帰省に依り営業状態を報告せしむるの便あるを以てなり。各店員等は薄給に安んじ、歳月の推移と共に所在商業の経験を積み、手腕ある者は軈《やが》て郷里の資本を利用して新に営業

主となり、否《しか》らざれば高級番頭となる。又満洲内地の山東行商は到る処連絡あり。その一種の機関に依り郷里に為替送金の道を開ける等頗る称するに足る。

すなわち、総数の多い山東商人も、その大部分は山東資本に雇われた店員や行商人であり、彼らは商業出稼ぎ者として山東―東北間を定期的に往復していた。山東在住の資本主も地縁的繋がりのある同郷人を積極的に雇用し、彼らが帰省した時に経営状況の報告を受けていた。黄県など特定地方の出身者が卓越する一因には、このような地縁的紐帯があるものと思われる。

同じ現象は冀東商人においても看取される。既に見たとおり、冀東商人の中では楽亭県出身者の活躍が際立っていたが、この傾向は一九三〇年代の農村調査でも再確認される。まず『冀東地区十六箇県県勢概況調査報告書』（冀東地区農村実態調査班、一九三六年）楽亭県を見ると、

県内商戸は主に県内にて消費する粮穀、雑貨の取引をなせる者にして、直接満洲に於て糧桟、油房、製粉業等を営み居たる重要な者も多し。此等は満洲移民を招致し大いに満洲の現金を楽亭県に吸収し居たりたるなり（二八七頁）。

とあり、また

本県は昔より満洲に多くの移民を出し居れり。其の歴史は清朝の満洲入国解禁以前より盛に出したるものと思はる。現在は昭和七、八年頃より次第に減少しつゝあり。本県人中には満洲にて百数万元より数千元の中、小資本にて粮桟、油房、製粉業、皮革商等を営み、其の進出地域は奉天最も多く新京、ハルビンにまで及ぶ。労働者は最も多く、前記同郷の商家を追いて行く者、他に就職して働く者等、商業労働を主として営む。海岸住民にては営口方面に船乗として出稼をなすものあり。県城益発銀行につきて調査せるに、満洲国建国以前は楽亭への満洲よりの送金は年約九〇〇万元にして、現在は約四〇〇万元となりたりと云へり。但し別に財政調査の際には満洲

建国前後に於て変化なしと答へ居れり。現在四〇〇万元程度なる事は確実なるべし（二九三頁）。

とあるように、同県は東三省への商業出稼ぎ者を多数輩出し、彼らの多くは楽亭資本の糧桟・油房・製粉業者に雇用され、毎年約九〇〇万元を故郷に送金していた。しかし「満洲国」の出稼ぎ制限政策により、三〇年代半ばには約四〇〇万元に落ち込んでいる。[13]

次に『冀東地区内二十五箇村農村実態調査報告』下巻（冀東地区農村実態調査班、一九三六年）楽亭県柏庄によると、

県内調査部落は何れも出稼は多く五、六年以前に於ては満洲に出たる者多かりき。昭和六年（民国二十年）頃迄は柏庄にては一〇〇名は下らず、主に奉天、ハルビン等に行きたるも、現在は年々二〇名程の帰郷者あり（柏庄は昨年の帰郷者二〇人、渡満者五、六人。本年は三人入満せり）。現在は在満者二、三〇名に過ぎず。大苗庄にては六〇戸中以前は満洲に出稼人を出せるもの約五〇戸はありたり。海倫、奉天、昔の長春、ハルビン等に於て雑貨店、油房、粮桟等に働き居たり。……馬頭営に於ては五、六年前に於ては部落戸数の七、八〇パーセントは満洲出稼者を出し居たるも現在は四、五〇パーセントとなりたり。……満洲への出稼ある事により此等の部落は生活を充たし居たるなり（二四四―二四五頁）。

とあり、楽亭県の中でも柏庄は、満洲事変前は一〇〇名以上の東三省商業出稼ぎ者を送り出し、また馬頭営では、総戸数の七―八割は東三省出稼ぎ者を輩出していたことが知られる。これらの集落は東三省への出稼ぎ、特に商業出稼ぎにより生計を立てていたのである。それ故、満洲事変は彼らの生活手段を大幅に制約した。『第一回冀東地区内選択農村実態調査概要報告書』（冀東地区農村実態調査班、一九三六年）によると、

楽亭県部落に於ける移民の満洲入国制限より来る一般的疲弊が、乞食の増加として報告されたる外、二、三県に於て一部落数名の在満移民送金によ［よる］生計戸の記録があつた（五一―五二頁）。

とあり、出稼ぎ制限政策により楽亭県の地域経済は深刻な打撃を受けている。

楽亭県では東三省への商業出稼ぎのことを「跑関東」と呼んでいた。劉東流「楽亭県東桑園農村調査」(『益世報』一九三六年九月二六日)によると、

在此我們要注意的這富庶的基礎。不是建築在農業経営上。而是在東北商業的繁栄上。……因本村各家的壮年。甚至年不及冠或年満五十歳以上的。多「跑関東」経商(大多数是商業労働者与商業経営者。很少是経営自己的商業)。……因此本村離村人数很多。幾乎佔到全村人口六分之一。這個離村率不能不算大了。……一般愚民尚以商人為尊。仍然作着富商大賈的迷夢。……本村土地集中的原因。最主要的是富商収買。「跑関東」的商人。一旦発了財。雖然土地利潤小。但土地財産総比較穏定。況且在農村講闊気。非土地多不可。所以本村的四大地主。多由商業起家。就是土地較多些的。亦莫不是走了這一条路。(14)

とあり、楽亭県東桑園では「跑関東」に赴く者が人口比で六分の一に及んでおり、彼らの大多数は商業資本家(出資者)ではなく、商店の経営者や商業労働者であった。満洲事変後も多くの農民が「跑関東」により富商大賈となる夢を追っていたが、彼らの最終目標は楽亭県で地主になることであった。

それでは、何故黄県や楽亭県など特定地方の出身者が商業出稼ぎを好んで行ったのであろうか。黄県商人について言えば、民国期の黄県は土布の集散地であった。『支那省別全誌』第四巻、山東省によると、

本省は到る所に土布を製織し一に荘布と号す。特に濰県、黄県を以て市場の中心とす。而して毎年遼東地方に移出するもの又は天津、北京に至るものも少なからずと云ふ(八五二頁)。

とあり、山東棉布は黄県を経由して奉天方面に移出されていた。清末民国期の東三省は大豆を移出して棉布などの雑貨を移入していたが、黄県はその中継地となり、土布交易に携わる県民も自然と増えたのであろう。一九二〇年代、奉天(瀋陽)における黄県商人の大部分が糸房すなわち棉糸商を営んでいたことも、彼らと棉業との繋がりを裏付ける。

清代中期に直隷南部・山東北西部で急成長した棉業は、その販売市場を東三省に求めたが、土布の移出経路は登州府から遼東半島を目指す道と、天津から山海関を経由して奉天に入る道があったと考えられる。黄県商人が前者の経路を商業活動の拠り所としていたとすれば、冀東商人は後者の経路を拠り所としていたのかもしれない。冀東地方でもとりわけ臨楡・撫寧・昌黎・楽亭など渤海に近い県から多くの商人が出ていることも、この仮説を裏付けている。もちろん、冀東商人や山東商人の大部分は、棉布交易などにより資産を築き、東北に定着した商人たちに雇用された商業出稼ぎ者であったことは、改めて言うまでもない。

以上のように、二〇世紀の調査資料によると、東三省で商業活動に従事していた直隷省出身者の大多数は冀東人であった。冀東商人の出身地は旧永平府の渤海沿岸部に偏倚しており、特に活動が顕著な楽亭県人について見ても、「跑関東」に赴く者を多数輩出している地区は限定されていた。このような地域的偏倚性は、棉布交易の有無や同郷人同士の繋がり（コネクション）に因るものと考えられる。それでは、彼らはいつ頃から、どのような動機で関東へ出稼ぎに出向いたのであろうか。次節では清末民国期の地方志と二〇世紀の農村調査を用いて、彼らの進出形態を考察しよう。

二　冀東商人の進出形態

永平府は直隷省の東端に位置し、直隷—奉天間の海上交通の中間地点として機能していた。一八世紀まで奉天の主要産品は粟や高粱などの雑糧であったが、直隷向けの雑糧は牛荘や錦州で船積みされ、渤海沿岸を西進して大沽に至り、海河を遡上して天津に運ばれていた。直隷から奉天へは土布や雑貨が移出されていた。同治『遷安県志』巻八、

輿地三、風俗に、

経商の貿易するは、恒に関外へ往来し、肆を列べて賈と称する者も、亦惟だ布粟を以て重しと為す。

とあり、同治『昌黎県志』巻一〇、志余、風俗、商に、

粟米の若きは則ち関東・口外より糴《かいよね》し、紬緞は則ち蘇杭・京師自り来る。

とあるように、永平府では奉天や熱河より粟米を移入し、棉布や綢緞を天津方面より移入していた。

直隷—奉天間の交易が活発化するのに伴い、永平府は単なる中継交易の拠点に止まらず、関東との直接取引の対象地域に成長していった。取引品目は天津と同様、雑糧と土布であった。光緒『灤州志』巻八、封域中、風俗には、

咸豊の年自り後、大荘河の民船出海し、自ら関東の糧を運び、沿海一帯に接済すれば、糧価稍平す。灤人の賈を習うもの、本地に在る者は十の二三、関東に赴く者は十の六七なり。瀋陽・吉林・黒龍江三省の地、皆至れり焉。遠賈すると雖も必ず帰り、外に流寓せる者鮮なし。毎歳資を獲、以て家口を贍《にぎわ》す。是れ賈を以て農の不足を補える也。

とあり、灤州では咸豊年間（一八五一—一八六一）より関東の穀物を移入して沿海部で販売する民船が簇生し、商人の三分の二は東三省に赴くと言われていたが、彼らは交易を専業とする生粋の商人ではなく、農業収入の不足を補うための商業出稼ぎ者であり、遠方に赴いた者も送金のため毎年帰省していた。

永平府から奉天への移出品は土布であった。嘉慶『灤州志』巻一、疆理、風俗、商には、

易《か》うる所は魚塩の属に過ぎず。尤も綿布多し。然るに居人の用うる者は十の二三、他郷に運ぶ者は十の七八なり。灤の土産、此れ其の尤も著しき者歟。

とあり、嘉慶年間（一七九六—一八二〇）には灤州産土布の大部分は移出に回されていた。また乾隆『楽亭県志』巻五、風土、風俗、農の項には、

又邑中麦田甚だ少なし。梁［粱］穀・棉花最為り。

とあり、更に商の項には、

易うる所は布粟魚塩の属に過ぎず、他に異物無し。而して布粟の市《あきな》う者尤も衆し。粟は則ち関外自り来たり、以て邑人の用を資く。布は則ち楽が聚藪為り。本地の需むる所一二、而して他郷に運出する者八九なり。農隙の時、女は家にて紡ぎ、男は穴にて織るを以て、遂に本業と為せり。故に布を以て粟に易うるは、実に窮民の糊口の一助なりと云う。

とあるように、楽亭では早くも乾隆年間（一七三六―一七九五）より、土布を移出して粟米を移入する分業関係を奉天との間に構築していたようである。清末には、楽亭は熱河・営口・煙台三方面に対する流通の結節点に成長した(15)。

とは言え、華北棉業の中心は直隷南部・山東北西部であり、清末には棉産地が直隷中部へ拡大していくものの、冀東は未だ飛び地のような存在に過ぎなかった。しかし、たとえ生産量は相対的に少なくとも、土布移出を契機として冀東商人が奉天へ布粟交易に出向くようになったことは重要である。おそらく、彼らを呼び水として清末以降大量の東三省向け商業出稼ぎ者が輩出したのであろう。

残念ながら、一九世紀までの布粟交易と二〇世紀の商業出稼ぎを直接結びつける史料はない。ただ、地方志の人物の項には、僅かながら関東へ赴いた人々の伝記が収録されている。もちろん、地方志の「孝友」などに採録されている者は、何らかの顕彰すべき行為を行った者だけであり、これを以て出稼ぎ者の全体像を推し量るのは限界がある。また、編纂者によって採録の基準も異なるであろう。しかし他地域の地方志と比較することで、おおよその傾向性はつかめるものと思われる。

まず府志を見よう。光緒『永平府志』巻六一、列伝一三・一四、行誼二・三には、①臨楡県人劉永春は学問の家に生まれたが、家計が困窮したため、父の代から商人となり、奉天で族祖の墓石を発見した、②灤州人陸廷陞も家が没落したため学問を諦め、瀋陽へ商売に赴き、数年後大商人となった、③撫寧県人単徳林は同治四年に馬賊が蜂起するまで、毎歳遼東にて商業に携わっていた、④臨楡県人楊彩もまた読書人から商人に転じ、吉林へ商売に出向き、穀物の売買に従事した、⑤撫寧県人薛信は、父純が道光二五年に関外の岔路河へ交易に出掛けたまま音信不通となったため捜索に赴き、江東で父を発見したなど、五つの事例が記されている。①と②は読書人から純粋の商人になった事例であるが、③は商業出稼ぎ者である。④の楊彩と⑤の薛純はどちらとも取れるが、両人とも商業活動は不本意であった。そして州県志に最も頻繁に登場するのが、⑤のような、父親が関東へ出稼ぎに出たまま音信不通となり、孝行息子が当人や遺骸を探しに出向く話である。

永平府属の州県志で出稼ぎの事例が最も豊富に見いだせるのは、山海関が存在する東端の臨楡県である。光緒『臨楡県志』巻八、輿地三、風俗、商に「邑人の出外貿易するが若きは、率ね東三省に在るもの多し」と記されているように、臨楡商人の主たる活動地域は東三省であった。そして同書、巻二〇、事実三、郷型中、行誼には①譚玉洁、②李溱泰、③李文玉、④劉永春、⑤馬倫、⑥劉永楨、⑦解維純、⑧袁亮、⑨王清相、⑩董占一の一〇事例が確認され、また民国『臨楡県志』巻二〇、事実三、郷型中、行誼により⑪田潤、⑫楊徳蘭、⑬孫徳懋、⑭靳向華の四事例を補うと、両地方志で総計一四件の事例が見いだせる。[16]⑪田潤が山東へ出向き、④劉永春の父と⑤馬倫の父の出稼ぎ先が不明であるのを除き、残る一一件は全て「跑関東」とその末裔である。大部分が奉天や牛荘・鉄嶺・錦州など商業の盛んな都市へ出向いており、主として商業・交易活動に従事している。中には⑬孫徳懋のように、錦州で大きな銭舗を所有する事例も見られる。その一方で、史料の性質上、①譚玉洁、②李溱泰、③李文玉、⑩董占一のように、消息の途絶えた父や叔父を奥地で発見する事例も少なくない。「跑関東」は致富の機会をもたらしたが、夢破れた者は吉林省の辺境へ流れ、乞食同然の暮らしをしていたらしい。出稼ぎ開始時期は特定できないが、⑥や⑩から道光年間(一八二一—一八五〇)には既に交易や商業出稼ぎが行われていたことがわかる。

臨楡県に次いで出稼ぎ事例が多数見いだされるのが昌黎県である。民国『昌黎県志』巻八、人物下、行誼には①楊爾瑛、②曹紹遠、③楊成年、④董藎の四事例が見いだせる。[17] ④の父が奉天で客死したのを除き、他は皆吉林省へ流浪している。①は省都吉林県であるが、③の江辺新城とは松花江上流の伯都訥《ペトナ》、②の魚皮国は松花江中流の伯力（現在のハバロフスク）付近である。道光『続修長垣県志』巻下、人物、孝友にも

陳天和。生まれて三歳、父遠出す。……四十二歳に至り、忽ち父の信を得。魚皮国外に在り。遂に産を売りて資斧と為し、三姓・高麗を越え、約ね万里を行く。年余父と同に家に至る。

とあり、直隷省南部から魚皮国に流れ着いた人物もいたらしい。なお、年代が判るのは②の道光年間のみである。民国期に大量の商業出稼ぎ者を輩出した楽亭県では、光緒『楽亭県志』巻九、人物上、郷型に、①劉景陽と②孟良貴の二事例しか見いだせない。[18] ①は商業従事者と断定できないが、②は熱河や瀋陽に活動範囲を拡げた商人の一族である。活動時期は劉景陽も孟良貴も道光年間の頃である。

冀東地域では如上の他、遵化直隷州豊潤県でも、光緒『豊潤県志』巻七、孝友に

徐献文。黄各荘の人なり。幼くして恃みを失う。父敏樹遼東に負販し、久しく帰らず。

王福林。桑坨荘の人なり。生まれて数月、父関を出でて生理し、二十年家書無し。

の二事例が見られる。前者は商業出稼ぎであるが、後者の生業は不明である。

冀東地域以外でも関東へ出向いた者について記す地方志は散見されるので、[19] これらの事例だけから冀東商人の東三省における優位性を論証することはできないが、この地域を中心に道光年間頃から出稼ぎが増えたとは言えるだろう。因みに山東省では、やはり半島部の登州府や莱州府を中心に、関東への出稼ぎ者について記す地方志が多いが、商業活動への従事を示す事例は少ない。また山西省では、地方志の中に出稼ぎ者の記事がほとんど見いだせない。

ここでわれわれを驚かせるのは、何らかの理由で実家と音信不通になった父親を成長した息子が探しに行くという

事実である。このような行為は交通・通信手段が貧弱な当時にあっては極めて困難なことであり、それ故幸運にも成功した者が地方志に記され、顕彰されているのであるが、彼らは運を天に任せて東三省を当てもなく探し回ったわけではない。たとえば魚皮国から父を連れ帰った長垣県人陳天和は郷里で父の消息を聞いており（父の手紙を受け取ったとも解釈できる）、昌黎県人曹紹遠も斉斉哈爾[20]で父の所在を知った。また臨楡県の事例⑩で取り上げた董占一も、阿什河（阿勒楚喀）にて父が三姓で漁業をしていることを突き止めた。おそらく同郷人の間で仲間の所在に関する情報網が構築されており、とりあえず東三省の主要都市に行って同県出身者に消息を聞いて回れば何らかの手掛かりが得られるだろうという目算の下、息子たちは山海関を出て捜索の旅に赴いたのであろう。もちろん、たとえば河間府交河県富荘駅の人韓三多のように、長兄が嘉慶末年に出奔したまま消息不明となり、数年後たまたま関東から来た客商から「関外の濫泥窪にこの鎮の出身者で韓某という者がいる」と聞かされるなど[21]、偶然のきっかけで身内の消息を知るという場合もあった。

出稼ぎ者が増大するに連れて同郷者相互の連繋も強まり、二〇世紀初頭には関裡帮のような同郷組合が組織されたのであろう。残念ながら、冀東商人の帮形成過程について記す資料は見いだせない。その中で、日中戦争中の一九四二年に日本が昌黎県侯家営で行った農村調査（『中国農村慣行調査』第五巻、岩波書店、一九五七年）には、冀東人の出稼ぎ動機・手段や相互扶助に関する貴重な聞き取りが収録されている。

まず、出稼ぎの動機について。同書一五一頁によると、「この村で財主といわれている家はどの家か」という質問に対し、村民は裕福な順番に九人の名前を挙げているが、二番の侯慶昌、三番の侯宝廉、四番の侯元文、六番の侯元宏、七番の侯元来は満洲で儲けたとあり、八番の侯允中も父が満洲で儲けたとある。彼らは皆稼いだ金を故郷に持ち帰り、土地を集積している。出稼ぎ前の階層は中流・貧戸・小売商とまちまちで、三番の侯宝廉は父の代は乞食であった。出稼ぎ者の地主化志向は先に見た劉東流の調査とも符合する。彼ら冀東人は布粟交易を契機として商業出稼ぎを開始したが、東三省に土着化して商人となる者は少なく、大部分は故郷に戻り地主となることを夢見ていた。

次に、勤め先の確保について。そもそも彼らが東三省において、致富の近道である商業に就けるのは、同郷人の身元保証があったからである。同書五頁に

満洲に行つて主に何をしているのか＝小さい商売をしている
苦力になるのは多いか＝いない。一人もいない
去年何人位満洲に行つたか＝去年は二人だけ
以前に比し最近は満洲に行く人は多くなつたか少くなつたか＝少くなつた
いつ頃から少くなつたか＝六、七年前から
どうして少くなつたか＝紹介人が少くなかなか商店に入れないから

とあり、更に六九頁に

こちらの人が初めて満洲へ行く時はどのようにして行くか＝各家皆売買人がある。この村は昔から満洲へ行つているから、それが介紹してつれてゆく
満洲にこちらの同郷会はあるか＝本県のはない
今侯家営から満洲へ行つている人は何人くらいあるか＝大体一、二百人か
主にどういう仕事をしているか＝雑貨屋の店員が多い
そういう雑貨舗の主人はやはりこちらから行つた人か＝然り

とあるように、侯家営では大抵一家から最低一人は商業従事者を輩出しており、彼らが同郷の知人を東三省の商店に紹介していた。紹介人なしでは店員になることは困難であった。同書前文五頁で侯家営の概況について総括した小沼正も、「満洲に赴くのは、苦力などになるのではなく、小さい商売をするためで、そのためには紹介人が必要であり、

その紹介で先ず商店に見習として入らなければならない。商売に成功して多額の金を蓄えて帰村したり、あるいは土着して送金してくる者も少なくはなく、本村における土地獲得の原因の一として満洲出稼が挙げられている」と述べている。楽亭県で柏村・馬頭営・東桑園のような特定の村落に商業出稼ぎ者が集中するのも、同じ理由からであろう。同郷人間の相互扶助については、同書二五二―二五三頁、侯家営に近い泥井鎮の斉鎮長からの聞き取りの中に、次のような対話がある。やや長いが、引用しよう。

鎮長さんはいつ満洲へ行かれたか＝去年九月。初は光緒年間に行つて錦州府で売買をしていた。民国十五年回来了。……

初に錦州では何の商売をしていたか＝糧業。光緒廿七年

初から自分が主人でやつたのか＝ちがう。櫃上の下の方の掌櫃的

そういうところへ行くのは誰かの介紹で行くのか＝錦州の宝興当の掌櫃が泥井の人で介紹してくれた

こちらから満洲へ行くのは皆こちらから行つた人の介紹で行くのか＝然り。介紹なしでは行けぬ

泥井の地方からは、満洲のどの地方へ行つているのが多いか＝新京・寛城子・奉天・吉林・錦州。その中でも奉天が多い。黒龍江にも哈爾賓にもいる。雀のいる所には老擸児がいる（雀はどこへ行つてもいると同じように老擸児もどこにもいる）

老擸児とは何か＝老実な人

今老擸児幇とはいわなかつたか＝幇子は一行の意。組

泥井から満洲へ行つているのは何人あるか＝二百余人

その人々は泥井の幇子か＝然り

幇子というのは老家が同じならよいのか、知り合つている人々か＝知らなくてもよい。同郷なら即ち幇子（老擸

児幇である）

昌黎から行つている人は、満洲では互に知らなくても助け合いますか＝然り。一様。例えば金がなくなつたら、昌黎の人のところへ頼みに行く。帰つてから払うとか払わぬということは差支えないでは奉天とか錦州には同郷会はないか＝なし。しかし、上［山］東会館とか福建会館・寧波会館とかはある。しかし老攤児は会館はない（金が要る）

昌黎の人だけを老攤児というのか＝昌黎・楽亭・灤州の三県の人をいう（上はまちがい。字は老奤、正しいのは老坦。臨楡県のは狗肉幇という。老娘們たちが狗を買つて来て、それを売つた金は老娘們のものになる、だからそういう）

ではこの三県の満洲へ行つている人々は互に連絡があるか＝ない。一県内だけはある

県の人だけはどうして連絡をとるか＝別に大して連絡はない。互に介紹した関係で知つているものが知り合つてるだけ。従つて郷の同じものは知り合つているが、知らぬものは外県と同じである

昌黎幇の人は主にどういう商売をしているか＝新京では雑貨舗が多い。奉天でも同じ（臨楡・撫寧は銭行・估衣の営業が多い）。昌黎のものは又糧業も多い

楽亭幇は如何＝昌黎と大体同じ

灤州は＝右と同じ。老奤は大体同じである

そういう働きに行く人は金を儲けて帰つて来るのが多いか、留つて死ぬまでやつているのが多いか＝後者もあるが少い。前者が多い

帰つて来て商売するのは＝なし。関外で商売するのはある

既に二〇世紀初頭から商業出稼ぎには同郷人の紹介が不可欠であったことが、斉鎮長の発言で確認される。彼によると、昌黎・楽亭・灤州の三州県出身者は老攤児幇を組織していたようであるが、老攤児は正しくは老奤または老坦

と書き、臨楡県人は別に狗肉幇を組織していたようである。とは言え、老攤児（老奤）幇の結合は緩く、同県人以外とは連絡がないと答えているところから、実際には昌黎幇・楽亭幇・灤州幇・臨楡幇などが分立していたのであろう。彼らは雇用労働者であり、福建商人や寧波商人のような独立自営の商人ではないので、会館を設立したり、積極的に情報交換したりすることはなかったが、困窮した場合には顔見知りでなくても助け合ったようである。昌黎人は雑貨店や糧業が多く、臨楡人や撫寧人は銭荘や古着屋が多いなど、出身県により商売の業種に偏りがあるのは、雇用主が同郷人を選好する傾向が強いからであろう。

しかし同郷人同士の繋がりを重んじることは、裏返せば、同郷人のいない地域や業種には積極的に進出しないという硬直性にも通じる。侯家営における別の聞き取り（同書一四四頁）では、

満洲出稼人の出稼経緯如何＝食えぬので行つた者三、四戸、出身者が呼んだ者三、四戸。苦力の募集に応じた者全然なし（現在満洲で苦力をしているのは子供の時代から満洲に行っていた者）

とあり、苦力（労務者）として出稼ぎする者はいなかった。もとより苦力は商店員より実入りの少ない仕事であるが、調査時点では「満洲国」は中国内地からの商人や出稼ぎ人に厳しい為替管理を行っており、商業出稼ぎが困難になると彼らの多くは活動を休止した。楽亭県での調査（『中国農村慣行調査』第六巻、岩波書店、一九五八年）によると、

此の県は元来相当富裕なところで、満洲などへ行って商売している商人が多く、最近は送金の出来ぬ関係から一家あげて移住したのもある（一三頁）

借先＝今はないが以前のことでは、満洲より帰った商人などから借りた、……

城内の商人＝から借りることは今はない、民国二十七年以後は殆どない、この地方は商人が多く、其の資本主は満洲に居り、為替管理の関係で送金が出来ず、店は資金に困り、金を貸す余裕がなくなった、……（一六頁）

などとあり、冀東商人は東三省への依存度が高かったため、「満洲国」政府の締め出し政策の影響を最も強く受けた

のである。

おわりに

清末民国期、東三省ではごく少数の大商人層と圧倒的大多数の農業移民・農業出稼ぎ者層との間に、小商人層が存在した。この層の多くは冀東地方出身者で占められていた。冀東商人は、同郷人の中からの人材供給と相互扶助を通して勢力を扶植していた。彼らは清末まで東三省の金融を牛耳り、東三省経済の頂点に立っていた山西商人（民国期には官銀号や官商系糧桟が取って代わる）と、大豆農家・油房・炭鉱などに雇用される山東出身の出稼ぎ労働者との中間に位置し、主に後者を相手とした雑貨などの小売買で利益を得ていた。なお山東では、黄県商人が冀東商人と類似の行動様式を取っていた。因みに、東三省と隣接した内モンゴル東部でも山西人（商人・金融業者）―直隷人（商人・労働者）―山東人（労働者）という外省人の三層構造が存在した[22]。

冀東人や黄県人が東三省で商人活動を始めた契機は、地理的に見て両地域が遼東に最も近いこと、棉布や雑糧の流通経路に位置していたことが考えられる。しかしそれはあくまでも一つのきっかけに過ぎない。冀東にも黄県にも有力な商業港や交易都市はない[23]。パイオニアが東三省で足場を築き、同郷人を呼び寄せて地域別商人集団を形成したことにより、初めて冀東商人や黄県商人が誕生したのである。山西商人や徽州商人も、こうした比較的偶然の契機を出発点として中国を代表する巨大商人集団になったのであろう。

冀東人の出稼ぎ形態は、現代中国において内陸部から沿海地方の諸都市へ流入する「民工」とも類似しているように思われる。彼らが就職において頼りにするのは同郷人のコネであり、出稼ぎの目的も永住することではなく、貧しい実家に送金したり、あるいは資金を貯めて故郷で事業を始めるためである。中国商人の社会関係は同郷人相互の信頼から出発するものであると言っても過言ではないだろう。

註

(1) 松浦章「清代における山東・盛京間の海上交通について」『東方学』七〇輯、一九八五年、荒武達朗「清代乾隆年間における山東省登州府・東北地方間の人の移動と血縁組織」『史学雑誌』一〇八編二号、一九九九年など。

(2) たとえば篠崎嘉郎『満洲金融及財界の現状』上巻、大阪屋号書店、一九二七年、一一〇頁。また『支那省別全誌』第四巻、山東省、東亜同文会、一九一七年、一〇三九—四〇頁にも「芝罘市場に於ける小銀貨は青島市上に於ける者と大差なく、東三省鋳造の者多く、湖北、江南の者之に次ぐ、是れ年々満洲地方に出稼ぎする山東人が同地方より持ち帰るが故にして」云々と見える。

(3) 楊合義「清代東三省開発の先駆者——流人」『東洋史研究』三二巻三号、一九七三年、同「清代活躍於東北的漢族商人」『食貨月刊』五巻三号、一九七五年。

(4) 佐伯富「清代塞外における山西商人」『東方学会創立二十五周年記念東方学論集』東方学会、一九七二年、同「清代における山西商人と内蒙古」『藤原弘道先生古稀記念史学仏教学論集』藤原弘道先生古稀記念会、一九七三年(共に佐伯『中国史研究』第三、東洋史研究会、一九七七年所収)。

(5) 黄鑑暉『山西票号史(修訂本)』山西経済出版社、二〇〇二年、本書第六章。

(6) 佐々木正哉「営口商人の研究」『近代中国研究』第一輯、東京大学出版会、一九五八年、二二三頁。

(7) 「満洲の支那商店組織」『満蒙経済事情』一号、一九一六年、一一三頁。

(8) 路遇『清代和民国山東移民東北史略』上海社会科学院出版社、一九八七年、四五頁によると、山東移民の一部は雑貨店を経営し、両替・発券・通信業務も兼営していたとある。但し彼らの営む金融業は相対的に小規模でローカルなものであったと思われる。

(9) 「長春に於ける銭舗」『満蒙経済事情』一四号、一九一七年、二四八—二四九頁。

(10) 錦州でも山東出稼ぎ者の中では黄県人が多く、蓬莱県人がこれに次いでいた。『中国農村慣行調査』第五巻、岩波書店、一九五七年、二五三頁。

(11)『民国十六年の満洲出稼者』南満洲鉄道株式会社庶務部調査課、一九二七年、一五一・一五三頁。

(12)『満洲ニ於ケル棉布及棉糸』関東都督府民政部庶務課、一九一五年、一五七頁に「奉天ニ於テハ棉糸布ヲ取扱フ店舗ヲ糸房又ハ布舗ト云ヒ、何レモ小売及卸売ヲ兼業トスルモノニシテ」とあるように、糸房とは棉糸・棉布商のことである。

(13)一九三五年三月、「満洲国」民政部と関東局は外国労働者取締規則を公布し、身元引受人がいない出稼ぎ労働者に対し、入満のための身分証明書を発給しなくなった。松崎雄二郎『北支経済開発論』ダイヤモンド社、一九四〇年、二三四頁。

(14)同論文は『冀東地区楽亭県［東］桑園農村調査』（南満洲鉄道株式会社天津事務所調査課、一九三六年）という形で邦訳されている。以下、引用部分を掲出する。

茲ニ吾々ノ注意ヲ要スルトコロノ本村ノ富ノ基礎ハ、決シテ農業経営ノ上ニ建設サレタモノテハナクテ、全ク満洲商業繁栄ノ上ニ築カレタモノテアルコトテアル。……本村各戸ノ壮年ハ —— 甚シキハ二〇才未満、或ハ五〇才以上ノモノモ —— 多クハ「跑関東」タル満洲出稼商人トナリ、……本村ノ離村者数ハ非常ニ多ク、殆ト全村人口数ノ六分ノ一ニ及ンテ居ル。……一般村民ハ商ヲ以テ尊シト為シ、依然富商大賈ノ迷夢ヲ追ツテ居ル。……本村ノ土地集中ノ原因ハ其ノ主要ナル原因ハ富商カ収買スルニアル。「跑関東」ノ商人カ一度財ヲ積ムト例ヘ土地ノ利潤ハ少イトハ言ヘ、土地財産ハ比較的確実テアリ、況ヤ農村ニアリテ威ヲ張ラムニハ土地ノ所有者テナクテハナラナイノテアル。夫レ故ニ本村ノ四大地主モ多クハ商業ヨリ起ツタモノテ比較的土地所有ノ大ナルモノモ総テ同シ道ヲ辿ツタモノテアル。

(15)『天津商会檔案匯編（一九〇三—一九一一）』上巻、天津人民出版社、一九八九年、二六五—二六七頁「楽亭県慶発合等十七家稟陳楽境地当関内外海陸交通要衝商務繁盛請准速立商会文」（宣統二年九月七日）

窃維。楽亭偏居海隅。境内有大清河・老米溝二海口。雖為小口。而口内外捕魚漁船及他境貿販小船。往来不断。因灤河下流由老米溝入海。上流直達口外。故口外与永郡所属灤・盧・遷三州県之土産・雑貨・雑糧。亦由此口出入。且楽境与山東煙台・奉省営口二口岸。雖有渤海一水之隔。而風帆来往甚便。懋遷家。藉此居多。較之商務。似乎繁盛。若設立商会。猶資振興。

(16)原文は以下の通り。

①譚玉洁。字映冰。父聖培貿易奉天。不知所之。玉洁年二十一歳。沿途乞食往尋。行至伯都訥。詢及土人。得見其父。帰里無資。土人助之。抵家後父歿。玉洁仍就貿易。家可小康。

②李溱泰。字乾堂。……時胞叔録貿易奉天。無子。溱泰遵父命承継。而録已四十一年無耗矣。溱泰矢志往尋。迤邐至吉林城。遇有郭姓自三姓来者。言相距八十里外有臨邑李姓。遂同往。至其地。果有其人。年已七旬矣。

③李文玉。字殿璽。……父赴奉天。十年無耗。玉年十八。以有兄事母。遂乞食尋父。年余。遇於吉省玉石牛彔堡。同山西王姓者。作小経紀。勧帰不肯。且曰。爾暫賈省城。三年後同帰。玉従之。然仍以父年衰久客為慮。後二年往省。至則已逝矣。

④劉永春。字竹林。家貧学賈。父客於外。

⑤馬倫。石門刁部落人。父秉仁。賈於外。

⑥劉永楨。……父進忠。貿易奉天鉄嶺銀局。二十九歳故於外。……十四歳求友。仍在鉄覓舗服賈。為便尋父墓也。舗事暇。即告假。遍訪二十余年。無迹可考。迨道光二十九年冬。復告假一月。携工往尋。

⑦解維純。字慎修。少時父客游奉天。家極窘。……以父久無耗。廃学如奉。跋渉千里尋之。遇於海城之牛荘鎮迎帰。貧無以養。乃服賈於牛。

⑧袁亮。天性孝友。父賈奉天。家貧。亮佣身養母。幾二十載母歿。数年。父由奉帰。

⑨王清相。貿易奉省。父鵬早逝。母得癱症久不癒。及辞賈帰。与妻竭力侍奉。

⑩董占一。名士元。其先邑之望族也。至父行健公。家中落窶甚。客吉林。……行健公無耗。占一屢欲往尋。母以其身弱不許。祖父母歿。賈奉天。常意在尋父。道光二十一年。由賈所而東。而母不知也。至吉無父耗。資斧已竭。典衣自給。兼受凍餒。至阿什河。知父在三姓南淘淇捕魚。距家已三千里矣。至其処。父已歿。同事者藁葬之。乃求助土人。徒歩負骸帰葬。既仍服賈。家漸小康。

⑪田潤。字子田。……稍長迫於生計。不得已経商東省。

⑫楊徳蘭。字紉秋。……吉林有商号。兄徳芝執其事。因虧倒閉。兄携外欠簿帰。

⑬孫徳懋。字佑賢。錦州銭業巨商也。世居城東二里店子。平生孝親。善能養志。

⑭靳向華。東李荘人。父客死関東。不知処所。華年数歳。聞即悲傷。及長貿易奉天。逢人詢訪数年。得其藁葬処。表証無疑。負骨以帰。

(17) 原文は以下の通り。

①楊爾瑛。天性淳篤。年五歳。父震成。謀生関外。三十余年。絶音問。爾瑛既長。棄家往尋。潦倒五年。忽於三烏拉南関帝廟遇之。

負帰奉養。
②曹紹遠。生時父已先数月出関。歳久無耗。……及道光二十七年。遠年三十五。乃決志尋父。歴東三省。至卜葵省城。聞父在赫津魚皮国僑居。距三姓尚八千余里。其地冰海深数十丈。素与中国不通。遠奔馳冰海上。飢則以鮮魚充飢。逾年四月。抵其国。通姓氏里居。与父見。痛哭失声。奉父以帰。
③楊成年。生週歳。父遠商関外。久無耗。年十五。出関尋父。至江辺新城。父子相認。奉之帰里。
④董藎。字良臣。監生。性孝友。幼貧。父龍友習商。死於奉天。藎扶柩帰葬。

(18) 原文は以下の通り。
①劉景陽。字春橋。……嘗於奉天。遇賈人陳某自言。母老待養。遠遊誠非得已。景陽嘉其負販知孝。付之白金五百。俾権子母。以養親。其人竟席捲以逃。景陽亦終不過問。其尚義軽財類如此。光緒三年正月卒。年六十八。
②孟良貴。字天爵。……道光元年。其父因為弟忤《ママ》染疫而終。其叔即偪令棄儒而賈。時其祖。商於朝陽。有蓄積。良貴欲至彼奉祖。兼襲祖業。叔不允。令貿易瀋陽。折閲数百緡。叔怒。令其自償。後其祖亡。而朝陽之業亦敗矣。

(19) 管見の限り、順天府では光緒『大城県志』巻九中、人物、孝友に三件、天津府では民国『滄県志』巻八、文献、人物、孝義に二件見られ、また民国『交河県志』・光緒『蠡県志』・民国『南宮県志』・『深州風土記』・光緒『平郷県志』・道光『保安州志』に各一件見られる。

(20) 原文には「卜葵省城」とあるが、卜葵は卜奎のこと、即ち黒龍江省の省都チチハルである。

(21) 民国『交河県志』巻七、人物上、孝友。

(22) 『東部内蒙古産業調査』農商務省、一九一六年、第三班、二五六頁に「而シテ本地区内ノ商賈ト資本主トハ多ク山西、直隷、北京並ニ蒙古ニ接セル満洲人多ク、労働者ハ山東、直隷人多キモノ、如シ」と見え、また第四班、二五五頁によると、銭舗と票荘の多くは山西人が経営しているとある。

(23) 黄県には龍口という海口があるが、二〇世紀初に至っても人口三八〇〇人の小都市に過ぎず、内陸部と結ぶ道路も未整備であった（前出『支那省別全誌』二一四頁）。しかし東北との関係は緊密で、芝罘（煙台）や周村と同様、営口の過炉銀に似た預金通貨制度が発達していた。前註（6）佐々木、二六三頁。

第九章　清末民国期直隷における棉業と金融

はじめに

明清時代、中国では繊維手工業を基軸とした商品生産が発達し、全国市場が形成されていた。開港後もしばらくの間、中国産土布（手織り棉布）は外国産機械製棉布と対抗し得たが、一九世紀末までに土布生産は衰退し、中国は棉花を輸出し棉糸・棉布を輸入する経済的従属国の地位に転落した。

世界市場への従属的編入に伴い、旧来の全国市場は大規模な構造転換を余儀なくされた。これまで繰り返し述べてきたように、一九世紀中葉までの全国市場は、繊維手工業で栄えた江南を中核としつつ、数箇所に地域経済圏を生み出していた。このうち湖広や四川では土布の移入代替化による地域経済圏が形成されていたが、清代中期には直隷南部・山東北西部にまたがる地域でも、遅ればせながら移入代替棉業が勃興し、土布を直隷北部・奉天・山西などの周縁地域に移出して粟米や雑穀を移入するようになった。[1] しかしこの新興地域経済圏は充分な内発的発展を遂げる暇もなく、一九世紀末には市場再編の波に呑まれたのである。

まず中核の棉産地について言えば、外国製棉製品との競争に敗れて土布生産は衰退し、逆に天津や青島の紡績工場向けや海外向けの棉花移出が増大する。棉花の作付は土布生産時代より拡大し、現在でも河北省や山東省は中国最大の棉作地帯となっている。一方土布の販売先について見れば、直隷北部の冀東地域では直隷南部の西河棉・御河棉に次ぐ東北河棉（小集棉）の産地となり、天津に棉花を移出するようになった。奉天は大豆の特産地となり、営口や大連を通して豆貨三品を華中南や海外に販売するようになった。その結果、土布の販路は山西や内モンゴル方面のみとなったが、山西でも徐々に棉花栽培が浸透し、鄭州や石家荘経由で棉花を天津に送り出し始めた。

世界市場包摂後の華北東部棉花市場については、冀東地方の東北河棉区を対象とした吉田浤一の研究が卓越している。[2] 吉田の主要な論点は、当地の棉花商人が農民的商人であり、棉花取引には価値法則が貫徹していたこと、これまで所謂「前期的商人」論の根拠とされていた買付商の不正行為は相場変動に対応する自己防衛手段に過ぎなかったことである。吉田はまた、天津との棉花取引が一種の為替手形である匯票によってなされていたこと、すなわち棉花買付商が奥地（棉産地）で振り出す匯票が奥地の雑貨移入商に買い取られ、天津で決済されていたことを丹念に解明している。吉田の対象地域は東北河棉区に限定されているが、西河棉・御河棉・山東棉地域も基本構造に大差はないものと考えられるし、実証の水準で吉田の到達点を超えることは困難であろう。

本章は吉田の成果に敬意を払いつつ、二〇世紀の直隷棉業を市場構造の転換という側面から考察するものである。吉田は別稿で小商品生産段階に到達した冀東棉業が富農経営を生み出したことを論証している。[3] 確かに、冀東に限らず二〇世紀の華北ではおしなべて、棉作を導入した農村が収入を大幅に伸ばしている。[4] 吉田は一九三〇年代の冀東棉業を、一八世紀の日本畿内の「小営業段階」に比肩するものと見なしているが、発展段階論から近代華北棉業を理解することは無理がある。結論を先取りすると、二〇世紀の華北棉業は一九世紀までの伝統的棉業の延長上にあるものではない。むしろ内発的発展の結果として形成された在来棉業が外国製棉製品の流入によって破壊された跡地に、ある種の「半植民地」型棉業が創出されたのではないだろうか。

在来棉業が先進地江南産棉布に対する移入代替を契機として発達したのに対し、二〇世紀の新興棉業は移出志向性が強い。その一つの表れが、よく知られた中国棉からアメリカ種陸地棉への栽培品種の積極的転換である。しかし品種改良は必ずしも順調に進行したわけではなかった。むしろ注目すべきは、清末における急激な金融危機と民国以降の金融緩和である。東北河棉区の棉畑の多くが罌粟《ケシ》栽培からの転換であったとも言われているように、新興棉業は天津開港に伴う慢性的入超傾向の転換を目的として生起したのではないだろうか。

貿易不均衡がもたらした天津の金融危機については、貴志俊彦が袁世凱の通貨政策と産業政策から詳細に論じている。(5) しかし銀銭票や銅元の追加供給にしても、土布の技術改良にしても、ともに彌縫的措置にとどまり、民国期の移出志向棉業を形成する素地となったとは言い難い。袁世凱の経済政策は自律的な地域経済を維持するための最後の試みだったのであり、それが失敗することによって、新たに「半植民地」型経済が生まれたものと思われる。

如上の観点から、本章では天津および西河棉地域を対象として、一九一〇年を境とした棉業の変容について、金融構造の側面から検討を加える。

一　清末天津の金融危機と直隷棉業

南運河・北運河と海河の交差点である天津は河運漕糧の積み替え地として栄え、やがて上海や営口などとの海上交易の拠点ともなった。天津が開港されたのは咸豊一一年（一八六一）であるが、当初より輸入が輸出を大幅に上回っており、また後に主力商品となる棉花の輸出は微々たるものであった。二〇世紀初頭に至っても、天津に集荷される直隷棉花の品質は劣悪で、「天津市場市花ノ品質ハ、支那各市場中ノ最劣等ナルモノニシテ、純白ニシテ水色少シト雖モ、繊維短クシテ太ク、且ツ弾力ナク、只ダ混綿トシテ用フルノ外ハ中綿ニ供スルノミナリ」「当地ハ上海、漢口ト異ナリテ其産出、売買額共ニ商人ノ注意ヲ惹クニ足ラザルガ故、従ツテ慣習トシテ記ス可キモノナク、又天津ヨリ内地買込ニ向フ等ノコトハ絶無ニ属ス」という有様であった。[6] 天津の日本領事館も、「当北清ハ地区広漠ニシテ、綿花ノ耕作ニ適セス」と見なしており、また土布については、「当直隷省ノ重ナル産地ハ、南方ノ山東ニ境スル一帯ノ地方、即チ冀州・南宮・衡水等ニシテ、山東省ニ在リテハ徳州地方ヲ最トス。以上直隷・山東省産ノ木綿織物ハ、其交界ナル鄭家口ヲ集散地ト為ス」と捉えていた。[7] ところが直隷南部の土布業は洋布の浸透により往時の勢いを失っていた。直隷・山東産土布の主要な販路は奉天方面であったが、清末以降の東三省は華中南や日本に大豆を移出して棉製品を移入する分業構造を基軸としており、華北東部棉業の役割は低下しつつあった。一九一〇年代には江南の通州土布さえ日本製棉布によって圧迫されるに至っており、[8] 華北産土布が東三省で販路を維持することは到底不可能であった。

土布業の解体に危機感を抱いた袁世凱や各地の商会は織布改良事業に乗り出す。旧来の国産手紡棉糸のみで製織された旧土布に代わって、経糸に輸入棉糸を使用する新土布の生産が、天津に近い高陽県や宝坻県で始まった。だが工場制手工業段階にとどまる新土布業では機械製棉糸布と対抗することは困難であり、かの高陽布も河南・陝西・内モンゴルから甘粛・ハルビン・外モンゴル・直隷南部・山西・山東南部などへと市場を拡げたが、[9] これらは主として輸入品が浸透し難い辺境市場であり、巨大市場に成長しつつあった東三省市場を奪還することは困難であった。高陽の商会は営口や吉林の濱江へ新土布を移出するため、天津で支払うべき関税を優免して欲しいと願い出ている。[10]

棉製品移入の増大による入超の継続により、天津の銀は急速に漏出し、天津は深刻な現銀不足に悩まされるようになった。一九世紀末の天津では営口の過炉銀に似た預金通貨が存在したが、金融危機の影響を受けて銀号の経営が悪化したため、一九〇二—〇三年頃に衰退した。[11] 〇三年には過賬抹兌銀を復活させ流動性を確保せよという意見も出されたが、実現には至らなかった。[12]けだし預金通貨による振替決済は移出と移入が均衡していることが前提条件であり、慢性的入超構造の下ではその維持は本来的に困難なのである。

過賬抹兌銀に代わって、天津や北京では撥条と呼ばれる小切手が決済手段の役割を担った。『支那経済全書』（東亜同文会、一九〇七—〇八年）第六輯には天津の事情として、「当地ニハ現銀不足ナルヲ以テ、日常ノ取引ハ凡テ振替勘定ヲ用フ。之ヲ撥賬ト云フ。此振替ヲ為スニ用フル小切手ヲ称シテ撥条ト云フ。決算ハ一年一回ニシテ、其帳簿整理ノ方法ハ、外国銀行ト同一ノ方法ヲ用フ」（六二〇頁）とあり、また北京の事情として、「銀炉ハ摺子即チ通帳ヲ其取引先ニ交付シ置キ、其収支ヲ記入シ、五月、八月、十二月ノ三節ニ決算スルモノトス。其取引先ノ依頼ニヨリテハ、銀炉ノ帳簿上ニテ振替ヲモ為スナリ。銀炉ハ預ケ主ヨリ撥条ト称スル小切手ヲ振出ス時ハ、之ニ対シテ支払ヲ為スベシ。是レ銀炉ハ銀票ヲ発行セザルヲ以テ、銀炉ニ預ケ入レタル預金ヲ引出サントスル時ハ、預金主ヨリ銀炉ニ宛テ、撥条ヲ振出スモノトス。斯クテ票号、銀号、銭舗其他大商人ハ、皆此法ニヨリ銀炉ト取引ヲ為サヾル者無シ。是レ銀炉ト取引ヲ為ス時ハ、当座貸越ヲ為スコトヲ得可ク、又毎日収入セル各種ノ銀両ヲ銀炉ニ預ケ置キ、必要アル場合ニ撥条ヲ用ヒテ引出サバ、秤減ノ損ナキ等、其便利尠ナカラザレバナリ」（六三六頁）とある。撥条は銀炉などの金融業者が預金者に与える小切手であり、定期的に決算が行われていた模様である。天津では銭舗が撥条を発給していたが、銭舗自身の信用が低いため不渡りとなる危険性が高く、現銀に引き換える際には高額の貼水（割引）を強いられていた。[13]

天津の銀不足は奥地から天津への現銀流出を加速させた。冀州直隷州南宮県は清代より土布の集荷地として有名であり、古諺にも「臨清の水碼頭、南宮の陸碼頭」と称されていたが、直隷南部の土布業が衰退した後も金融の中枢として活況を呈していた。[14]しかし清末には銀円（現銀）が大量に流出し、市場では憑帖（紙幣）が氾濫した。[15]宣統年間（一九〇九—一九一一）、南宮の万通鏢局（現銀輸送業者）は毎年一〇〇万元以上の銀円を徳州経由で天津に輸送したと報告している。[16] 順徳府でも、往時は毎年三〇〇万両に達する毛皮・土布移出によって潤沢な銀資金を擁していたが、洋布の流入により山西への土布移出が減少したため、宣統期には移入超過と銀流出に悩まされていた。[17]

土布の販売不振に苦しんだ直隷南部地域では、棉布に代わって棉花を天津に移出するようになった。戦前の調査報告や先行研究によれば、天津の棉花輸出が激増する画期は一九一〇年である。天津付近では棉花をほとんど産出しないため、これらの棉花の大半は西河棉区と呼ばれる直隷南部より供給されたものと思われる。また南運河沿いの御河棉区や冀東の東北河棉区も天津向け移出を開始した。

だが、天津では現銀が払底し、撥条は天津市内の商人間でしか通用しないため、銀円による代金の支払いは困難であった。また現銀の輸送には危険が伴った。そこで清末より、棉花買付商は匯票を奥地の銭荘に持ち込んで銭票に兌換し、銭票で棉花を収買するようになった。

奥地向け為替が登場するのは棉花輸出が激増した宣統年間からである。既に見た通り、光緒末まで天津商人は奥地へ出向いて棉花を買い付けておらず、棉花の出廻りは「即チ農夫又ハ田舎ノ荷主ガ小船ニ大抵三十俵ヨリ五十俵（一俵平均百斤入）ヲ積ミテ天津ニ到リ、跑合児（仲買人）ノ手ヲ経テ支那棉花商又ハ外商ニ売ルモノニシテ、凡テ現物現金売買ノミトス」（『支那経済全書』第八輯、六二五頁）という程度のものであり、為替の介在を必要としなかった。当時天津の為替は炉房が担っていたが、取組先は「中ニモ其重ナル取引地ハ北京、上海、奉天ナレドモ、其他炉房ノ設ケアル各地ト広ク相匯兌セリ」（同書、第六輯、六二三頁）とあるように外埠や大都市向けであった。棉花の流入以前、周縁地域は天津に向けて穀物を移出していたが、天津の糧桟は買客と呼ばれる買付商人にあらかじめ資金を貸し与えねばならず、その額は総計二〇万両から三〇万両に達していた。糧桟はその資金を銭号に仰いでいたが、光緒末の金融危機により資金の流れが滞ると、穀物収買はたちまち停止するという有様であった。[18]

ところが、宣統年間に入ると状況は一変する。棉花移出が年間数百万元に達した正定府属の各県では、銭票の発行元である現地の銭舗が棉花の出廻り期に銭票価格を意図的に釣り上げるため、宣統三年、平和洋行の買辦杜克臣は銭票でなく銀円で棉花を買い付けられるように改めて欲しいと商会に請願している。[19] 杜克臣が現銀を正定府に持ち込んでいたのであれば、わざわざこのような請願をする必要はないから、天津と奥地との間は既に為替で決済していたのであろう。彼は匯票を現地の銭舗で銀円に兌換したいと希望しているのであるが、奥地でも現銀が欠乏していたため、実現は困難であった。一方、天津から洋布を移入する奥地雑貨商も買付資金を為替で送金していた。大名府の洋布商らは匯票を天津に持ち込んでいたが、八月―九月には匯票がだぶつくため、兌換が遅れると訴えている。[20] このように、民国期のような安定的な為替制度には及ばないものの、宣統年間より天津と奥地との決済には匯票が使われ始めた模様である。

以上のように、光緒末頃まで天津―奥地間の商品取引は基本的に現金により決済されていた。為替による決済体制が確立するのは、棉花問屋である棉桟が奥地での棉花買付を開始する宣統年間以降である。

二　移出志向棉業への転換と金融

宣統年間を境に土布生産から棉花移出に転換した直隷棉業は、従来の移入代替棉業から脱皮し、強い移出志向性を帯びるようになった。一九一〇年頃の主たる仕向地は上海で、太番手糸の紡績用に適した毛筋物が移出されたが、中入れ用あるいは毛織物混棉用に適した粗毛物の海外輸出も次第に増大した。第一次世界大戦の勃発によりヨーロッパからの棉製品輸入が激減すると、日本や中国では紡績業が急成長し、天津にも紡績工場が建設された。これに伴い、繊維の長い毛筋物需要が増大し、当初より米棉種を導入していた東北河棉区が新興棉産地として注目を浴びたが、西河棉区や御河棉区でも次第に在来種から米棉種への転換が推し進められた。一般に直隷や山東の棉花はアメリカ産棉花との混紡に用いられたので、天津は中国最大の棉花輸出港であると同時に、大量の外国産棉花を輸入していた[21]。

移出志向への傾斜は棉花の作付率を高め、食糧自給率を押し下げた。民国以降も西河棉区では穀物の不足を関東からの移入で補完していたが、満洲事変により杜絶した[22]。東三省に代わって食糧供給の役割を担ったのは、山西と河南であった。一説によると、日中戦争前、西河棉区の集散地石家荘に流入する雑穀の七割は山西産、三割は河南産で、それらの約半数は西河棉区の棉作農民に販売されていたと言われる[23]。

このような再編過程を経ることにより、直隷土布業は東北市場を喪失しただけでなく、地元消費分さえも確保することが困難になった。民国以降、直隷南部の棉作地域は、天津に向けて棉花を移出し、天津より機械製棉糸布を移入するという分業関係を構築した。天津と奥地との決済は匯票を通して行われた。

匯票は天津棉桟の奥地買付員や地方の棉商などによって振り出され、奥地の雑貨商に買い取られて、天津で現金化された。棉桟の買付員を例に説明すると、次のようになる。

地方市場に於ける棉花の取引は殆ど現金で行はれてゐるが、棉桟が奥地にて買付を行ふ場合、現金を携行することは不便であり且危険も伴ふため、この匯票が一般に利用されてゐる。匯票の流通方法を簡単に示せば、先づ棉桟の奥地買付員は地方市場に於て本店払為替を切る（この為替は票根、匯票、存根に分たれ、票根は本店に送付され証憑となり、存根は発行人即ち買付員の控へとなり、匯票が為替となるのである）。買付員はこの為替を地方の有力商店（銀号、糧桟、棉紗荘、雑貨荘等）にて割引を受け、現金に引換へて地方花店に支払ふのである。一方地方の有力商店は物資を仕入れるため天津市場に出る時、現金を携行せずこの為替を持参し、為替発行棉桟に至り、その署名捺印を求め、指定銀号に至り現金を受領するか、又は同銀号の自己口座に振換へるのである。この場合棉桟は銀号に預金を有するものもあるが、多くは銀行に預金を有し、銀号は前記為替を入手したる後銀行にて割引を受け現金を受取るものが多い（『北支棉花綜覧』日本評論社、一九四〇年、三二〇―三二一頁）。奥地での資金需要が旺盛な棉花出廻り期には貼水（折扣、貼色とも言う）つまり匯票の割引率は高騰するが、平時には最高でも一・四パーセントを超えない。逆に春夏は棉花の出廻りが少ないので貼水は低下し、奥地雑貨商の天津における資金需要がこれを上回ると、匯票に打歩が付くようになる。これを倒貼（升水・加色とも言う）と呼ぶ。ただその率は高くなく、〇・一パーセントから〇・二パーセント程度である。(24)

開港場と奥地との為替関係は東三省でも見られる。第六章で詳しく述べたように、営口と鉄嶺との決済には過炉銀建て外城為替が使用され、鉄嶺と奥地農民との間は小銀貨や奉天票が用いられていた。満鉄沿線では送金手段として金票（朝鮮銀行券）が使用され、奥地での大豆収買には現地通貨である銭帖（官帖や私帖）が用いられていた。しかし、東北と直隷とでは金融構造が大きく異なっていた。

第一に、直隷の匯票は棉桟が振り出す為替手形に過ぎず、過炉銀や金票のような通貨としての機能がなかった。過炉銀は上海為替によって、金票は日本銀行券によってその信用を保証されていたが、棉商の匯票は天津の金融機関とは直接連絡がなかった。第二に、移出初期段階を除き、奥地での特産品収買過程や雑貨販売過程に現地通貨が用いられることもなかった。先に見たように、棉花の本格的移出が始まったばかりの頃は、棉桟の代理人は銭票によって棉花を買い付けていたが、やがて銀円での買い付けに転換するのである。

まず第二の点から考察しよう。一九三〇年に刊行された大島譲次著『天津棉花と物資集散事情』によると、

金融界に於ける信用の範囲は極端に狭く、現代でも開港場を一歩踏み出せば、手形類は愚か相当に信用の置ける、銀行券でさへ通用せず、国立銀行たる北平、天津に於ける中国、交通、両銀行の銀行券すら、纔かに鉄道沿線の北平、天津より遠くも石家荘、唐山附近迄しか通用せず、此れさへも時に北平と天津との銀行券の間に、差額を生ずる始末にて、農民は勿論商人に至る迄、総て現金制度、然も銀貨は特に吟味された良質のもので無ければ通

用しない（七五―七六頁）。

とあり、民国期の直隷農村部は極端な銀貨主義に傾斜していた。そこでは、奉天票や銭帖よりはるかに信用が置けるはずの中国銀行券や交通銀行券すら通行せず、往々にして両行の銀行券には差額が発生していた。銀行券の信用度の低さは北京・天津のような大都市や石家荘・唐山などの集荷地でも同様であった(25)。この一文に続けて、大島は

然らば奥地各市場との金融決済は、如何にしてなされつゝあるかと云ふに、原則としては勿論現銀輸送に依るものであるが、途中の危険甚しく到底困難であるが為め、万已むを得ざる時の外は、一般に他に安全なる方法を求めて其決済を行ふのである、即ち先ず其の買付を行はんとする土地と、天津との金融関係を調査して、若し銀号或は雑貨商等の天津に対する、支払勘定を有する者あれば、是れに対し、天津の某処に於て其金額を、相手方に支払ふ旨を、記載した手形を発行し、之と引換へに其金額を譲り受けて、買付資金に充当する、一種の逆為替式の方法に依る、之を称して匯票と云ふのである（七六頁）。

と述べる。匯票はあくまでも現銀輸送の危険性を回避するための便法に過ぎなかったのである。取組先を求めることは直隷が大幅な輸入超過に呻吟していた、つまり奥地から天津への送金需要が卓越していた時代には比較的容易であり、棉桟の振り出す匯票が打歩を付加して買い取られることもあったが、奥地の棉花移出が本格化すると取組先を探すのが困難になり、現地の銀号で割引を受けるようになった。大島は続けて

以前天津に於ける、棉花其他現今の重要輸出品が、未だ多量に輸出されるに至らなかつた頃に於ては、奥地に於ける買付資金の決済は比較的容易であり、花行若しくは商人自身にて、低廉な為替料を支払つて匯票の相手方を求め、又時には先方より資金の流用を申出ずる者あり、匯票を利用した上に、幾分の為替料を取得すると云ふが如き、場合もあつた程であるが、民国六七年以来棉花の輸出激増し、従て産地買付を行ふ者増加し、茲に漸やく資金の決済難を生じ、数十里より百数十里の地方に迄、匯票の相手方を求めるに至り、遂に此事務は銀号の手に

委ねる様に成つたのである（七七頁）。

と述べており、一九一七―一八年頃から棉花移出の激増に伴う慢性的入超構造の改善により、銀号による手形割引が盛んになった。棉桟は奥地における為替相場を勘案し、銀円を現送するか、地方商人に為替を直接交付するか、銀号で割引を受けて現金で支払うかを決定していた。[26] このように、天津―奥地―棉作農民間の決済は一貫して銀円とその為替によってなされていた。

次に第一の点について見よう。既に述べた通り、棉花の収買に際して匯票を発行するのは天津の棉桟であり、天津の銀号ではない。匯票は基本的に天津の棉花買付商と奥地の雑貨店との間を往復しているだけであり、[27] やがて銀号が匯票の売買に参加するようになるが、天津銀号が棉桟の裏書のない匯票を買い取ることはない。信用創造の出発点はあくまで棉桟なのである。

但し棉花の移出には銀号の存在が不可欠であった。何故なら「棉花の奥地買付は弗建であるに拘はらず、天津に於ける売買は銀両建てゞ有るが故に、支那側の棉花業者は常に銀号と密接なる連絡を保ち、毎日午前午後の二回に支那街の銭業公会に於て建てらるゝ、弗銀対銀両の相場を有利に捕捉して、銀両を以て受入れたる棉花代金を弗銀に換算し、之を以て買付資金の精算をなす為めに、或は奥地向け匯票を買入れ、或は已に融通を受けたる資金の返済に当てる」（前掲大島、一八九頁）からである。棉桟は外商から棉花代金として受け取った銀両を銀号に持ち込んで銀円に兌換し、それを匯票の支払いに充てねばならなかったのである。銀両と銀円との相場は常に変動するので、彼らは常に為替相場を見ながら売買を行っていた。

もちろん、天津にも為替専門業者である匯兌商はいた。匯兌商は無保不付（本人確認または保証人紹介後払い）と憑票取銭（持参人払い）という二種類の匯票を発行しており、後者は即時換金できるので外郷過客（他県＝奥地の客商）にとって便利であったが、盗難や遺失の際に原款が還付されない危険性が伴った。そこで外郷過客は無保不付匯票を買い入れ、これを天津の金融業者に持ち込んで現金を入手していたらしい。西関の貨桟（この場合、雑貨輸入商）や商会未加入の小銭舗は、外郷過客が持参した無保不付匯票を割り引いたり、手数料を取って保証人になったりして、利鞘を稼いでいた。だが、彼らは客商を言葉巧みに騙し、匯票を安値で買い叩いたため、匯票の信用が低下することを危惧した匯兌商側は、民国一〇年（一九二一）天津総商会を通して貨桟や小銭舗による手形割引などの諸活動を禁止させた[28]。この措置により、匯兌商が販売する無保不付匯票は、棉桟の振り出す匯票より信頼性が高いにもかかわらず、天津—奥地間の棉花移出・雑貨移入の決済手段としては不便なものとなり、棉花の出廻り期間に自己資本を高速回転させたい奥地商人から敬遠さるようになった。因みに、天津棉桟の匯票は通常一覧後七日払いという簡便なものであった[29]。

とは言え、天津に奥地為替専門の銀号が全くいなかったわけではない。王子建・趙履謙著・渡邊安政訳「天津の銀号」（『満鉄調査月報』二二巻三・四号、一九四二年。原著は『天津之銀号』天津商工学院、一九三六年）によると、

> 以上は比較的規模の大なる銀号に就て云つたのであるが、此の外尚一種の為替業専営の銀号があり、俗に之を「収交」と云ひ、全市金融市場上に於て又別の一系統を成して居る。之等銀号の大部分は奥地銭荘の分号或は代理人で、其の規模は極めて小さく、精々一、二人に依り銀号全部の業務を行つて居り、奥地に於ける貨物代金及び為替金額の「収交」に従事し、其の他の営業は取扱つてゐない（一五四頁）。
>
> 客桟及び貨桟内に於ける為替荘の如きに至つては其の所在分散し組織は無く、且つ一年中常に営業して居るのではなく、随時開閉して居る為其の総数を推測することは極めて至難である（一五五頁）。
>
> 天津と奥地との為替は多く銀号が直接処理してゐる。蓋し之等外幇銀号は奥地に均しく聯号を持ち、大低［抵］商店に代つて金銭の受渡しを為し自ら其の平準を求めてゐるからである。之等の銀号は普通銀号の規模を有し、為替業務を専営してゐるが、今日では其の数も多くない。一般に奥地為替経営者の大半は規模が極めて小さく、

客桟・貨桟等に於て一、二人の手に依り其の仕事が処理され、一切の対外対内事務は総て此の一、二人の者に依り主持せられて居る。又奥地と天津との貿易関係は共に季節性がある為、此等「収交家」（渡受人）の多くは特殊的現象として商業の盛衰に随ひ、随時其の経営を開閉して居る（一六三頁）。

とあり、貨桟の内部には「収交」「収交家」と呼ばれる為替専門業者が寄宿しており、彼らが貨桟に代わって為替業務を分掌していた。しかしその経営規模は極めて小さく、また年中営業しているわけでもなかった。

ここで注目すべきは、収交家の大部分が奥地銀号の分号ないし代理人であることである。曲直正によると、民国期、天津の銀号には山西票荘幇・本地幇・南宮幇の三グループがあったらしい。[30] 既述の如く、南宮県は直隷南部の金融中枢であったが、民国期になると南宮商人の多くは天津や保定に進出した。[31] 天津の収交家の多くは彼ら南宮幇商人であったと思われる。曲直正は「現天津有南宮幇商人開設之銭荘六・七家。家数雖少。然其営業頗為発達。南宮及直南一帯之商人。因郷誼関係。所有存款及匯兌事務。多託南宮幇代辦」と言っており、[32] 銭荘を開設している者は少数であったが、奥地との信頼関係を背景に収交家として活躍していた者は少なくなかったであろう。

それでは、南宮県のような奥地出身の商人が天津にて有利な地歩を占めることができたのは何故であろうか。民国期の東三省では、大豆集荷の主導権を握っていたのは官銀号の融資を受けられる官商系糧桟であった。しかし直隷では、棉桟が銀行から融資を受けることは少なかった。彼らが頼るのは主に銀号であり、[33] その多くは前に見た通り、収交家のような奥地銀号の分号であった。一方、奥地の棉作農民も東三省の大豆作農民のような青田売買を行わず、[34] 逆に余った資金を棉花店内の自己口座に預金していた。そして棉花店はその資金を棉花収買商に貸し付けていた。[35] これらの資金は収交家を通して棉桟にも流入していただろう。東三省とは反対に、奥地に銀円資金の余裕があったことが集散地金融機関による流通主導権の掌握を遅らせ、自律性を温存せしめたのである。吉田浤一が東北河棉区で見出した、棉作農民による生産性を無視した労働強化は、一九二〇年代から三〇年代を通した中国棉花の国内・国際市場での有利性によるものであろう。

おわりに

清代中期までに後発的地域経済圏を形成する原動力となった直隷・山東の移入代替棉業は、宣統年間を境に大きく変貌した。洋布の流入により最周縁地域への土布移出は減退し、直隷棉業は東三省市場をほぼ失った。土布に代わって主力商品となったのは、海外市場向けや上海・天津・青島など国内紡績工場向けの棉花であった。一九一〇年を境に棉花移出は飛躍的に上昇し、棉産地も西河棉区から御河棉区、更には東北河棉区へと拡大した。清代の棉業が江南棉布の移入代替生産であったのに対し、民国期棉業は強い移出指向性を帯びていた。

棉花移出が開始される直前、直隷は深刻な入超に喘いでおり、大量の銀が流出して天津を金融危機に陥れたが、棉花移出が増大するにつれて入超傾向は改善され、やがて出超に転換すると、今度は大量の銀円が直隷に還流した。このため奥地は極端な銀貨主義に傾斜し、国立銀行券の通行さえ困難となった。棉花の決済には銀行券や為替業者の匯票ではなく棉桟の匯票が選好されたが、棉桟を金融面から支援していたのは銀号であった。銀号の中には山西幇や天津幇に交じって南宮幇も存在し、彼らは奥地の銀円資金を天津に回流させる役割を果たしていたものと思われる。このように、奥地の金融力は集荷拠点である開港場の金融力に拮抗し、銀行の特産物流通部門への進出を阻止した。

註

（1）拙書『清代の市場構造と経済政策』。
（2）吉田浤一「二〇世紀前半中国の一地方市場における棉花流通について」『史林』六〇巻二号、一九七七年。
（3）吉田浤一「二〇世紀中国の一棉作農村における農民層分解について」『東洋史研究』三三巻四号、一九七五年。
（4）鄭起東『転型期的華北農村社会』上海書店出版社、二〇〇四年、四三〇頁。
（5）貴志俊彦「清末、直隷省の貿易構造と経済政策」島根県立国際短期大学『紀要』二号、一九九五年。本章は吉田や貴志の成果を土台としているが、歴史的事実の再確認については註記を省略する。
（6）『支那経済全書』第八輯、東亜同文会、一九〇八年、六二五頁。
（7）『通商彙纂』明治三九年二号「清国北部ニ於ケル需要陶磁器、錫器、紙、扇子、団扇、織物、木綿類ニ関スル調査」。
（8）『満洲ニ於ケル棉布及棉糸』関東都督府民政部庶務課、一九一五年、八一頁。
（9）民国『高陽県志』巻二、実業、布業之発達及其衰落。
（10）『天津商会檔案匯編（一九〇三―一九一一）』天津人民出版社、一九八九年、一三二一―一三二三頁「高陽商会陳述高陽土布運銷奉天営口吉林濱江等地請免天津新関之税文」（宣統元年八月八日・二二日）。
（11）宮下忠雄『中国幣制の特殊研究』日本学術振興会、一九五二年、四九七頁。
（12）天津『大公報』光緒二九年一一月九日「清平津郡市面」。本書第七章、註（47）。
（13）『袁世凱奏議』天津戸籍出版社、一九八七年、七八〇―七八一頁「天津銀根枯竭請勅部撥款補救摺」（光緒二九年四月五日）。
（14）民国『南宮県志』巻二一、掌故、謡俗、風俗
且南宮為四方輻湊之区。大名以北。金融漲落。一惟南宮是視。古諺云。臨清水馬頭。南宮旱馬頭。
（15）前註（10）一〇〇二頁「南宮県知事陳述京漢路通車前津埠洋貨運往河南路経南宮情形文」（宣統二年八月一九日）。
（16）同右、一〇九九―一一〇〇頁「万通鏢局李永昌函告天津徳州両地毎年運銀一百余万元」（宣統二年一二月一七日）。
（17）同右、六七五―六七九頁「順徳府各行商五十八家招股五万吊請立裕順公票局発行紙幣文幷附章程」（宣統二年三月九日―五月一二四日）。
（18）同右、一九八二―八三頁「天津府凌福彭為津邑糧商董事請発官款購運京津越冬貯備糧事照会津商務公所」（光緒二九年九月二

日・三〇日)。

(19) 同右、二二五―二二六頁「平和洋行買辦杜克臣申述正定府各県棉花出口毎年達数百万金出使銭票各商高擡市価請将銭票改為龍洋文」(宣統三年三月一五日)。

(20) 同右、一一〇三―〇四頁「大名商務分会陳述該郡百貨無一非津市運来而津郡民食全頼大名等郡接済文」(宣統三年九月一九日・一〇月五日)。

(21) 前註(2)吉田、二一―六頁、大島譲次『天津棉花と物資集散事情』一九三〇年、六一―一八頁。なお東北河棉は中入れ用として東三省・内モンゴル方面に移出されていたが、天津紡績業に吸引されて撤退している。『支那ノ棉花ニ関スル調査』其一、臨時産業調査局、一九一八年、八二・八九頁。

(22)『河北省農業調査報告』二巻、南満洲鉄道株式会社天津事務所調査課、一九三六年、九九頁。

(23)『石門市内貨桟業調査報告』南満洲鉄道株式会社調査部、一九四三年、六一頁。

(24) 曲直正『河北棉花之生産及販運』商務印書館、一九三一年、一七〇頁、葉謙吉著・白井行幸訳「西河棉の生産と運銷について」『満鉄調査月報』一九巻四号、一九三九年、一五〇頁。

(25) 民国『井陘県志料』第九編、金融、本県通用貨幣一覧にも
数年前。本地除現洋外。紙洋概不収受。迨民国十五・六年。山西省鈔。藉軍政特殊勢力。強迫人民使用。

とあり、現銀志向の強さを裏付ける。

(26)『支那省別全誌』第一八巻、直隷省、東亜同文会、一九二〇年、六〇五頁。

(27) もっとも、西河棉区では石家荘でも匯兌の決済が行われた。これは、石家荘が山西から移入される穀物の集散地であったからである。奥地の穀物商は匯兌を石家荘の銭荘に売って現金を入手し、山西産の雑穀を仕入れていた。

(28)『天津商会檔案匯編(一九一二―一九二八)』天津人民出版社、一九九二年、一〇五三―五四頁「天津商会頒発各桟房小銭舗不得欺哄破壊匯兌商規約的布告」(民国一〇年四月一〇日)。因みに、呉石城「天津之票拠与其精算」(『銀行週報』一九巻三八号、一九三五年)によると、前者の匯票は必ず券面に「面生要保」あるいは「無保不付」と記されており、持参人に面識がない場合、保証人の紹介ないし代収銀行号の裏書がなければ換金できなかった。

(29) 前註(21)大島、七七頁。

(30) 曲殿元（直正）『中国之金融与匯兑』大東書局、一九三〇年、一四七頁。
(31) 前註（14）
経商者多於它県。天津・保定・北京。南宮之商尤多。
(32) 前註（30）曲、一四九頁。
(33) 薛不器著・森次勲抄訳「天津に於ける貨桟業」『満鉄調査月報』二二巻一号、一九四二年、七二頁。原著は『天津貨桟業』新聯合出版社、一九四一年。
(34) 但し天津の外国商人は山東の棉作農民に対しては青田買いを盛んに行っていた。『支那省別全誌』第四巻、山東省、東亜同文会、一九一七年、七二六—七二七頁。
(35) 前註（24）曲、一六九頁
且在郷間殷実富足的棉農。売棉価款。並不急用。往往以棉花店為存款機関。以後零星支用。花店利用他人的資金。可通融款項与其他顧客。

第十章　清末民国期の東部内蒙古における金融構造

はじめに

清代、直隷省京津地方は概ね三方面の物資流通の結節点であった。第一方面は言うまでもなく大運河を経由した東南諸省からの物資流入で、国家が運ぶ漕糧や商人が運ぶ棉布・絹・茶などがその大宗を占めていた。第二方面は山海関を経由した東北との交易で、直隷・山東の粗布や諸雑貨を移出し、粟・高粱・黒豆・大豆などの雑穀を移入していた。この二方面の交易は、何れも北京の外港である天津を拠点としていた。第三方面は張家口を拠点とした塞北との交易で、家畜や獣皮を移入し茶や棉布を移出していた。この交易は内モンゴルから外モンゴルを経てロシアにまで達していた。

物資の流通量から見ると、大運河方面が他を圧倒していたことは言を俟たないであろう。そもそも明清両王朝は塞北諸民族の内地侵入を防御するという軍事的観点から、敢えて経済の中心である漢民族居住地域の北辺に位置する北京を首都としたため、東南諸省から恒常的に物資の供給を受けねばならなかった。清代後期になると、直隷南部・山東北西部で移入代替棉業が勃興し、粗布を直隷北部・山西・東北へ移出して替わりに雑穀を移入する分業関係を基礎とした地域経済圏が形成されたが、東南諸省からの物資流入に影響を及ぼすほどの経済力は持てなかった。

対東北交易より重要性が高かったのが対塞北交易である。後藤冨男によると、明朝はモンゴル人の交易要求に応えて、永楽四年（一四〇六）以後、随時馬市の開催を認めていたが、隆慶五年（一五七一）には大同と宣府（張家口堡）に常設の馬市が開かれた。特に張家口は内モンゴルから流入する家畜の取引市場として繁栄し、隆慶初には官市と私市を併せて一万一〇〇〇頭の牲畜が取引されたが、万暦一五年（一五八七）前後には年間三万頭に上る馬匹交易が行われるようになった。清代に入ると茶馬市の名称は消滅したが、塞外との交易は一層盛んになった。[1]

対塞北交易で有力な地歩を築いていたのが山西商人であった。佐伯富によると、清代の山西商人は東三省から内外モンゴルを経て新疆に至るまで、中国の北辺一帯で幅広く交易活動を行っていた。[2]また黄鑑暉によると、清代後期には山西商人が張家口から国内各地に向け為替を振り出しており、[3]こうした金融面での優位性が山西商人の活躍を支えていたようである。更に後藤冨男は、内モンゴルの撥子交易を取り上げ、張家口に代表される交易拠点へ家畜や獣皮・獣毛が如何にして集荷され、また内地雑貨がどのような経路を経て奥地のモンゴル人社会に浸透していったのかについて、詳細に論じている。しかしながら、先行研究は畜産品の流通過程とそれを担った商人に焦点が当てられ、流通を支えていた通貨や為替などの金融部面については十分な議論がなされてこなかった。そこで本章では、主として民国期の調査資料を使用し、張家口から熱河を経て旧「満洲」西部に及ぶ東部内モンゴル地域における金融構造の特徴とそれを支えた山西商人の動向について解明する（奥地の地理については図7参照）。

図７　清末民国初東部内蒙古・直隷地図

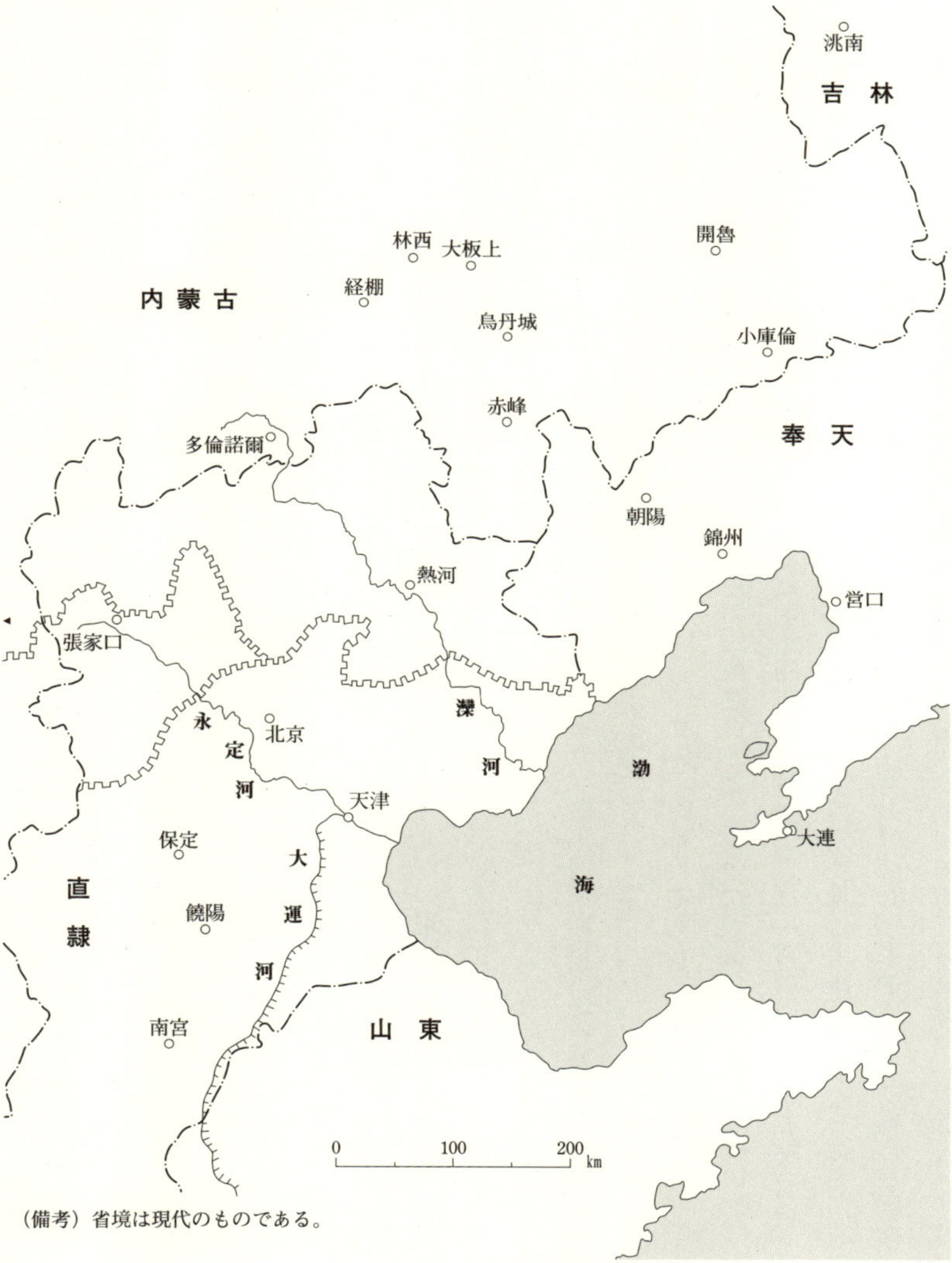

（備考）省境は現代のものである。

一　東部内蒙古の物流と金融

周知の通り、内外モンゴルやロシアなど塞北との交易における東側拠点は張家口であり、西側拠点は帰化城であった。張家口における移出品の大宗は茶であり、移入品の大宗は畜産品であった。清代の移入畜産品は馬匹や獣皮が中心であったが、清末民初には絨毛の割合が増大した。『満洲日日新聞』明治四二年（一九〇九）四月五日付「天津特信」には、

曾て袁世凱氏が直隷総督として天津に在勤したる当時は、内治外交其他政治の枢機が天津に集中せる有様にて、天津は政治上に於ても看過すへからざる重要の地位を保有したりしが、現時の総督時代に至りては政治の中心は全く北京衙門に移転し、今や天津は唯だ一の北清商業地たるに過ぎざるに至れり。而して天津の商業の大半は絨毛皮革の海外輸出を以て占めらるる状態にて、其他の商業貿易は実に微々たるものなり。（中略）清国は毛皮の好産地にして、天津は殆んど其の唯一の吐出口たるの観あり。数年前毛織物工場を設置したるも、外国より注文したる機械不完全なりし為め、其の企図は挫折し、機業不成立の状況に在り。其の他何等指点すべき工業もなく、純然たる商業地にして、工業の発展を見ず。絨毛は原料として我邦又は欧米へ輸出せられつゝあり。

とあり、棉花移出が始まる直前の天津は絨毛や獣皮の輸出拠点となっていた。但しこの頃、毛織物業は未発達だったようである。獣皮についてより詳しく見ると、同紙明治四二年四月二〇日付「清国の毛皮集散地」に、

支那に於ける毛皮の大市場は奉天と張家口にして、外国貿易上の重要地は天津と漢口とを推さゞるべからず。黒龍江・松花江・烏蘇里河一帯の森林地に産するは一概に上江貨と呼ばれ、大半は奉天に集る。庫倫・恰克図・多倫諾爾・帰化城等の内外蒙古産及び山西地方の産は口外貨と総称せられ、多く張家口に集る。天津に於て外商と

取引さるゝは上記の上江、口外産の一部にして、外商は自ら出張店を張家口に設けて買占め天津に運搬す。

とあり、東北産毛皮は奉天に、モンゴル産毛皮は張家口に集荷され、天津や漢口から輸出されていた。天津と並ぶ輸出港として長江中流の漢口の名が挙げられているが、その理由は湖広が茶産地の一つであることを考え合わせると容易に理解できよう。正しく獣皮の対価は南方の茶だったのである。また『支那経済全書』第七輯、東亜同文会、一九〇八年、一八三―一八四頁には、

天津市場ニ於ケル山西幇商賈ハ商業上ノ覇権ヲ握リ、彼等ノ一挙一動ハ以テ天津市場ヲ左右スルニ足ル可シ。就中票号、棉糸、棉布、羊毛其他皮類ノ諸業ニ於テ其勢力最モ大ナリトス。天津貿易（輸入）ノ四分ノ一半強ハ山西省内ノ需用ニ係リ、同商賈ニ依リテ取扱ハル、高ニ至リテハ、殆ド其半バヲ占ム。……天津ノ重要輸出品タル羊毛、駝毛ノ如キモ、山西省ノ産トシテハ敢テ多額ト云フニアラザレドモ、彼等ノ手ヲ経テ外国商ニ売渡サル、高ハ百五六十万担ニ達シ、輸出額ノ大半ヲ占ム。

と見え、天津で獣皮・絨毛貿易の大部分を掌握していたのは山西商人であった。輸入品の約四分の一は山西省に仕向けられていたが、これは塞北交易の西側拠点である帰化城に送られていたものと思われる。

付言すると、東部内モンゴルは清代には畜産品の外、木材も内地に移出していた。内モンゴルの森林は草原の周縁に位置するため、伐採や搬出の費用が比較的少なくて済み、また大消費地の京師にも近いため、清代には大規模な伐採が進行したようである。当地の木材は張家口ではなく、熱河に近い多倫諾爾《ドロンノール》に集荷され、多倫で木税を課せられていた。多倫の木税は康熙四〇年（一七〇一）に定額が設けられ、乾隆三一年（一七六六）より毎年工部に水木税銀六四〇〇余両、枋榔把杆税銀二四〇余両を、また戸部に旱木税銀五七〇余両を納付することが義務付けられた。しかし元々降水量が少なく、森林回復力の乏しい土地柄のため、森林資源は急速に枯渇し、道光二四年（一八四四）には実徴税数が水木税銀八一両、旱木税銀二両にまで落ち込み、咸豊元年（一八五一）以降は皆無となった。その後も名

目上の税額だけは残されていたが、光緒一〇年（一八八四）李鴻章の奏請により最終的に廃止された。(4)

また京師から熱河に通じる街道が長城と交差する地点に設けられた古北口関では、毎年一〇一二両の木税が課せられていたが、やはり木材資源の枯渇により嘉慶二―六年（一七九七―一八〇一）には実徴税数が三〇―六〇両程度にまで落ち込み、嘉慶七年以降は木税を定額制から儘収儘解、すなわち木材が通過した分だけ課税することとなった。(5)以上二史料より、東部内モンゴルの森林資源は一八世紀の約百年でほぼ消滅し、清末には内地向け移出品目から消えたと言えよう。

二〇世紀の畜産品交易に話を戻すと、茶や棉布などの内地産品は加工品であるため、備蓄により通年供給が可能である。しかし牲畜は備蓄が不可能であり、絨毛や獣皮も内モンゴルには備蓄の習慣がない。また、奥地と張家口との間の物資輸送は馬や駱駝などの家畜に依存しているが、冬場は沿道に水と牧草が不足するため、通行が困難となる。(6)そのため取引は強い季節性を帯びていた。『支那省別全誌』第一八巻、直隷省、東亜同文会、一九二〇年（以下、資料①と記す）、八二頁には、張家口について、

当地の商業は露領に茶を輸出すると、蒙古人に必要品を販売すると、蒙古地方より畜類及び獣毛皮を輸入するを以て主なるものとす。而して是等の貨物は各原産地より此地に集中し、多くは仲買人の手を経て販売せられ、三、四、五及び九、十、十一月の候商業繁盛期にして、其他は閑散なり。

と記されており、春季三箇月と秋季三箇月の年二回に交易が集中していた。

さて、漢族商人とモンゴル遊牧民との直接取引は、一般に物々交換に依っていた。『東部内蒙古産業調査』農商務省、一九一六年（以下、資料②と記す）、第一班、一九九頁「取引慣習」の項には、

蒙古人トノ取引ハ主トシテ物々交換ニシテ二ツノ方法ニテ行ハル。其一ハ行商、他ノ一ハ店取引ナリ。行商ハ一名出撥子ト云ヒ、春季商品ヲ車ニ満載シテ蒙古内地ニ入リ、行々蒙古人ト商品ヲ交換シテ、晩秋帰来スルモノ是

レナリ。

とあり、同右、第三班、二五八―二五九頁「商品経路」の項には、

当方部内ノ都市ニ於ケル商業ハ赤峰ノ外、其ノ附近トノ売買又ハ他ノ都市ニ対スル仲継キニシテ、何レモ取引又ハ金融関係若ハ交通関係ヲ辿リ、後方ノ都市ヨリ供給ヲ受ク。……而シテ地方産物タル農畜産品ハ物資ノ移入サル、経路ニ依リ逆送サル、モノトス。蓋シ金融整ハス通貨少ナキ為、自然大規模ノ物々交換ヲ為スヲ免ル、能ハサルノ致ス所ナランカ。

とあるように、集散地近辺に住むモンゴル人は自ら桟店を訪問して取引していたが、奥地のモンゴル人は漢族の行商人に売買を依存していた。この行商人を撥子あるいは出撥子と呼んだ（次節で詳述）。なおこの事例では、春に奥地へ出向き晩秋に集散地に帰る年一回方式を紹介している。一方、集散地から天津への商品の輸送は山西商人がこれを担った。『張家口調査報告書』横浜正金銀行、一九一八年（以下、資料③と記す）、三頁によると、

張家口ニ於ケル人口約十万ト称セラレ、此中旗人一万内外、回教徒二万、是ニ少数ノ蒙古人ノ外ハ全部漢人ニシテ、内、山西人其大半ヲ占メ、直隷、山東二省人之ニ次ギ、河南省其他ヨリ来住セルモノハ極メテ少シ。而シテ山西人ハ多ク商業ヲ営ミ、移住年代古ク、張家口ニ於テ最モ有力ナルモノナリ。

とあり、張家口では清代より山西商人が卓越し、直隷人や山東人がこれに次いでいた。ある資料によると、一九二〇年代中頃の張家口の貿易額は、内地からの移入が約一九〇〇万両、内地への移出が三〇〇〇万両、合計約五〇〇〇万両であり（但し鉄道を経由した帰化城方面の貿易額を含む）、主たる移出品は羊毛（三〇〇万両）、穀類（三〇〇万両）、羊生毛（一二〇万両）であった[7]。数値の信憑性には若干疑問が持たれるが、資料②にも張家口の「一ケ年ノ貿易額ハ輸入九百五十万両、輸出一千五百万両、合計二千五百万両ニ達ス」（第四班、二〇八頁）とあり、移出額が移入額の一倍半程度あったことは確かなようである。民国初の内モンゴルは内地に対して大幅な出超であった。

ところで、一般に商品の交易には資金の移動が伴う。特に交易が奥地側の出超である場合、内地から奥地への恒常的な資金供給が必要不可欠となる。ところが東部内モンゴル、特に東三省に隣接した地域に対する資金の輸送は非常に困難であったらしい。資料②、第一班、二三〇頁「洮南」の項に、

蒙古内地ヨリ鉄道沿線又ハ其ノ他ノ土地ニ送金スルコトハ最モ不便ナル事項ニシテ、其ノ現金ヲ輸送スルノ極メテ危険ナルコトハ云フヲ俟タス。然ラハ為替ノ方法ニ依リテ之ヲ送致スルノ途アリヤト云フニ、洮南ニ於ケル銀行ハ之ヲ取扱ハサルヲ以テ、大商人ノ鉄嶺・奉天等ト取引関係ヲ有シ、受払代金等ノ決済ヲ要スルモノヲ尋ネ、之ニ依頼シテ為替ヲ取組ムコトヲ得ルニ過キス。此ノ如キハ其ノ之ヲ求ムルコト面倒ナルノミナラス、送金為替料トシテ小洋百元ニ付キ二元半乃至五元ヲ要ス。之レ我商人ニ取リテ商業上最モ苦痛トスル所ナリト云フ。

と見え、吉林省の西端に位置し、既に鉄道が開通している洮南でも、現金輸送や銀行為替の便すらなく、鉄嶺や奉天の商人と個別に為替を取り組む以外に送金手段がなかったが、出合が少なく、手数料も割高であるため、取引上非常に不便であった。また熱河北部に位置する赤峰について見ると、資料②、第二班、三八八頁「赤峰」の項に、

票荘。業務ハ為替ヲ主トナスカ、其料金ハ一定セス。現金ヲ得ルコトヲ希望セル土地ニ為替ヲ振出ストキハ、逆ニ振出人カ料金ヲ得ルノ奇現象アリト云フ。……

鏢局。本局ハ饒陽（直隷州〔省〕保定府）ニアリ。現金輸送ヲ業務トナセルカ、其ノ資本ハ信用ヲ第一トシ、車馬ト銃器ヲ有スルノミニシテ、資本金ハナシト云フ。

とあり、現金不足に苦しむ東部内モンゴルの集散地では、内地へ向けて送金為替を取り組むと振出人が票荘より手数料を取得できた。すなわち、奥地は出超なのに現金不足だったのである。そのため鏢局と呼ばれる現金輸送業者が、内地より車馬で現銀を搬送していた。ただ、これでは畜産品買付資金が常に不足するため、資料①、一〇九一―九二頁「赤峰の金融貨幣及度量衡」の項に、

商家の為替は銭舗又は銀行に依るものの外、所謂逆為替取組に依るものあり。逆為替とは当地皮行及糧行が多く天津又は錦州に送付せる貨物の代金に対し逆為替を取組み、之を市場に売却し、一方雑貨商等は該地方に対する仕入代金支払の地位にあるを以て、之を買入れ以て仕入先に送付し決済するの便法なり。此際需給の関係上、時に為替の歩合を生ずる事あるも、高率なるに至らず。

とあるように、後には皮行や糧行などの特産商が天津や錦州に向けて逆為替を取り組み、これを雑貨商に販売して相互の資金の需給を相殺する方法も生み出された。

東部内モンゴルが移出超過であるにもかかわらず、絶えず現銀不足にあえいでいた理由は、モンゴル人社会では銀もまた素材価値を持った商品（宝飾品の原料）と見なされていたからである。資料②、第三班、二六七頁「搬子貿易」の項には、

蒙古人ハ貨幣又ハ金銀ヲ所持スルモノ少ナク、稀ニ之ヲ貯フルモ愛玩シテ之ヲ手放サヽルヲ以テ、搬子ハ売却品ノ代償トシテ羊毛・羊皮ヲ始メトシ、生牛馬ヨリ雞卵ニ至ル産品ヲ得。

とあり、また後藤冨男も「牧民は紙幣を信用しないで、民国以後零細な売買には銅子児、やや大口の取引には多く現大洋が通用した。彼らは古来白銀を尊重し、服飾品等に銀を用いる風習があり、銀貨は喜んで受入れられた」「多少とも入つてくる銀貨は富裕層に偏在し、しかもこれを退蔵しまた鋳潰して服飾品等を製作する風がある」と述べているように[8]、現銀は貨幣としてではなく貴金属すなわち消費財としてモンゴル社会に吸収され、市場に出回ることはなかった。

では物々交換に際して、取引商品の価値尺度は何に求められていたのであろうか。後藤は、搬子交易の場では羊・磚茶・礼帛など特定の物産が物品貨幣の役割を果たしていたと述べているが、資料②、第三班、二七〇―二七一頁「吊文」の項には、

当方部内各地ニ於テモ他ノ諸地方ト等シク相場建値又ハ取引ニ吊文ヲ用フ。……銭舗（銀行）カ吊文預金ニ対シテハ相当ノ利子ヲ支払フモ、銀貨等ノ硬貨預金ニ対シテハ反テ保管料ヲ請求スルコトアリ。是レ吾人カ奇異ノ感ニ打タレタル一事ナリシカ、畢竟通貨ノ預金ニ対シテハ相場変動ノ危険ヲ負担セサルヘカラサレハナリ。

とあり、また二七二頁「制銭（銅銭）」の項には、

制銭ト吊文トノ比価ハ地方ニ依リテ之ヲ異ニシ、従テ其ノ計算ノ基礎ニ差アルモ、百文十六個ナルヲ普通トシ、其ノ場合ニ於ケル計算法ノ一例ヲ示セハ左ノ如シ。

とあるように、集散地に近い所では吊文（東銭建て銭文）が使用されていた。(9) 注目すべきは、銭舗は吊文を単位とした銭預金に対しては相当の利子を支払うが、銀貨預金には逆に保管料を要求することである。観察者は奇異の感に打たれ、銀相場の不安定性にその原因を求めているが、真の理由は、内モンゴルでは銀は貨幣としての運用が不可能な貴金属商品に過ぎないからである。

因みに、既述の如く、内地と内モンゴルとの為替は概ね未発達であったが、資料②、第三班、二八八頁「為替」の項に、

仮令当方部ト営口間ノ送金ニ当リテハ、初メ奥地ト錦州間ニ於テ銭為替（制銭為替）ヲ取組ミ、更ニ錦州営口間ニ銀為替ト為スカ如キ、又ハ通貨ノ間ニ相場ノ差異アリ、且ツ吊文・銀子ニ在リテハ其ノ基準ヲ異ニスルカ故ニ、地方間ノ為替ハ恰モ外国為替ノ如キ関係ヲ生シ、意外ノ不利ヲ招クコトナシトセス。

とあるように、熱河や奉天との接壌地域において強いて内地と為替を取り組もうとすると、開港場である営口から錦州までは銀為替を、錦州から内モンゴルに対しては制銭為替を取り組まねばならず、また銀為替と制銭為替との相場が常時変動しているため、為替差損を生じる危険を背負わねばならなかった。

とは言え、対内モンゴル交易の最有力拠点である張家口では、さすがに天津との間に為替の連絡があった。資料③、

二七頁「票荘」の項によると、

為替ハ本業ニシテ、其多クハ山西省ノ大［太］谷及ビ太原ニ本店ヲ有ス。今張家口ニ於ケル票荘ノ為替取組範囲ヲ見ルニ、天津、北京、上海、漢口、多倫、帰化城、大同、太原、大［太］谷、祈［祁］県其他山西省ノ各地ニシテ、専ラ送金為替ヲ取扱ヒ、荷為替（貨匯）ノ取扱ヲ為サズ。

とあり、山西票号は張家口で内地各方面及び内モンゴル集散地向け送金為替を販売していたようである。赤峰のように振出人にプレミアムを与えることはなかったであろうが、銀資金はやはり乏しかったようであり、荷為替は取り組んでいなかった。これでは茶や棉布などの売り込みはできても、収買した畜産品の移出は困難である。

票荘に替わって天津との為替取組の主役となったのは新式銀行と銭舗である。まず新式銀行について見ると、資料①、一一二三―一二四頁「張家口の金融貨幣及度量衡」の項に、

支那新式銀行　当地に支店を有する支那新式銀行は中国銀行支店（堡裏七斜街に在り）交通銀行支店（堡裏に在り）及び殖辺銀行支店（堡裏に在り）の三者なり。其中貸付を営むものは唯殖辺銀行支店のみにして、中国、交通両銀行支店は一切其取扱をなさず、時に北京、天津より来る仕入商人に対し一時立替金をなす事あるも、一般の主要業務は為替業とす。当地の為替は北京、天津、上海の三個所に対し直接為替を取組むも、其他の地方に取組まんとする時は以上三個所の一を通じて転送せざるべからず。為替相場は北方に取組むものは多く北京、天津の相場を参照し、南方取組には多く上海相場を標準となす。大正七年に於ける此地通用銀口銭平一千両は上海九八規元の一千百両、北京公砝平の一千〇三十両、天津行平化宝の一千〇二十五両内外に当り、天津向為替手数料は一千両に付三両を要すと云ふ。

とあるように、中国銀行など三行が北京・天津・上海向けに為替を取り組んでいたようである。但し、天津方面より来る畜産品集荷商に対しては、買付資金の一時的立替を行うことはあっても、荷為替を取り組むことは無かったもの

と見られる。

次に銭舗について見ると、資料③、二九―三一頁「銭舗ノ為替」の項に、

其取組範囲ハ極メテ狭少［小］ニシテ、僅カニ北京、天津及ビ附近ノ駅邑ニ限ラル。張家口ヨリ天津向送金ノ場合ハ天津西公砝平ヲ以テ標準ト為シ、普通西公砝平一千両ヲ張家口口銭平九百五十八両ニ換フ。而シテ張家口ヨリ天津向逆為替取組ノ場合ハ送金ノ場合ト異ナリ、天津行平ヲ以テ標準ヲ立ツ。……今逆為替取組ニ関スル一例ヲ挙ゲンニ、張家口出張員ガ買付ヲ為サントスルトキハ、先ヅ銭舗ニ赴キ天津向逆為替ヲ取組ム。此際手続ハ極メテ簡単ニシテ、取組人ハ手形若クバ［ハ］何等証憑書類ヲ提供スルコト無ク、只一片ノ口頭ヲ以テ所要ノ金額ヲ前借シ、是ニ対シ為替料及ビ天津ニ於ケル支払日迄ノ利子ヲ支払フ。為替料ハ送金ノ場合ヨリモ幾分高率ナルモ、概シテ大差無ク、利子ハ短期モノ即チ一週間乃至半ケ月位、月利一分二厘トス。支払期間ハ天津銭舗ガ此通知ヲ受ケタルトキヨリ起算スルモノニシテ、支那人間ニ在リテハ此期間一票期ニ及ブモノ多ク、従テ利子モ高ク、最低三十四五両位ナリト云フ。

とあるように、銭舗の為替取組先は京津地方にほぼ限定されるが、逆為替を取り組む点が票荘や新式銀行と大きく異なる。天津向け為替は天津両を用い、順為替は西公砝平建て、逆為替は行平建てである。逆為替は手形を発行せず、口頭で取り組める。すなわち専ら対人信用によって特産物買付商に資金を提供し、彼らが天津でそれらを販売した後、元金・手数料・利息を回収するのである。なお、対人信用で資金を融通できるというのは、取りも直さず銭舗の取引先が顔見知りの特定商人に限定されていたことを意味している。

では、張家口の銭舗はどこから資金を入手していたのであろうか。銀が内地へ還流しないため、塞北商人は常に鏢局により銀を内地から移入し続けていた。鏢局の中には直隷省滄州出身者もいたが、多くは山西出身者で、張家口や帰化城で活躍していた。(10) しかし細々と現送されてくる現銀だけでは畜産品移出の増大に対応できない。そこで銭舗は、

振替勘定という手法により預金通貨を創出し、乏しい現銀準備で旺盛な資金需要に応じていた。資料③、三一頁「銭舗ノ撥兌銀（振替勘定）」の項に、

各銭舗ニ取引ヲ有スル商人相互ノ取引整［精］算ヲ銭舗ノ帳簿上ニテ之ヲ行フコト、恰カモ営口ニ於ケル過炉銀ニ似タリ。張家口支那商人ノ取引ハ総テ此方法ヲ以テ票期ニ決済サレツ、アリテ、此無形ノ通貨ヲ称シテ撥兌銀ト云ヒ、其取引ハ帳簿ニ依ルヲ以テ過帳ト称ス。普通一千両ニツキ撥兌銀一千二十両ノ相場ナリ。

とあり、銭舗は営口の過炉銀に類似した撥兌銀と呼ばれる帳簿上の預金通貨を発行して為替の資金とし、現銀を節約していた。例えば、絨毛買付商が張家口で天津向け逆為替を取り組んだ場合、張家口の銭舗は買付商の口座に撥兌銀を振り込む。買付商はこの預金通貨を資金として絨毛の買付を継続し、これらを天津で販売した後、天津の銭舗に為替料を現銀で支払う。一方、天津から来た雑貨売込商は売上金を張家口の銭舗に撥兌銀で預け入れ、この資金で天津向け順為替を取り組む。そして為替手形を天津に送り、天津の銭舗で現銀化して雑貨の仕入資金とする。張家口の銭舗は現銀をほとんど準備することなく、撥兌銀という預金通貨で為替業務を営めるのである。また同一人が撥兌銀建て債権と債務を有している場合には、票期で両者を相殺していた。

票期については、資料③、三二頁「票期」の項に、

貸借ノ決算期ニシテ、毎年陰暦四月、七月、十月、十二月ノ各一日ニ之ヲ行フ。恰カモ営口過炉銀ニ於ケル卯期ノ如ク、貸借差額ヲ現銀ヲ以テ決済セザルベカラズ。而シテ過炉銀ニ於テハ銀炉ノ承諾ヲ得テ決算ヲ次卯期ニ繰延ベスルコトヲ得ルモ、張家口ニ於ケル票期ニハ断ジテ之ヲ許サズ。直チニ停票トシテ各銭舗ノ取引ヲ拒ムコト、恰カモ不渡小切手ニ於ケル交換銀行ノ制裁ニ如ケリ。票期ノ初メニ満加ト称ヘ、一票期間ノ利子ヲ発表ス。普通一千両ニツキ三十両乃至四十両ノ間ニアリ。元来票期ハ山西省票荘本店ガ現銀授受ヲ省略スル目的ヲ以テ定メタル決算期ニシテ、各地其期一様ナラズ。即チ甲地ノ過剰ヲ以テ乙地ノ不足ヲ補フガ如ク、少額ノ現銀ヲ以テ転々

流用セント欲セシモノナルモ、因襲ノ久シキ遂ニ一般商取引ニ此制度ヲ採ルコト、ナレリ。

とあるように、元は山西票号の本店が開発した為替の決算期であったものを応用したようであり[11]、過炉銀の卯期と酷似しているが、注目すべきは、卯期を越えて債権や債務を繰り延べすることを認めていない点である。この規則により、撥兌銀は過炉銀のように投機対象となることはなかったものと思われる。

預金通貨は張家口以外の集散地でも創出されていた。資料①、一一〇九頁「朝陽の金融貨幣及度量衡」によると、

銭舗　三隆号、三泰永、益興号の三家あり。……何れも十二大行の中に数へられ、当地金融の元締とも云ふべく、過賬取引に於ては営口の過炉銀に於ける銀炉の地位に立つ。過賬とは市場に於ける現銀の欠乏より生じたる一種の便法にして帳簿上の振替勘定に依り現銀の授受なくして取引を決済するの方法なり。尚ほ三隆号は山西票荘錦生潤の代理として赤峰、錦州、天津、営口、北京、上海等との間に為替の取組をなす。

保鏢　保鏢とは現銀輸送の任に当り其の危険を保証するを業とするものを云ふ。当地には斯業を営むもの常住せざるも、送金ある場合直隷省饒陽（保州《ママ》）より出張し冬季二、三回の往復あり。其主なるものは元成、隆泰、徳源の三家とす。

とあり、熱河の朝陽でも銭舗が過帳による振替勘定で為替業務を営み、山西票号の送金為替や鏢局の運ぶ現銀で外部との資金調整を計っていた。更に小庫倫（綏東）でも朝陽に倣い預金通貨制度が導入されたが、あまり広まらなかった[12]。

以上のように、畜産品買付資金が恒常的に不足する東部内モンゴルでは、奉天や吉林と同様の預金通貨で決済を行っていた。各種資料は一様に現銀の不足を指摘するが、これは内モンゴル側が恒常的な入超、すなわち内地への銀流出に苦しんでいたからではなく、モンゴル人が銀を貨幣としてではなく貴金属商品と見なして退蔵してしまうため、銀に貨幣の役割を果たさせることができなかったからである。内地より持ち込まれた現銀も、地方によっては金融機関から保管料を要求されるなど、運用の場を持たなかったのである。

二　撥子交易の決済方法

内外モンゴルの畜産品は張家口などの集散地に集荷され、天津方面へ移出されたが、畜産品を奥地で買い付けるのは行商人であった。モンゴル人遊牧民相手の行商は「草地買売」と呼ばれ、行商人のことを東三省近辺では撥子と呼び、張家口付近では買売家・草地買売・外路・外管などと呼んだ。後藤冨男によると、張家口の草地買売業者は康熙初年（一六六二）には一〇戸、雍正一三年（一七三五）には九〇余戸、乾隆六年（一七四一）には一九〇余戸、嘉慶二五年（一八二〇）には二三〇戸、道光三〇年（一八五〇）には二六〇余戸、咸豊一一年（一八六一）には約三〇〇戸、同治一三年（一八七四）には三五〇余戸、光緒元年（一八七五）より二六年の間には四一〇余戸、光緒二七年より三四年の間には五三〇余戸、宣統元年（一九〇九）から三年までに五七〇余戸と上昇の一途をたどり、民国元年（一九一二）から九年の間には七一八戸に達し、その最盛期を迎えたが、ロシア革命の勃発と外モンゴルの独立により大打撃を受け、民国一八年（一九二九）には五六五戸に激減した。草地買売すなわち撥子交易の全体像については、戦前の調査報告や後藤冨男の研究に譲り、本節では上記調査報告を主要史料として撥子と決済制度について論じることにする。[13]

既に見た通り、撥子交易の金融面での一大特徴は物々交換であり、貨幣を媒介としないことである。資料④、六六―六七頁「大板上」の項には、

其取引額は正確に知るを得ざるも、大略各舗の売上高一期間五百両を下らず。大なるものに至りては数千両の多額に上るものありと称するも、取引の多くは物々交換にして、現金売買は僅に其十分の一内外に過ぎず。

とあり、また同書、二〇八―二〇九頁「商取引の方法及習慣」には、

即ち此方法（蒙古奥地に於て直接買付をなし、之を輸移出する場合――引用者）は現銀を携行し現地生産品の買付をな

すものにして、普通代金の一部を支払ひ残額は最寄市場に於て決済するものなり。此種の取引は近時の発達に属し、物品携帯の不便に代ふる為に行はるゝものなるが故に、交易に際しては物々交換よりも不利の場合多く、且つ現銀携帯の不便と危険とは免れざるを以て未だ一般的に行はるゝに至らず。皮革、獣毛類の取引の如き特種［殊］商品の取引に用ひらるる場合多し。然れども此方法に依り買付せらるるものは尚全取引の約三割に及ばずして、他の七割は依然物々交換に依るものなり。

とあるように、現銀での売買は全体の一割から三割程度に止まっていた。けだし現銀は貴金属としての素材価値しか持たないため、内地と較べ貨幣価値を減じたからである。資料⑤、三二一―三二三頁には、

但し貨幣価値上よりの流通よりも寧ろ貨幣を一物貨としての流通にして、従て票（紙幣）の如きは蒙古内地の市場及びその附近並に漢満人部落のみにしてそれ以外にはその用を為さず、現大洋のみが用ひられ、而もその価値は額面価値と同様である。然りと雖も此処に注意す可きは流通価値の額面同様なりとは雖も、物貨としての性質多分を含む当然の結果、その流通価値は単独価値にして相対価値にあらざる事である。換言すれば該単独価値は現大洋一元は一元なるも他の物貨と対比する時に於ては貨幣価値の下落である。こは、撥子等の売りつくる物貨の呼び値高きが故にして、従て粤［奥］地に於て現大洋のみを以て畜産物その他を購求する場合は、反対に甚だしく不利にして市場より寧ろ高価なるの決［結］果に陥る。例へば林西一帯に於て三、四元熱河票にて一羊を得るものが烏珠《ウチュ》穆沁《ムチン》一帯に於ては大洋五、六元（熱河票十元以上）を要するが如きである。

とあり、現大洋は銀塊という一商品として取引され、その価値は他の諸雑貨と較べて著しく低かった。逆に言うと、現銀自体の価値は内地と奥地との間でさほど違いが無くても、奥地における諸雑貨の販売価格が内地と較べて相当割高だったのである。この現象は一般に奸智に長けた漢族商人が純朴なモンゴル遊牧民を瞞していると理解されているが、資料④、二一二―二一三頁に、

> 而して既述の如く蒙古に於ける商取引は尚ほ大体に於て物々交換に依るものなるを以て、其買付対貨となすべき物資は常に之を備へ置かざるべからず。且つ買付に対する競争上、物資の出廻り以前に買付約定をなし、代価の一部又は全部の前渡を要するのみならず、蒙古人は貨幣に依る貯蓄機関を有せざるが故に、時として彼等生産品を有せざる際は自然長期の貸出をなさざるべからず。仮令直に之を買出し得たりとするも、其物資が生畜なる時は暫く之を奥地に於て放牧飼養せざるべからず。又羊毛及皮革等の畜産品にて直に輸送し得る場合に於ても、該地に金融機関なき為、銀行の設置ある都市に至らざれば夫れを現金に代ふることを得ざるを以て、資金の運転を阻害し、其結果比較的多額の運転資金を備へざるべからざるの不利あり。

とあるように、資本の回転率が極端に低い結果として内地雑貨の価格を騰貴させていたと考えるべきであろう。

なお、奥地取引では、撥子とは別に販子と呼ばれる畜産品買付業者がいた。ここで暫く販子について述べておこう。資料⑥、三六頁「販子」の項によると、

> 販子は撥子と並んで蒙古内地に於ける支配的な取引機関である。販子は撥子の如く商品を携帯して行商を行ふこと稀にして、原則として唯買付に必要なる資金――之は必ずしも買付代金の総額を意味せず、手付金其の他の程度のものであることが多い――を所持して、単身或は一、二名の家僕を従へて奥地に入り、畜産品の買付を行つて、之を蒙地辺縁の主要市場迄搬出する。之等の販子は、撥子其の他の蒙地取引商人と同じく山西商人が圧倒的に有力であるが、唯撥子と異り、販子には直隷出身の者が之に拮抗し得る勢力を占めて居る。之は販子が現実に比較的大なる信用を有すること（又それが販子の取引形態に於ては特に必要であること）に於て、王公喇嘛が清朝の年班制度によつて屢北京に出来した際に多く商人、高利貸資本の陥穿［穽］に陥つたことに依て理解し得る。

とあり、販子は撥子とは異なり、畜産品の買い付けだけに特化していた。また手付金以外の資金を携帯することは無かった。では何故物々交換による交易形態を取る内モンゴルにて販子のような信用取引が成立するかというと、引用

資料が臭わせているように、モンゴル王公やラマなど有力者との信用関係を構築していたからである。同じく、三六頁には、

蒙貨流通過程中に参加する各取引機関の系列的考察に依れば、販子の取引は、蒙古王公、牧民及撥子を相手として行はれる。

とあり、また三九頁には、

特に、張家口の販子に就て述ぶれば、牲畜取引を除いた畜産品取引、即ち毛皮及獣毛取引は、撥子又は主要地方市場に近い蒙古人（王公貴族其の他牧民）を相手としての大量買付が一般である。

とあるように、販子は撥子とも取引を行うが、王公・貴族・僧侶などと結び、畜産品を大量買い付けしていた可能性が高い。モンゴル人王公はその販売代金を北京で消費した模様である。従って内モンゴルは内地に対して大幅な出超であったとは言え、その全てが現銀によって補塡されていた訳ではなく、モンゴル社会の支配層によって相当の銀資金が内地に還流していたのであろう。

話を戻すと、奥地では物々交換で取引がなされていたが、集散地では銀行券や帖子（商務会の保証により商務会員が発行する兌換券）などの紙幣が通行していた。銀行券は奉天票（東三省官銀号兌換券）と熱河票（熱河興業銀行兌換券）が有力であり、軍閥抗争の影響を受けて流通範囲も変化したが、林西では「大商店の大取引には天津為替票が悦ばる。本為替は天津の有力なる商店宛送りたる為替票にして、その取扱の至便なると又価値変動なき為で、本市場及び赤峰等天津の商店と取引多き市場に於ては大に悦ばれ、決算等に多く使用さる丶処である」とあるように、天津為替も通貨の役割を果たしていた（資料⑤、三四—三八頁）。ただ、資料④、二一二頁に「近来往々銀貨及銀塊使用せらるるに至り、又市場附近の蒙古人間には稀に紙幣をも流通せらるることあるも、尚ほ彼等の間には貨幣に対する観念十分徹底せず」とあるように、紙券類の使用は集散地の漢族商人間の取引にほぼ限定されていたと言えよう。

ところで、撥子交易は、資料⑤、二〇頁に、

今彼等の信用取引方法を見るに、……支那商人自ら蒙古人の需要品を満載せる牛車を率ひ奥地に進み、各自己の勢力範囲内に入りて羊牛馬その他畜産物と交換売買し、一年二回乃至数回是を繰返へし……

とあるように、毎年一、二回乃至数回に限定され、また物々交換に拠るため、日常的な資金の移動を必要としない。そこで集散地においては、撥子に代わって商品を仕入れ畜産品を販売する桟店や、内地より雑貨を仕入れる雑貨店は、銭舗の票期に即した決算期を定めていた。これは標期と呼ばれた。資料⑤、四〇頁には、

標期とは各商店間の決算期を定めしものにして、一年を分ちて四期と六期とに定むる二種類あり。即前者に於ては陰暦四月、七月、十月、十二月と定め、後者は二月、四月、六月、八月、十月、十二月の六期に分ちたるもので、四期標期は一名多倫標期とも称じ［し］、ドロン・張家口一帯に用ひらるゝもので、早くより山西商人により採られ、六期標期は一名赤峰標期とも称し、直隷商人により成されおるものである。而て是等は両者共毎年年頭に於て銭舗組合と商務総会とが協議の上その日時を（月は前述の如く確定す）協議の上決定し、立ろに一般商家に通告を為すものなる事は同様なり。此の目的は市場に於ける金融を緩和し、標期間に各商店の取引を敏活ならしむるにある。

とあり、山西商人（西幇）と直隷商人（京幇）との間で回数は異なるが、集散地の銭舗組合と商務総会が協議して標期を設け、雑貨売込商と雑貨店との間、特産物買付商と桟店との間、また撥子と雑貨店・桟店との間の金融調整を行っていた。標期が来るまでは売買に貨幣が動かないので、集散地での貨幣流通量は少なくても済むのである。

西幇と京幇が決済期を異にしていたのは、両商人集団が互いにその商圏を異にしていたからである。清代より、熱河や東三省縁辺地域は直隷商人が進出しており、張家口から多倫にかけては金融面で優位に立つ山西商人が優勢であったが、民国期になると、直隷商人は両商圏の中間地帯から更には西幇優勢地帯に向けて盛んに進出するようになっ

た。集散地で自幇に有利な決済制度を採用させることは、当地における撥子交易の主導権を握ることに結びつく。資料⑤、四〇頁、前引部分の直前には、

今是等（張家口・多倫・経棚・林西及び奥地 ―― 引用者）市場を通じて見るに、其の闘争は実に激烈を示し、而も露骨に表面に表る。殊にその露骨化するは商務会長選挙の如き場合にして、山西商人は山西商人、直隷商人は直隷商人相組みて、その自己派より会長を選出せんことに熱中し、相争ふの様は悽愴とも評す可く、而て是等勢力奈何の具体化はかゝる商務会長選出奈何及び取引決算方法に於て何れの標期が多く用ひらるかに於てである。

とあり、決済期をめぐる争奪戦は熾烈を極めたようである。

しかしながら、長期的趨勢としては直隷商人が山西商人を次第に凌駕しつつあったようである。資料⑤、四三頁には、

今是等地方に来る撥子を見るに、小庫倫、洮南、赤峰、烏丹城、林西方面より多数入り来ると共に経棚、多倫方面より来るもの多く、現在に於ては尚ほ是等地方に於ては直隷商人と山西商人とは六対四位の勢を保有しており、尚ほ前述の未開地土着商舗には山西商人大部分を占むるが、要するに内蒙古に於ける撥子としての勢力は漸時［次］直隷商人の手に帰しつゝあるを否定し能はさる処で、主なる原因は内蒙古に於ける撥子は資本小なる者にて可なること、地理的関係及び山西商人の多くは張家口、多倫方面より外蒙に対する行商に全勢力を費しつゝある事等がその因由をなす。

と見え、東部地域を中心に直隷商人の勢力が増大していることが読み取れるが、山西商人の牙城である張家口でも、『満洲日日新聞』明治四二年一〇月九日付「張家口事情」によると、

張家口商人は由来土著のもの極めて少く、率ね諸方より出稼せる商人にして、先入者は山西省太谷、楡次、祁県地方の商人に依り数百年来開発せられ、近年に至り直隷省天津・南宮・冀州商人の侵入を見、尋で山東・広東商

人の影を認むるに至れり。而して二三年前までは尚山西商人の独占に帰し居れるが、端なくも天津方面に於て稍新思想と経験に富める直隷商人と相戦ひ、遂に敗北して現今にては既に綿布の一塁をば敢へなるも直隷商人に明渡すの已むなきに至り、僅に雑貨と茶商との地盤に残塁を固守せるの状態に在り。加之輸出貿易の方面は多くは広東商人の掌握する所たり。唯だ併し乍ら山西商人は今日時勢遅れの商人たる観はあれども、票荘と銭舗との連号多く、尚未だ侮るべからざる潜勢力を有し居れり。尤も漸次交通機関の開展せらるゝに及び、従来の慣習を飽迄改更せざるときは、或は恐る、終に直隷商人等の為めに市場より駆逐せらるゝに至るなき乎を。兎に角現下の張家口市場は山西商人と直隷商人との角逐場と評するの外なし。

とあり、天津・南宮・冀州出身の直隷商人や山東商人、広東商人が勢力を伸ばしつつあった。注目すべきは、山西商人は票荘・銭舗などの金融部門と茶移出部門では依然優勢であるものの、清末段階で既に内外モンゴルにおける主力商品の一つである棉布移出部門を直隷商人に奪われていることである。直隷商人はやがて金融部門にも進出し、山西商人を脅かす存在となるであろう(14)。票号や銭舗の経営に秀でているとはいえ、手工業や近代工業との繋がりを持たない山西商人は、末端流通で守勢に立たされていたのである。

おわりに

清初より民国九年に至るまで、中国本土と内外モンゴルとの交易は持続的に発達した。ロシア革命と外モンゴルの独立により庫倫方面の市場は喪失したものの、東部内モンゴルでは磚茶や棉布を移入し、牲畜や羊毛などの畜産品を移出する草地買売が継続した。これを末端で担ったのが撥子である。奥地での撥子交易は基本的に物々交換であり、銀貨は貴金属商品として内地から一方的に移入されるに止まり、貨幣としての役割を果たすことができなかった。集荷地では銅銭を基礎とした吊文や奉天票・熱河票などの紙幣も使用されたが、貨幣による売買は少なく、撥子と雑貨商や桟店との間の債権・債務を定期的に相殺する標期決済が主流を占めていた。また、雑貨商が商品を移入する時、あるいは桟店が畜産品を移出する時に振り出す為替も、銭舗が票期を定めて定期的に決済していた。

張家口の撥兌銀や朝陽の過賬取引のような預金通貨は、東三省や山東など環渤海交易圏の集散地でしばしば見られる。ただ、他の諸都市の預金通貨が専ら現銀の欠乏を補填する目的で設けられたのとは少し異なり、張家口や朝陽の場合、奥地のモンゴル人社会では銀貨自体が貨幣の役割を果たさなかったことも大きく作用している。撥兌銀や過賬取引は単なる貨幣の節約だけでなく、むしろ貨幣自体が通行し得ない社会での交易活動を円滑ならしむるため、具体的に言えばモンゴル人社会への一方的な現銀漏出を防遏するために設けられた制度であったと考えられる。

註

（1）後藤富男「近代内蒙古における漢人商人の進出」『社会経済史学』二四巻四号、一九五八年。なお万暦年間の状況については、岩井茂樹「十六・十七世紀の中国辺境社会」小野和子編『明末清初の社会と文化』京都大学人文科学研究所、一九九六年、六四〇頁を参照。

（2）佐伯富「清代塞外における山西商人」『東方学会創立二十五周年記念東方学論集』東方学会、一九七二年、同「清代における山西商人と内蒙古」『藤原弘道先生古稀記念史学仏教学論集』藤原弘道先生古稀記念会、一九七三年（共に佐伯『中国史研究』第三、東洋史研究会、一九七七年所収）。

（3）黄鑑暉『山西票号史（修訂本）』山西経済出版社、二〇〇二年、一四三―一四四頁。

（4）李鴻章『李文忠公全集』奏稿巻五二「多倫木税核実辦理摺」（光緒一〇年一二月一日）

査明木税。始自康熙四十年。其時克什克騰旗山場。木植繁盛。商販衆多。税収甚旺。乾隆三十一年。裁汰監督。帰同知徴収。分水旱両項。以紅黄松木。堪下水者。照大河口則例上税。由灤潮等河転運。其短小者。為旱木。照張家口則例上税。聴其運赴各口。旋経明定税額。毎年応解工部水木税銀六千四百余両。枋榔把杆税銀二百四十余両。又解戸部旱木税銀五百七十余両。税額雖定。而山場附近大木。已砍伐殆尽。須入深山尋覓。道遠費繁。獲利有限。商多裹足。徴収不能如数。迨至道光二十四年。僅収水木税銀八十一両零。旱木税銀二両零。計欠額七千余両。咸豊初年。木産遂絶。商販不通。税無可徴。

（5）光緒『順天府志』巻二一、京師一一、関榷。

（6）『光緒朝硃批奏摺』第一一三輯、光緒七年一〇月二日、庫倫掌印辦事大臣喜昌。

（7）『内外蒙古接壌地域附近一般調査』南満洲鉄道株式会社庶務部調査課、一九二四年、九五―九六頁。

（8）前註（1）後藤、六四頁。

（9）本書第二章で考察した通り、東銭の行使地域は直隷東部・熱河・奉天と内モンゴル側接壌地域であり、張家口方面では宣銭建て吊文が使用されていたものと思われる。

（10）黄鑑暉『明清山西商人研究』山西経済出版社、二〇〇二年、一八一頁。

（11）そもそも張家口の銭舗も、多くは山西商人が経営していた。資料①、一一二四頁「張家口の金融貨幣及度量衡」に「当地の銭荘は多く山西人の経営に係り」と見える。

（12）資料①、一一一六頁「小庫倫（綏東）の金融貨幣及度量衡」に「此地も亦現銀不足の故を以て朝陽に於ける過賬と同様帳簿上の決済をなすも、未た一般に行はれず」と見える。

（13）参照した調査報告は次の四点である。

・『内外蒙古接壌地域附近一般調査』南満洲鉄道株式会社庶務部調査課、一九二四年（以下、資料④と記す）

・後藤英男『東蒙に於ける撥子』南満洲鉄道株式会社庶務部調査課、一九二五年（以下、資料⑤と記す）

・『張家口を中心とする流通機構に就て』南満洲鉄道株式会社産業部資料室、一九三六年（以下、資料⑥と記す）

・『張家口に於ける旅蒙貿易――所謂旅蒙業に就いて――』蒙疆銀行調査課、一九三九年

（14）前章で考察した通り、民国期、冀州直隷州南宮県出身の商人すなわち南宮幇は天津で一大金融グループを形成していた。

結論

序論で述べた見通しを繰り返すことになるが、一九世紀中葉まで緩やかな地域経済圏を形成していた華北東部と東北は、開港の影響が浸透した清末民国初には分裂し、それぞれが世界市場に従属的に再編成された。東北は主力商品を雑糧から大豆に転換し、華北東部は粗布から棉花に置き換えた。これが本書の結論である。黒田明伸のように、二〇世紀以降の中国市場を開港場を結節点とした中小市場のモザイク的集合と捉えるなら、[1]直隷山東地域経済圏は大きく分けて営口（後に大連）・天津・青島という三個の開港場経済圏に分裂したと言うことも可能であろう。

本書は一つの地域経済圏に関する事例研究に過ぎず、これを以て、全ての地域経済圏が同じ再編過程をたどったと結論付けることはできない。ただ、推測を交えて言えば、華中南市場は華北や東北とは相当異なった道を歩んだように思われる。前者は地域内部の分業関係が比較的強固に残存しており、自給性は容易には解体されなかった。食糧生産は堅調で、伝統的な商品生産もかなり生き残っていた。これに対し、後者は大豆と棉花という特用農産物への転換が急速に進行したように思われる。即ち華中南より華北・東北の方が、世界市場への適応性において勝っていたのである。特産物移出を梃子として、華北東部と東北は華中南内陸部を凌駕する経済発展を遂げた。しかしこのことは、結果的に日本帝国主義による市場分割を招きやすくすることにもなった。安冨歩は一九三七年以降の日本の中国侵攻が満洲事変当時とは比べものにならない抵抗を受けたことを、定期市の有無から論じているが、[2]分業構造の観点から敷衍すると、特産品への依存度が高い地域では、ひとたび移出拠点を占領されると、奥地だけで抵抗運動を継続することが困難になるのである。世界市場への適応の迅速さと帝国主義の侵略に対する脆さこそが、二〇世紀における環渤海地域市場の特徴であると思われる。

中国経済全体から見ると、前著で検証したように、開港以前の全国市場は江南を中核として長江中上流地域や華南沿海部に商品生産の拠点を配するという、華中南に偏したものであった。華北は明代より江南への棉花供給地となっていたというのが西嶋定生以来の通説であるが、実際に華北棉花が上海方面に出廻っていたという史料はほとんど見られない。やはり明清時代の中国経済は南高北低であったと言わざるを得ないのである。ところが開港以降、南高北低は東高西低へ、すなわち沿海部が発展し内陸部が取り残されるという経済構造へ急激に転換する。棉業について言えば、直隷・山東が棉産地として急成長した一方、四川は有力棉産地としての地位を保ちつつ棉花移入も進行した。東高西低は二一世紀に入った現在でも揺るいでおらず、東西格差はむしろ拡大しつつある。環渤海地域市場の変容は正しくこの転換に対応したものであり、基本的に前近代の商品生産とは断絶している。この地域の劇的発展は中国経済の世界市場への従属化によってもたらされたのである。

註

(1) 黒田明伸『中華帝国の構造と世界経済』名古屋大学出版会、一九九四年。但し黒田は私と異なり、清末までの中国市場を経済的中核部分に対する求心性を帯びたものとは捉えていない。

(2) 安富歩「定期市と県城経済――一九三〇年前後における満洲農村市場の特徴――」『アジア経済』四三巻一〇号、二〇〇二年。改めて言うまでもなく、安冨の議論は国民政府の抗戦力の変化を捨象した、純粋に経済学上の仮説である。

あとがき

私が名古屋大学文学研究科に在籍し、森正夫先生に師事していた頃、同門に山田賢（現千葉大学教授）がいた。山田は嘉慶白蓮教徒の乱から四川の移民社会に研究の関心を拡げ、後にその成果を『移住民の秩序』（名古屋大学出版会、一九九五年）として世に問うた。山田は、人口が飽和状態に達した湖広から川東の山間部に向けて移民の波が押し寄せ、彼らはトウモロコシで食いつなぎながら、やがて「移住民地主」に成長したと捉えているが、私は当時から山田説に懐疑的であった。周知の通り、清代の四川は急激な人口増大と経済成長を経験したが、それを支える農業生産力の上昇は水稲作や棉作の集約化以外に求めることは困難であり、山間部の開発が湖広の過剰人口を吸収したとは言えないからである。研究室での修士論文構想発表会の席上、私は山田に、当時のトウモロコシは現代のそれとは異なり、人間が容易に食し得るものではなかったことを指摘したが、彼は「アメリカ先住民の主食もトウモロコシだったではないか」と切り返した。

史料が無いので山田説を実証的に覆すことはできないが、川東の山間部に入植した移民は湖広で食い詰めた者ではなく、現代風に言えば「ベンチャー」移民ではないだろうか。川東は木材の産地であるが、林業技術が未発達で入会権の存在しなかった伝統中国では、山林の人工的再生は行われていなかった。木材を伐り出した後、天然の美林は雑草や灌木が生い茂る叢林と化す。彼らは利用価値が減じた叢林を所有者から買い取り、あるいは非課税の公有地と化した禿げ山を占有し、そこに火を入れて焼畑を造成し、トウモロコシを栽培したのであろう。山田も引用している厳如熤『三省辺防備覧』は、三省交界地帯の住民がトウモロコシを原料に白酒を醸し、酒粕を飼料として豚を繁殖させ、その豚は商人の手により遠く漢口方面へ移出されていることを活写している。川東の移民も主食用トウモロコシの生産ではなく、酒や豚のような商品の生産を目的に入植したものと私は考えている。すなわち彼らは額に汗して原野を切り拓いた開発地主ではなく、むしろ智恵と商才を活かして急成長を遂げた商人タイプの地主のように思えるのである。

偶然にも、当時の私は山田と重なる長江中上流地域を対象として、棉業との関係から米市場を分析しようと試みていた。その成果は『清代の市場構造と経済政策』所収の諸論考として結実したが、その中で私は清代四川経済の膨張を移入代替棉業から説明した。ただ、近代以降の四川では棉業が衰退したのも事実である。一方、前著において棉業の展開が遅れた地域と規定した華北は、近代以降華中と肩を並べる棉花産地に急成長したことも気がかりであった。前著の成果である南高北低を近現代の現実である東高西低とどう結び付けるか。これが本研究を進める動機であった。従来の近代史研究では別個に取り扱われてきた東北と華北東部を併せて「環渤海交易圏」という枠組みを提示したのも、両地域の共通点を意識したからであった。

四川も東北も、清代に移住の進んだ開発前線であったことは確かである。ただ、山田を含め従来の諸研究は、これら開発前線と商品生産との関係について注目してこなかった。商品生産の代表格は経済的先進地である江浙の棉業や絹織物業であり、辺境には全国市場で販売し得る商品など生産できないという思い込みがあったように思われる。しかしそれは正しくない。川東山間部の養豚業も紛れもない商品生産なのである。ただ、辺境の商品生産が江南のそれと決定的に異なるのは、後者が食糧や衣料など基本的生活資料を自給できる体制を構築した上で、比較優位な商品生産に傾斜したのに対し、前者は基本的生活資料を内地（既開発地）から購入することを前提として、特定の物産に特化している点である。川東山間部の場合、棉布や四川米を万県経由で供給する体制が確立されたことを前提に養豚業への特化が進行したのであり、東北の場合は、粗布を直隷・山東方面から供給できる体制の下ではじめて雑糧・大豆生産に特化できたのである。

辺境の商品流通は一見華やかに映るが、実はかかる分業構造の脆さの現れなのであり、自給自足的に見える内地の経済構造の方が遙かに安定的なのである。ただ、史料には厳しい生存競争に生き残った者しか登場しない。為政者は辺境の民生について関心を払わないからである。しかし勝利者の姿だけを見ても辺境経済の厳しさは捉えられない。せいぜい辺境の方が景気が良く、荒々しい活気に満ちていたという風の倒錯した描写に陥るだけである。

本書が分析の対象とした東北はまさしく辺境であり、華北東部も華中南と較べると経済的に遅れていた地域である。開港後、中国経済が世界市場の影響下で再編成されたことにより、両地域の商品経済は急速に発達したが、それは華やかさと脆さを併せ持つものであった。本文で「半植民地」という中国史学では陳腐化した分析概念を鉤括弧に入れて比喩的に用いたのも、この地域の商品経済が内発的発展によるものではないこと、外的要因によって創成されたある種の畸形的性質を有するものであることを強調するためであった。近代中国の周縁地域、特にその中枢たる天津や大連が呈した華やかさと脆さは、魔都上海の猥雑な活気とは異なる魅力を持っている。私が描きたかったのは、このことである。それが成功を収めているか否かは、読者の判断に委ねたい。

私は本書で世界市場へ包摂された後の内発的発展型地域経済の衰退と国際分業順応型地域経済の急成長とを表面的になぞったが、開発経済学的手法を用いてこれを理論化するには至らなかった。これを今後の課題とするほど私は若くないし、大学の新自由主義的再編により、一から勉強し直すほどの時間的・精神的ゆとりも無い。この課題はできれば若手研究者に引き継いでもらいたいと願っている。

私が研究を始めた頃、日本の明清社会経済史学界はまだ江南デルタ地域研究に著しく偏倚していた。彼の地が近世中国の経済的中枢であることは言を俟たないが、周縁地域に対する分析は大幅に立ち後れていた。見方を変えれば、地方志など比較的容易に披見できる資料だけで論文が書けた時代でもあった。私が周縁部に関心を持ったのは、湖広米流通に代表されるように、中枢が発展を続けるためには周縁部との経済関係が不可欠であるという認識があったからであるが、東京や京都と較べて資料調査が不便な名古屋で研究を始めた私にとっては、資料面での負担の軽さは研究を進める上で好都合であった。加えて、中国から地方檔案や碑刻資料などの一級資料が資料集という形で出版されたことも、追い風となった。

本書は前三書と較べ、研究史の空隙を埋めるものでもないし、新資料をいち早く用いたものでもない。幸い九州大学が満鉄出版物など戦前の調査資料を所有しており、大いに利用させて頂いたが、それを除いて他に好条件など何もなかった。本邦や中国の資料が概ね利用し尽くされた今、北九州という僻遠の地に在ってどれだけの仕事ができるか、これが前三書刊行後の私の課題であった。本書を擱筆するに当たり、その課題が概ね達成されたことを確信する。

もちろん、現在の私が在るのは森正夫先生を始めとする諸先学の学恩の賜物であることを忘れたわけではない。しかし歴史学研究者として大学に職を得ることが相当困難になってきた今日、私が為すべきことは先学への阿諛追従ではなく、後進への激励であると思い、敢えてこのような自画自賛めいた一文を挟んだのである。彼ら彼女らに対し、森先生の時代と較べると資料収集の面でも研究職確保の面でも格段に厳しい時代になっていることを自覚しつつ、志を棄てずに真摯に研究を続けて欲しいと心より願う次第である。

最後に、厳しい出版事情の下にあって本書の刊行を快諾して頂いた東方書店の川崎道雄氏と本書を多くの読者に届けるため細部にわたるご教示を頂いたコンテンツ事業部の家本奈都氏に厚くお礼申し上げます。

二〇〇九年三月四日

山本　進

索　引

さ行

や行

ら行

著者略歴

山本　進（やまもと　すすむ）

1959 年　滋賀県生まれ

1989 年　名古屋大学大学院文学研究科修了

現在　北九州市立大学外国語学部教授　博士（歴史学）

主要著書：

『明清時代の商人と国家』（研文出版、2002 年）

『清代財政史研究』（汲古書院、2002 年）

『清代の市場構造と経済政策』（名古屋大学出版会、2002 年）

『清代社会経済史』（創成社、2002 年）

環渤海交易圏《かんぼっかいこうえきけん》の形成《けいせい》と変容《へんよう》

清末民国期《しんまつみんこくき》華北《かほく》・東北《とうほく》の市場構造《しじょうこうぞう》

二〇〇九年五月二五日　初版第一刷発行

著　者●山本　進

発行者●山田真史

発行所●株式会社東方書店

東京都千代田区神田神保町一―三 〒一〇一―〇〇五一

電話〇三―三二九四―一〇〇一

営業電話〇三―三九三七―〇三〇〇

振替〇〇一四〇―四―一〇〇一

装　幀●堀　博

印刷・製本●株式会社平河工業社

定価はカバーに表示してあります

ISBN978-4-497-20907-8　C3022